和田昭允（1929-　）

木戸孝允

山尾庸三※

木戸孝正※

木戸幸一※

※は国立歴史民俗博物館提供

和田昭允と和田小六

御裳捧持者　最後列右から2番目が木戸幸一（明治37年）
（霞会館「宮中新年儀式と御裳捧持者」）

和田小六（明治38年）
（霞会館「宮中新年儀式と御裳捧持者」）

富士屋ホテルにて(昭和14年頃)
左から和田春子、原田熊雄、和田昭允、吉川寿賀子、岩田幸子、和田綾子

航研機と和田小六

和田小六の愛車モーリスオックスフォード

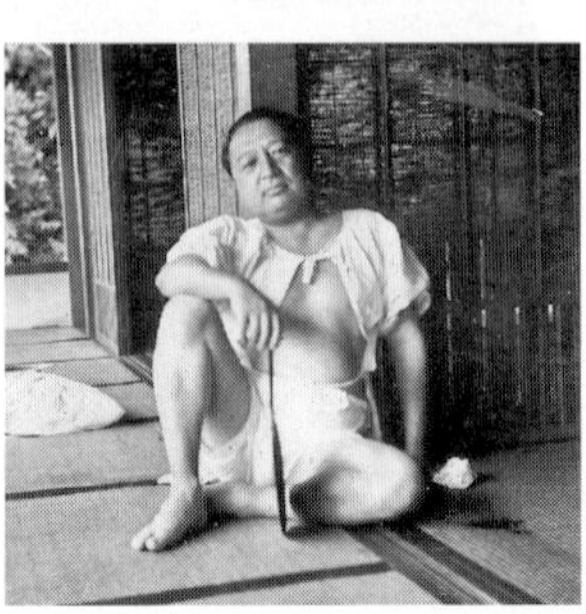

大磯和田別荘での原田熊雄

日本初の鉄筋コンクリート個人住宅　和田小六邸（大正13年）

（東京都公文書館所蔵）

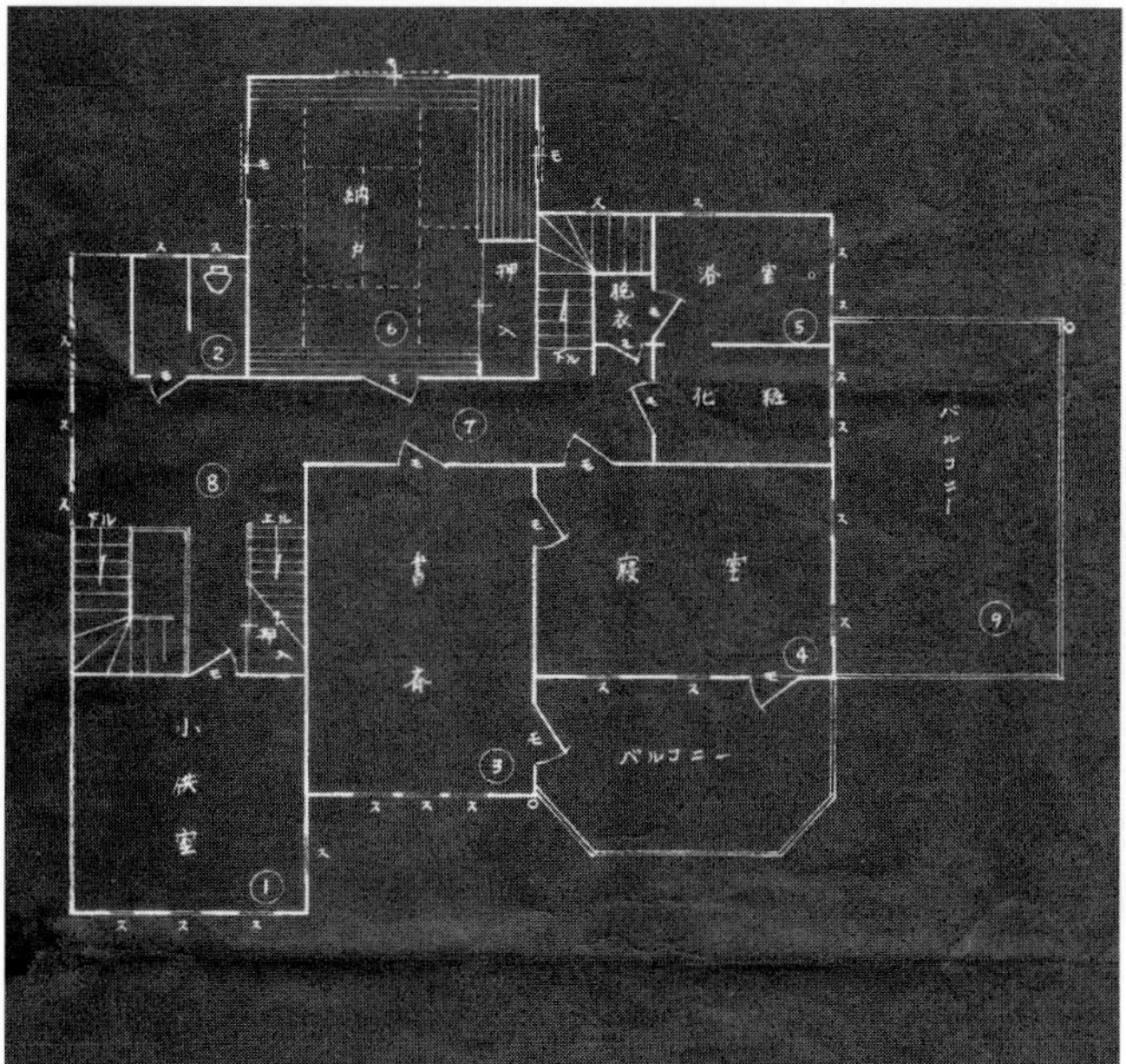

和田邸２階見取図
終戦直前、2階書斎に木戸幸一が滞在していた

都留重人と正子夫妻、アメリカへ行く船上で（昭和14年8月19日）

和田綾子と愛犬ホイペット

ナチスドイツから逃れてアメリカに亡命するテオドール・フォン・カルマンと横浜港のエンプレス・オブ・ロシア号にて（昭和12年7月31日）
左から、和田春子、和田昭允、和田正子、カルマン、和田綾子

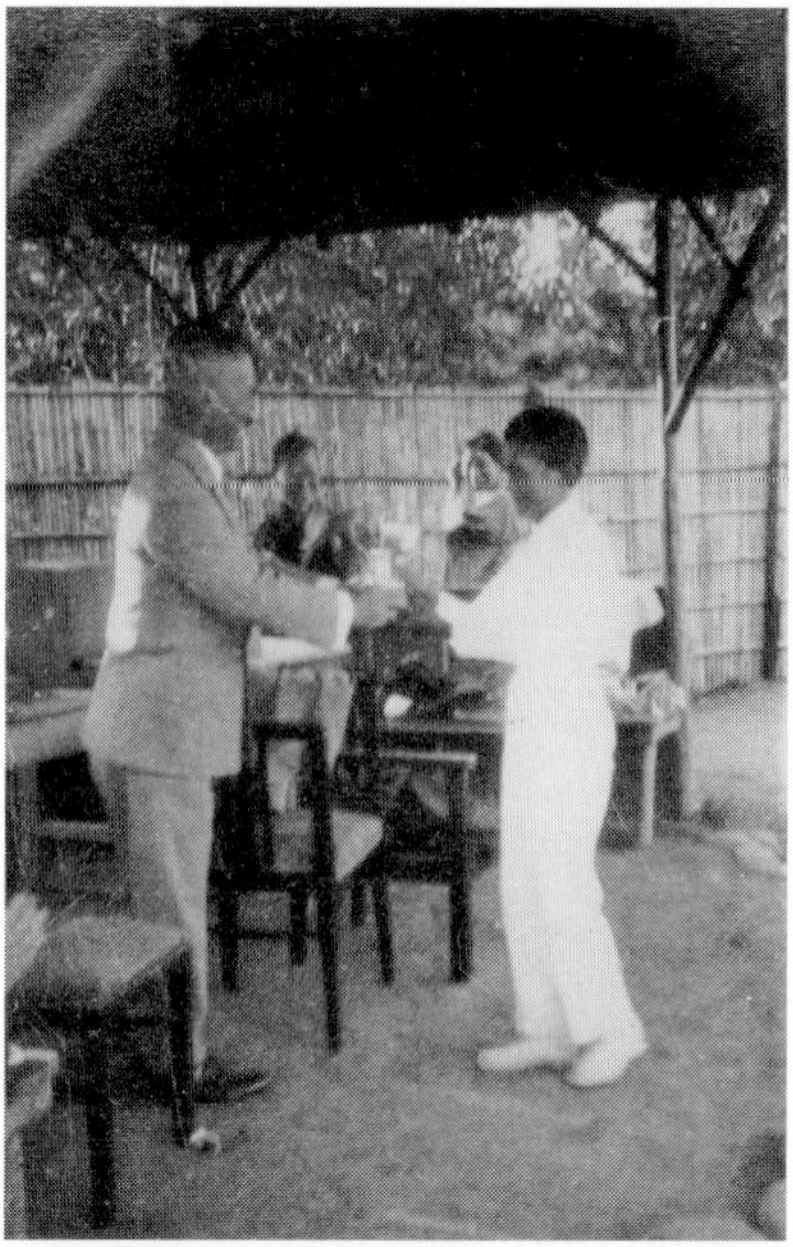

原田敬策に優勝杯を
授ける木戸幸一
（昭和9年9月23日）

メープルヒル・ローンテニスクラブ（昭和7年）

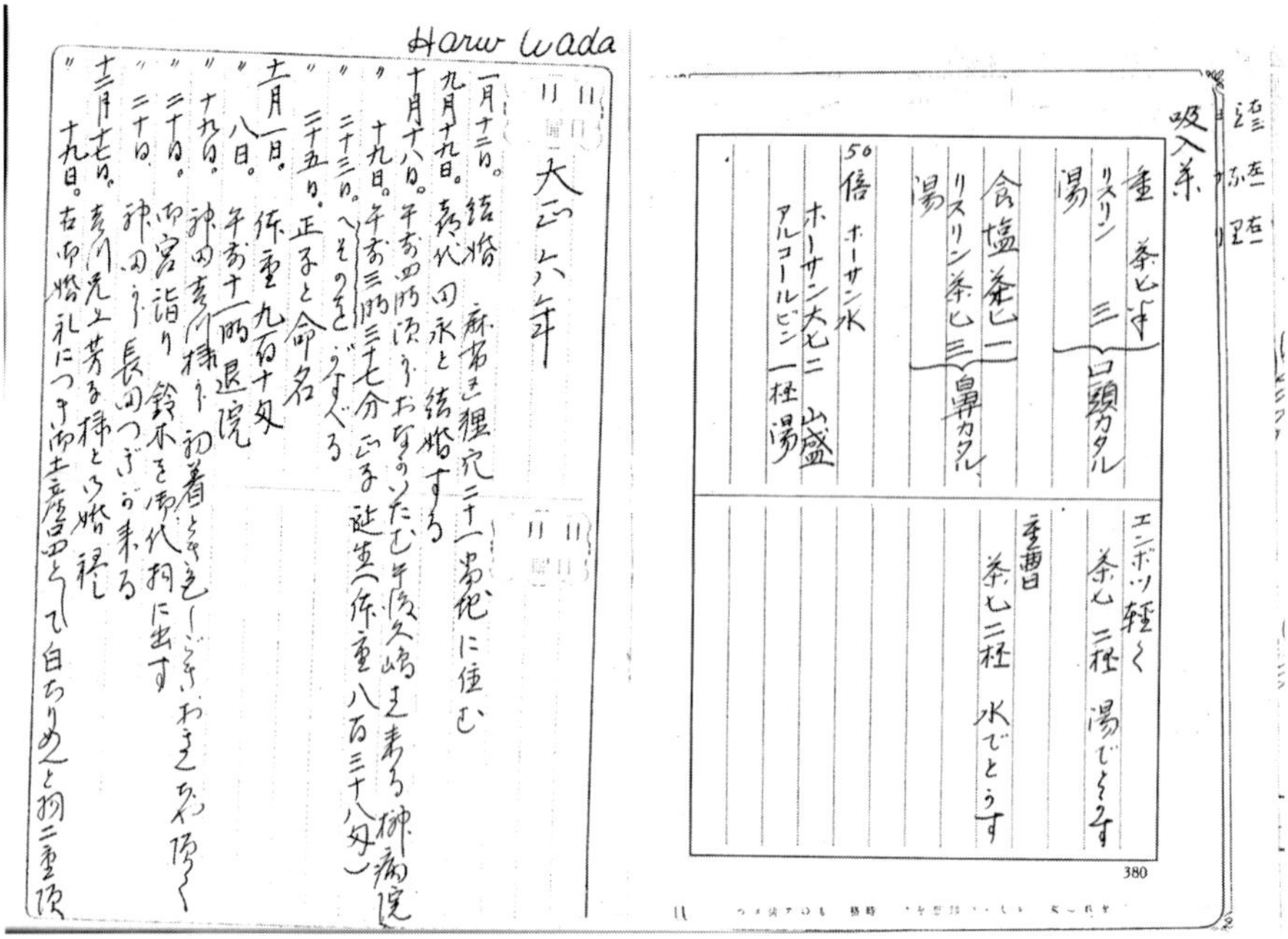

吸入薬

重曹 七十 三 口頭カタル
リスリン
湯

食塩 曹七一
リスリン 曹七三 鼻カタル
湯

50倍 ホーサン水
ホーサン大七二 山盛
アルコールビン一杯 湯

エニボツ軽く
曹七 二杯 湯でとかす
重曹
曹七二杯 水でとかす

380

Haru Wada

大正六年

一月十二日。結婚 麻布狸穴二十一番地に住む
九月十九日。喜代田永と結婚する
十月十八日。午前四時頃よりおなかのいたむ午後久嶋先生来る榊病院
〃 十九日。午前三時三十七分正子誕生(体重八百三十八匁)
〃 二十三日。へそのをとれる
〃 二十五日。正子と命名
十一月一日。体重九百十匁
〃 八日。午前十一時退院
〃 十九日。神田喜川様より初着と色しぶおもちゃ頂く
〃 二十日。御宮詣り 鈴木を御代拘に出す
〃 二十日。神田より長田つぶが来る
十二月十七日。喜川先生芳子様と御婚禮
〃 十九日。右御婚礼につき御土産品として白ちりめんと羽二重頂く

和田春子日記　大正6年

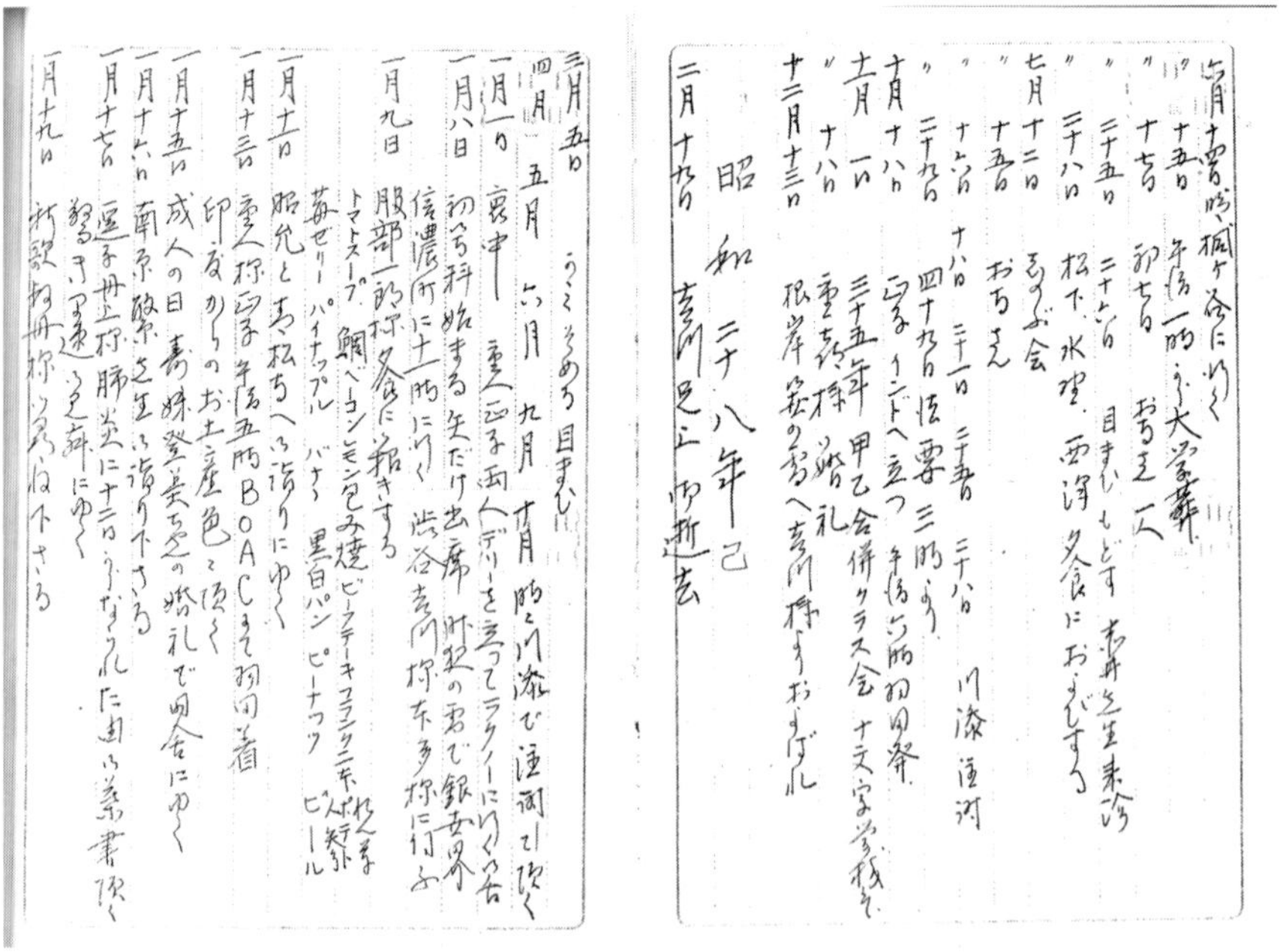

六月十四日 晴、堀ケ谷にゆく
〃 十五日 午後一時より大学葬
〃 十七日 初七日 お客さま一人
〃 二十五日 二十六日 目まいもとす 赤井先生来診
〃 二十八日 松下、水野、西津 夕食におまねきする
七月十二日 しのぶ会
〃 十五日 おちさん
〃 十六日 十八日 二十一日 二十五日 二十八日 川添 汪洵
〃 二十九日 四十九日法要 三時より
十月十八日 正子インドへ立つ 午後六時羽田発
十一月一日 三十五年 甲乙会 俳クラス会 十文字学校で
〃 十八日 重喜様 御婚礼
十二月十三日 根岸家の葬へ喜川様よりおすすけ礼

昭和二十八年 己

二月十九日 喜川先生御逝去

三月五日 うぐいすの目まい
四月 五月 六月 九月 十月 十一月 あと川添で注射で頂く
一月一日 喪中 重人正子両人(デリーを立ってラクノーにゆく)
一月八日 初学科始まる 矢だけ出席 昨夜の席で銀安閑
一月九日 信濃町に十一時にゆく 渋谷喜川様 古多様に行く
服部一郎様夕食に招きする
トマトスープ 鯛ベーコンレモン包み焼 ビーフステーキ フランスパン
苺ゼリー パイナップル バナナ 黒白パン ピーナツ ビール
一月十一日 昭允と松ちゃんへお詣りにゆく
一月十三日 重人様正子午後五時BOACまで羽田着
一月十五日 成人の日 寿妹登美ちゃんの婚礼で四谷会にゆく
印度からのお土産色々頂く
一月十六日 南京 先生お詣り下さる
一月十七日 逗子 田上様 肺炎に十二日なりなった
一月十九日

和田春子日記　昭和28年

尚友ブックレット36

木戸侯爵家の系譜と伝統

――和田昭允談話――

尚友倶楽部・伊藤隆・塚田安芸子　編集

芙蓉書房出版

刊行のことば

現行憲法の下で、帝国議会は国会となり、貴族院は参議院へ引き継がれた。尚友倶楽部（前身・研究会、尚友会）は、明治以来、貴族院の選出団体として重要な役割を果たしてきたが、戦後は、純公益法人として、日本文化の国際的理解に役立つと思われる、公益事業や、学術団体、社会福祉などへの援助を中心に活動をつづけている。

近現代史に関連する資料の公刊もその一環である。昭和四十六年刊行の『貴族院の会派研究会史・附尚友倶楽部の歩み』を第一号として、平成二年までには十二冊の「尚友報告書」を発表した。平成三年刊行の『青票白票』を第一号とする「尚友叢書」は、令和二年には四十六冊となり、近現代史の学界に大きく寄与している。

一方「尚友ブックレット」は、第一号『日清講和半年後におけるドイツ記者の日本の三大臣訪問記』を平成六年に非売品として刊行し、以後三十五冊を刊行し今日に至っている。「尚友ブックレット」は、原文書のみならず関連資料も翻刻刊行してきているが、未公開の貴重な資料も含まれており、一般の方々からも購入の要望が多く寄せられてきたので、二十一号から一般にも入手できるような体制を整えてきた。

今回刊行の第三六号は、当倶楽部会員で生物物理学のフロンティアであり多くの業績を残された和田昭允氏の談話を中心にとりあげた。氏は、伯父に木戸幸一、姻戚に原田熊雄を持ち、近現代史に名の残る人物と日常において直接関わりがあり、当時の記憶を残すことは、今までの文献では知り得ない人となりや関係が現れるなど資料として価値が高い。
今後も研究等に用いて頂き、近現代史の学術研究に役立つことを願っている。

令和二（二〇二〇）年八月

一般社団法人　尚友倶楽部
理事長　山本　衞

木戸侯爵家の系譜と伝統―和田昭允談話●目次

和田昭允談話

聞き手　伊藤　隆（東京大学名誉教授）
　　　　上田和子（尚友倶楽部会員）
聞き取り日　二〇一七年（平成二九年）二月二二日　四月五日
　　　　　　五月三一日　八月二日

※この談話は、維新の三傑の一人である木戸孝允、日本の工学の父と呼ばれた山尾庸三を曾祖父に持ち、自らは生物物理学の研究を推進された和田昭允氏への四回にわたるインタビューの内容をまとめたものである。

〈編集協力／飯川幸子〉

一　海外と日本をつなぐ系譜

1　開明的な一族

留学経験の豊富な家系

伊藤　まず、ご自身の系譜についてお話しいただけますか。

和田　こちらの姻戚関係図をご覧下さい（図1）。これは、木戸・山尾・吉川・原田・内藤・和田の大体の系図です。太字が外国生活経験者、＊が付いているのは、長く留学した人たちです。一族には外国生活経験者が多く、二人の曾祖父（木戸孝允、山尾庸三）から外国を知っています。それから、私の二人の祖父（木戸孝正、吉川重吉）も、岩倉使節団でアメリカの高校に行っているのです。木戸孝正は、アマースト高校に行っています。吉川重吉は、マサチューセッツ州の高校に入って、

図1　木戸・山尾・吉川・原田・内藤・和田　姻戚関係図

太字：外国生活経験者
＊印：留学

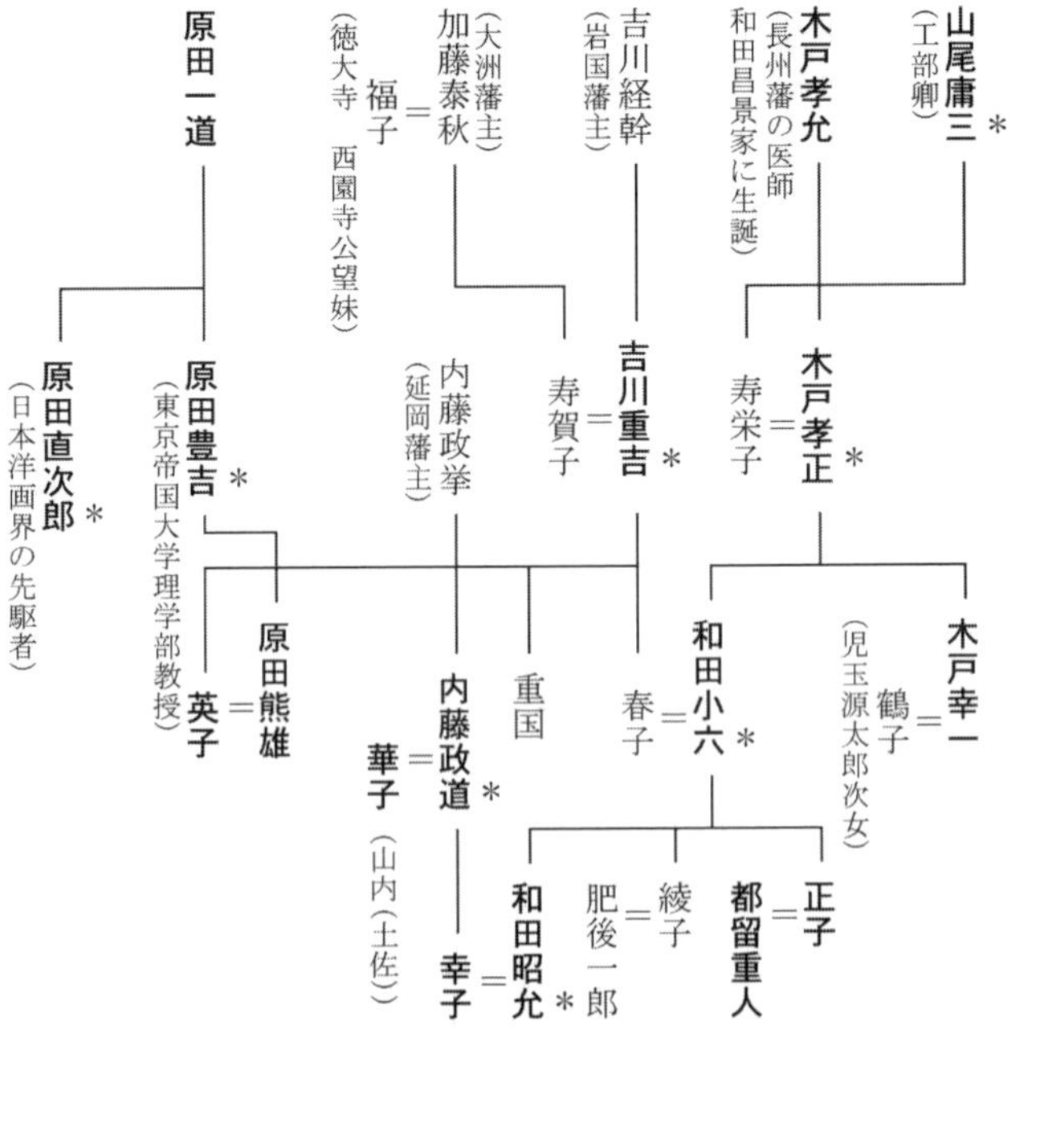

最後はハーバード大学を卒業しました。
そういうことで、この一族は欧米の教育の重要性を非常に強く感じていたと思います。

外国を日本に伝え、日本を外国に知らせる

和田 この一族がやったことは二つあります。明治・大正時代には、日本に外国を知らせました。木戸孝允は岩倉使節団でヨーロッパに行き、山尾庸三は英国に留学しました。昭和になってからは、今度は日本を外国に知らせました。

伊藤 後のほうは、どなたに代表されますか。

和田 私の父が世界記録を出した飛行機をつくり、不肖ながら私がゲノムの分野で。これは、昭和六二年に私が世界の研究者を国際会議に呼んだ時の写真です（図2）。世界で初めて開かれたゲノムのインターナショナル・ワークショップで、日本を世界に知らせたという範疇に入ります。

自分自身のことで恐縮ですが、世界中に出版された本に、先祖のことが出ています。『ジーンウォーズ』（クックディーガン著、石館宇夫・石館康平訳、化学同人、一九九六年）という本の「特殊なケースとしての日本」の箇所に「一八七二年一月、一三歳の吉川重吉は堂々たる蒸気船『アメリカ』から下

図2 インターナショナル・ワークショップの出席者たち
（林原国際フォーラム、昭和62年）

船し、アメリカの土を踏んだ」とあります。私は、著者のクックディーガンさんから面接を受けているのですが、日本の歴史を詳細に書いてくれています。吉川重吉、木戸孝允ら先祖のことを紹介してくれました。

木戸孝允の系譜

伊藤　ご先祖のことを教えて下さい。

和田　はい、曾祖父は木戸孝允（口絵2頁）です。木戸孝允の生家は和田といいまして、長州藩で二〇石の医者の家でした。今では「木戸孝允旧宅」という史跡になっています。二〇石でもある程度の屋敷を持っていました。お城の近くで、場所としてはかなり上等なところだそうです。

伊藤　お祖父様はどんな方でしたか。

和田　祖父の木戸孝正（口絵2頁）は、木戸孝允の妹（治子）の子どもです。治子が来原良蔵と結婚し、そこで孝正、正二郎の兄弟を生んでいます。来原良蔵は長州藩の侍で、彼は藩に迷惑をかけたということで切腹しました。それで、未亡人になった治子が、この二人を育てたわけです。

木戸孝允には好子という娘がいたのですが、木戸孝正と結婚して子どものないうちに亡くなりました。それで山尾庸三の長女、寿栄子と再婚し、幸一、小六、それから二女子が生まれております。

木戸孝正は若い頃――私も後にサマースクールで教えに行ったことがありますが――アマースト高校というマサチューセッツ州で有名な私立高校に留学しました。

伊藤　お祖父様のことは、ご記憶にないですか。

和田　ないですね。木戸幸一の長男の孝澄が生まれる前に亡くなっていますから。

伊藤　そうですか。

和田　木戸正二郎は木戸孝正の弟で、彼がまず木戸孝允の養子になっています。正二郎はドイツに行きまして、ドイツの陸軍将校になって、帰って来るときセイロンで病死しました。二三歳でした。ドイツ陸軍の制服を着ている写真が残っています。

山尾庸三の系譜

和田　祖母、寿栄子の父親が山尾庸三（口絵2頁）です。山尾庸三は、長州藩の侍で、明治政府の工部卿です。東大工学部を創り「日本の工学の父」と言われていますが、伊藤博文ら長州ファイブの一人として英国に密航したのです。吉田松陰の例でも分かりますが、当時は捕まったら打ち首になる時代です。ロンドンに碑がありますが、グラスゴー大学に留学しています。

これが山尾庸三の一族です（図3）。よく似ている顔がズラッといますが、大体私の祖母の妹たちとその娘です。幸一・小六のすぐ下の妹、治子もいます。治子は時乗という軍人のところに嫁に行きました。その次の妹、八重子は児玉源太郎の息子と結婚しました。

こちらは逗子にある山尾家の別荘で撮った写真です（図4）。後列に使用人が並んでいます。使用人も入れて、全員で写真を撮るという雰囲気を持った家でした。庸三は、多くいた娘を広澤金次郎や前島密ら主だったところに嫁にやっています。

上田　木戸、山尾、和田ご一族の中で、最初の科学者はやっぱり山尾さんですか。

和田　山尾ですね。あとは全て和田です。木戸の伯父も最後の頃、「山尾の工学の血は全部和田へいっちゃったね」と言っていました。

上田　先生のご子息（昭久）も、今ドローン開発の第一人者ですね。

和田　ＮＥＣで、ドローンの最高責任者です。

図3 山尾庸三一族

図4 山尾庸三一族(逗子の別荘にて)

上田　お祖父様が飛行機で世界記録を作られています。
和田　父が聞いたら、さぞ喜ぶだろうと思っています。
上田　ご次男（昭英）は、何の分野でいらっしゃるのですか。
和田　私に近いですね。神戸大学で分子物理学の教授です。
伊藤　みんな理系ですね。

母方の祖父、吉川重吉

和田　私の母、和田春子は吉川重吉の次女です。吉川重吉は、岩国藩主吉川家の一族です。一三歳の時、岩倉使節団に同行してアメリカに行きました。吉川重吉がボストンで撮った写真がありまして、お供が二人ついています。岩倉使節団の名簿に、吉川重吉とお供二人の名前が書いてありますが、お供の出身は岩国藩とあります。
伊藤　家臣だったわけですね。
和田　そうです。家臣が二人、お供でついて行ったのです。その後、若くしてハーバード大学の日本人卒業生第一号になりました。後に外交官になり、わりに若くして亡くなりましたが、かなりの業績をあげたのです。
伊藤　そうですか。
和田　尚友倶楽部ブックレットで『吉川重吉自叙伝』を出していただきました。最初に「自分は英語のほうが日本語よりも書きやすいので、英語で書く」と、ことわった上で書いています。
上田　自伝が英語なのです。若い時にアメリカに行って、現地で英語の教育を受けるとそうなるのですね。

和田　津田梅子もそうですね。それから吉川重吉のところに、大洲藩（四国・愛媛）加藤家の次女、寿賀子が嫁に来ています。寿賀子の母親は福子《とみこ》と読みますが、徳大寺家出身で、西園寺公望公の妹になります。子どもは男子が吉川元光、重国、経吉。女子は四人いて、それぞれ原田熊雄、和田小六、本多猶一郎、岩田豊雄に嫁いでいます。

上田　お祖父様とはお会いになっていますか。

和田　会っていません。

上田　お家がずいぶん洋風でハイカラだったそうですね。

リベラルな家風

和田　木戸・吉川・和田の家は非常にリベラルでした。私の姉の正子は都留重人と結婚しています（口絵6頁）。都留重人は八高（第八高等学校、現名古屋大学）で反戦運動をして退学になりました。都留重人の父親がある程度の資産家だったので、日本に置いておくと、ろくなことにならないと外国に送ったのです。そしてアメリカの高校に入学し、ハーバード大学を出ました。

そういう反戦運動をやって捕まった人間を、伯父の原田熊雄が婿候補として推薦してきました。父は、「熊は、上は皇族から下は料理屋の娘まで全部世話するんだよ。非常に世話好きだから」と言っていましたね。

伯父の木戸幸一と父の小六はとても仲がよく、家族の結婚についてお互いに報告しあっていたようです。これは、私が父から直に聞いたのですが、「今度、正子を都留重人と結婚させようと思っているんだけど、反戦運動で捕まった人だけど、どう思う」と、相談したらしいです。そうしたら木戸幸一が、「優秀な人は、若い頃は左に走るものだよ。いいじゃないか」と言ったそうです。今の方は想像できないと思いますが、あの頃の「赤」といったら大変な「悪」でしたからね。それを「人間が良ければいいじゃないか」と言ったぐらいの自由さを持っておりました。

2　一族の交流

華族は三タイプに分けられる

和田　華族は、公家華族・大名華族・新華族と三つのタイプに分けられます。私は学習院初等科から彼らを見てきましたので、三タイプの人たちをよく知っていますが、それぞれが非常に特徴的でした。

伊藤　違いますか。

和田　完全に違います。どう違うかと言いますと、木戸幸一が『華族—明治百年の側面史—』（金沢誠・川北洋太郎・湯浅泰雄編、北洋社、一九七八年）という本で「華族は、大名華族・公家華族・新華族という三つのタイプに分けられる。……大名華族は昔の殿様ですから、大体、鷹揚ですね。公家華族に、実力なくして千年も皇室の藩屏として幕府と取り引きしてきた性格が残っているというのか、まあ露骨に言えば、ずるい男が多かった」と話しています。差し障りがあるといけませんが、私も全くそういう感じを持っていました。

それから、「新華族の方は、別に伝統も何もないわけだが、生活的には御維新後、一番変化している。もとは小藩の田舎侍ぐらいだったものが、急に男爵になり、子爵になり、公爵にまでなっている。彼らは、明治十七年に華族令が出たときに、御一新の功労者であったとか、大臣をやっていたという功績で華族になった実力者ですから、いわば爆発的にのし上がってきた連中なんで、そういう連中の子弟は大変元気だった」ともあります。

上田　良いも悪いもそうですよね。

和田　私の見るところ、大名華族が一番しっかりしていましたね。大名華族はお国があって、ご家来・ご家臣がいるわけです。これが大名華族と新華族の違いです。新華族は永年のご家来なんていないわけです。私の家内が大名華族出身ですから、その感じはよく分かります。とにかく何かというとお国が出てきて、ご家来が出てきて、いろいろやる。そういうはっきりした違いがありました。私のところは、母方が公家華族から大名華族、父方は新華族ですから、違いがよく分かるのです。

公家華族の生き残り戦略

和田　私の祖母は加藤家（伊予・大洲藩主）から来ていて、曾祖母の福子は徳大寺家の生まれです。徳大寺家は公爵になっています。清華という太政大臣を出す公家グループで、三条・西園寺と同じ家格です。

この徳大寺家というのがすごい家で、大勢おられたお姫様を、実に要所要所へ嫁にやっているのですね。徳大寺公純の長男が、明治天皇の侍従長をした実則です。次男が西園寺家を継いだ西園寺公望です。三番目の福子が私の曾祖母で、大洲藩主加藤家に行きました。それから、相良さんや、尚友倶楽部の会員である阿部正靖さんの曾祖母様など、いろいろと繋がっております。これでも分かるように、公家は、お姫様や息子さんを要所要所にやって、生き延びる術を持っているわけですよ。

上田　住友家にも養子に行ってるのですね。

和田　一番下の弟が住友家に養子に行きました。それで、住友家と非常に近いのです。婚姻外交じゃないけれど、閨閥を実にうまく作っているのですね。

上田　お公家様は、どうやって養子縁組をうまくできるのですか。そういう執事がいらっしゃるとも思えないけどね。

和田　どうしたんでしょうね。

上田　大名家は家老がいるのですよ。だけど、お公家様はどうやってらっしゃったのか。見事にまとめる、この能力はすごいです。

和田　ですから、それで千年生き延びたわけです。

三タイプの違い

和田　母方の吉川家が大名華族でしょう。吉川の曾祖母は徳大寺家出身で、これがまた公家中の公家みたいな感じ。それで木戸や原田は新華族で、これはちょっとお行儀が悪いほうですね。全て比較して見ていますから、面白いですよ。新華族と公家では全く違います。

――言葉も違いますか。

和田　徳大寺家から加藤家に曾祖母が嫁に行っていますが、言葉がものすごくやかましい家系だったそうです。だから和田家は、言葉は非常に厳しく言われました。木戸家と比べても差がありましたね。吉川では従兄弟同士〝○○チャマ〟と呼んでいましたが、木戸では〝○○チャン〟でした。

上田　お公家様の躾けがちゃんと和田家に入ってくるわけですね。

和田　木戸、山尾はみんな元気はいいけど、下級武士出身ですからね。

上田　それで曾祖母様が徳大寺様というのは、ちょっとお違いになるわね。

和田　これまた、とくに言葉に煩かったそうです。

上田　うちは実家の水野に、醍醐家だったか、お一人おこし入れされています。だから「おかちん」とか、ちょっとした公家言葉が入ってくるんですよ。

和田　醍醐、徳大寺、西園寺、三条、みんな同族ですね。

上田　お言葉が何となく違うんですね。

大名華族、吉川家

和田　木戸家は新華族です。長州の新華族の中で、大名家と結婚している家はあまりないのです。木戸幸一夫人の鶴子は、児玉源太郎の娘です。大名華族との縁は和田家だけです。

上田　先生のお母様が吉川家からいらしてますね。

和田　吉川は二家ございまして、本家が子爵、分家が男爵です。私の母は男爵家の出身です。

伊藤　同じ大名家ですか。

和田　そうです、岩国の同じ大名家です。

伊藤　分家になったところにも、爵位が来たのですね。

和田　そういうことです。分家をしたのが、私の母方の祖父である吉川重吉でした。吉川男爵家は、次男の重国が跡を継ぎました。長男の元光は本家の養子に行きました。長女が原田熊雄のところに行って、次女の春子が和田小六と結婚しました。

　吉川重国はずっと式部官で、戦後は宮中儀礼の専門家として、紀子様に宮中儀礼の講義をしました。木戸も吉川も、みんな宮内庁関係なんですね。面白い叔父で、私の母の四つ下でした。「昭《アキ》ちゃまのママにはひどい目にあったんだ」と、子どもの頃、母が重国に紐をつけて女中部屋に連れて行き、猿回しの真似をさせたなんてことを、よく言っていました。非常に懐かしい叔父です。

　吉川重国夫人が松平慶民さんの次女ですから、私は慶民さんにお会いしたことがありますし、内大臣秘書官長をされていた松平康昌さんにもお会いしたことがあります。

伊藤　松平康昌さんは木戸さんの書記官長でしょう。康昌さんも『西園寺公と政局』のように談話を残したと言われているのですが、出てこない。木戸孝彦さんから康昌さんの『西園寺公と政局』みたいなものが作られたと聞いて、孝彦さんに「是非出してください」と言ったのですがノーと言われまして、それっきりになっているのです。康昌さんのお子さんもすでに亡くなられています。

和田　お子さんは早く戦死されて、お孫さんのところに徳川家から養子が来ておられます。

伊藤　敗戦前後から戦後にかけての本当に詳しい記述らしいのです。その記録があると情報が分かるんですけどね。

吉川家の洋風邸宅

和田　駿河台にあった吉川の家は、三階建ての洋館でした（図5）。居間に暖炉や大理石の柱があって、完全に洋風でした。この洋館を造ったのがジェームズ・マクドナルド・ガーディナーという建築家で、吉川重吉のアメリカ時代の友達です。彼は日本でいろいろな建築物を設計していて、「外交官の家」という洋館がいまも横浜にあります。

吉川邸の敷地は、とても広かったのです。地図をご覧になると分かりますが、御茶ノ水駅のそばで、吉川邸はこれだけありました。たぶん、もとは四角だったと思うのですが、聖橋からの道ができて削られてしまいました。ニコライ堂が隣でした。今、ここに新お茶の水ビルディングが建っています。

伊藤　新お茶の水ビルディングが、全部吉川邸だったのですか。はぁ……。

和田　ニコライ堂が隣にあって。井上眼科とかは、みんな後にできました。

伊藤　吉川邸の建物自体はどうなさったのですか。

和田　関東大震災で焼けました。

図5 駿河台の吉川邸
（正面玄関、大正2年頃）

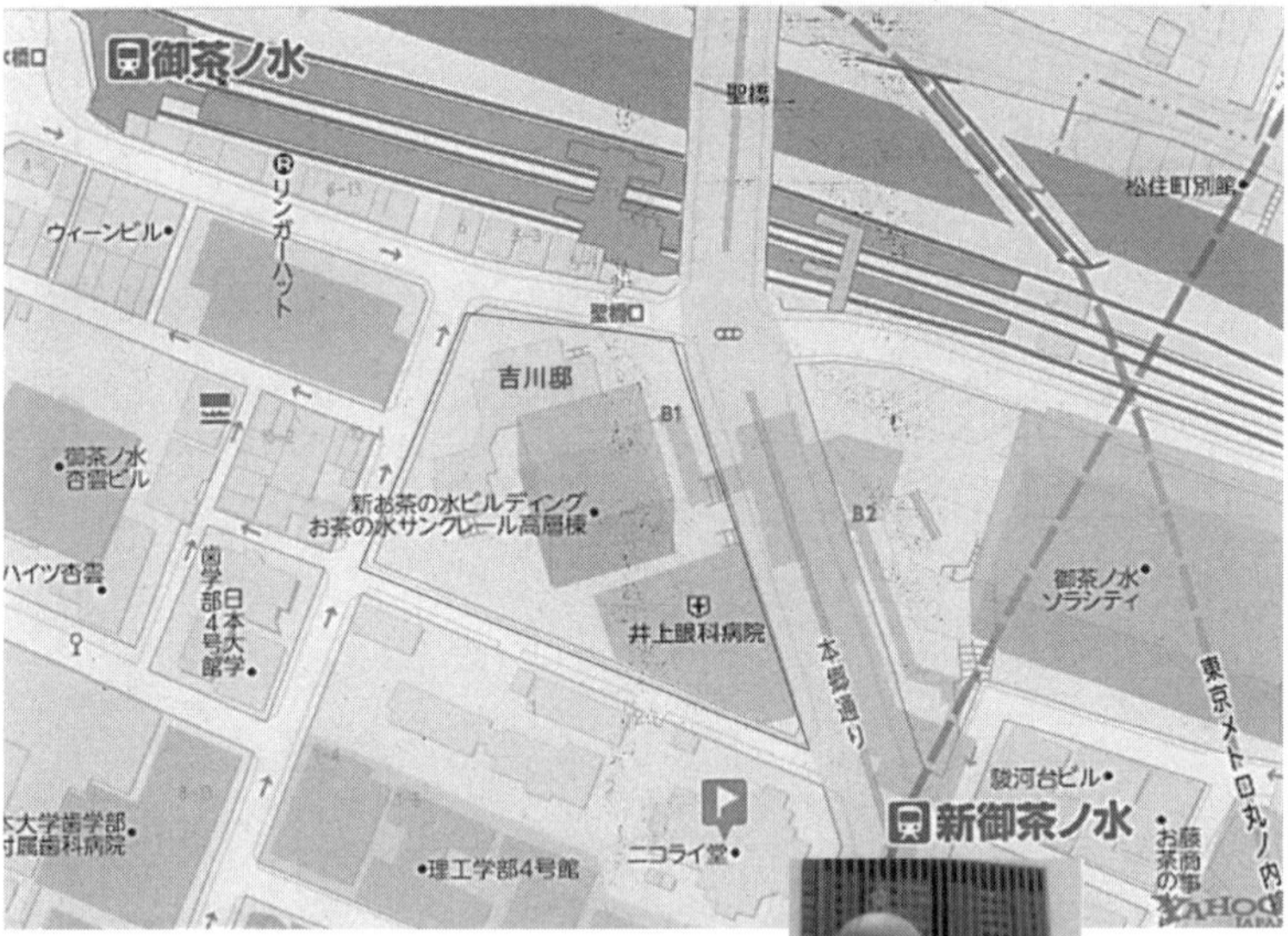

現在のお茶の水
枠に囲まれたところが吉川邸の敷地

ニコライ堂

上田　和田先生はご覧になっていないのですね。

和田　ええ、見ていません。私の姉は知っていると言っていました。

吉川家のテニスコート

伊藤　震災の後、新お茶の水ビルができるまでの間はどうなっていたのですか。

和田　吉川邸は、震災で焼けてからテニスコートになりました。広かったのでテニスコートが二面ありましたね。そこに、新お茶の水ビルができたのです。

伊藤　信じられないね。だって、新お茶の水ビルだって相当の面積があるじゃないですか。

和田　日曜になるとメンバーが集まってテニスをしていました。選手の山岸成一さん、西園寺公一さんも来ていました。私が幼くてからかい甲斐のある年頃だったものだから、西園寺公一さんが私と遊んでいる写真も残っています（笑）。

上田　山岸さんは、有名なテニス選手ですね。

和田　慶應義塾の、デビスカップの選手です。

上田　その選手が来ていたのですか。

和田　そうです。

——メープルヒル・ローンテニスクラブですか。

和田　メープルヒル・ローンテニスクラブです。孫たちのプレイを、吉川の祖母と木戸の祖母が観戦に来るという、いい時代ですね。原田敬策は、昔からテニスがうまくて、木戸幸一が優勝杯を渡している写真があります（口絵7頁）。

伊藤　相当のお金持ちだったんですね。

和田　吉川は、岩国の藩主で五万石ぐらいですが、山林をいっぱい持っていたので、石高に比べると裕福だと言われていました。木戸家の財産はよく知りませんが、和田家は分家してしまって、土地はもらいましたけど、そんなにお金はなかったわけです。ただ、木戸家と和田家がそれぞれ三軒ずつ外国人向けの家を持っていて、家賃のあがりを得ていました。

仲の良い親戚付き合い

和田　吉川家では、「吉香会」という親戚同士の集まりをやっていました。吉香会とは、吉香神社という吉川家の神社が岩国にありまして、そこから名前をいただいています。家族関係を非常に大事にする家系でした。

伊藤　「吉香会」の中心はどなたですか。

和田　私の姉などがよく幹事をしていました。

吉川邸をデザインしたガーディナーさんの子孫が日本にいらっしゃった時も、たくさん集まりました。親戚みんな仲良くしていました。吉川家と西尾家の集まりもあります。

伊藤　西尾家と繋がっているのですか。

和田　加藤家から西尾家に養子に行ったのです。

伊藤　ご親戚の集まりは、どんな時にやっていたのですか。

和田　定期的ではなくて、還暦のお祝いとかです。

伊藤　ああ、なるほどね。

――皆さん、ファミリー・パーティをしていましたね。つるむというと恐縮ですけど、合同写真をいっぱい撮られましたよね。

和田　そうです、いっぱい撮りました。
上田　ご本家があって、ご本家に集まるとか、そういうしきたりがありましたね。
和田　そうですね。
伊藤　私も、ある人の資料をぜひ国会図書館に寄贈してくださいとお話しすると、「親戚会議を開いて決めますから、ちょっとお待ちください」となるんですよ。えー！と思って聞きましたが、かなり広い範囲の親戚会議なんですね、びっくりしました。

広がる親戚関係――日向延岡の内藤家

上田　奥様は、日向延岡藩主の内藤家ご出身ですね。
和田　はい。私の叔父の吉川重国が宮内庁の式部職にいて、最後は式部官長をしました。その式武官としての同僚が家内の父、内藤政道でした。その連れ合いが華子といって土佐の山内家から来ています。
上田　ここで山内家とも繋がるんだ。
伊藤　ずいぶん入り組んでいますね。
和田　内藤政道の弟が内藤政恒で、その夫人は中御門から来ているのですが、その仲人を木戸幸一夫妻がしています。ですから、父の内藤政道の弟と、内藤・中御門をつなげる仲人を木戸幸一がしているのです。その子どもがいま学習院院長をしている内藤政武です。

一族を意識する

伊藤　木戸孝允や、他のご親戚も華麗なる一族ですが、子どもの時、そういう自分の生まれをかなり意識しておられたのですか。

和田　それは意識せざるを得ませんでした。
伊藤　そうですか。小さい頃からやっぱり。
和田　木戸家本家と和田家を圧倒的に圧していたのは、木戸孝允です。でも、もちろん誰も会ったことがないんですね。
伊藤　ご親戚のなかで影響を受けた人はいますか。
和田　やはり父親と、木戸幸一と、原田熊雄ですね。

3　父と母

航空機研究の先駆者

伊藤　お父さんは、どういう経歴を辿ったのですか。
和田　私の父は、和田小六といいます。父は学習院で成績が「全甲」だったそうです。木戸幸一も「全甲」なんです。幸一は病気で一年留年して、一つ下の父と同級になりました。兄弟で非常によくできたんだけど、父のほうがよくできたそうです。父は一高（第一高等学校、現東京大学教養学部前期課程）に行きまして、一高から東京大学の工学部へ進学して造船を学びました。
　その後、これからの時代は航空だということで、日本で初めて航空調査委員会ができたんです。当時、東大教授の横田成年先生——工学部の父の先生——が航空調査委員会をはじめて、父もそのメンバーになりました。「木戸小六、大正四年、造船学科卒業、未任官」と書いてあります。そこでまず飛行船をいろいろ研究したんですね。飛行船の研究をしているうちに、飛行船じゃ遅くて話にならんと、それで飛行機を専門にしたわけです。

伊藤　まだ航空学科がない時代ですね。

和田　まだ、ありません。航空研究所ができました。そのときに教室にも航空学科をつくるということでした。航空学科は、よくあることですが、研究所と教室は仲が悪くて、だいたい喧嘩をするんです。父は喧嘩をまとめるほうだったと思いますが、そこで翼型の効率などを決める風洞部の主任をしていました。駒場の東大第二キャンパス（航空研究所跡）にその風洞が現役で残っていますが、それは父が二年半ぐらいイギリスに行って勉強をして、それで設計してつくったのです。だから日本で最初につくった風洞がまだ現存しています。風洞部の主任から航空研究所の所長になりました。

世界記録を打ち立てる

和田　父は、長距離機の世界記録をつくった「航研機」の設計を指導しました（口絵4頁）。本人が設計したわけではないけど、風洞部の後任の人がいろいろ設計して、父は所長としてそれをまとめたということです。

　これが、世界記録をつくった飛行機です（図6）。昭和一三年五月に木更津、銚子、太田、平塚を四角形にグルグルと三日間ぐらい飛び続けて、それで滞空時間と距離（一万一六五一キロ）両方の世界記録をつくったのです。綺麗な飛行機で、翼は先端にかけて深紅でした。

図6　東京帝国大学航空研究所が設計した長距離飛行機

伊藤　世界記録ということで、世界に認知されたわけですか。

和田　認知されて、賞状が航空研究所に来ています。賞状の写真はあるのですが、賞状本体が今、どこに行ったか分からないですね。

伊藤　よく燃料がもちましたね。

和田　ぎりぎりに積んでいるのです。
伊藤　日本で飛行機をつくり始めてから、大して時間がたってないでしょう。
和田　そうですね。ライト兄弟が飛んだのが明治三六年です。徳川大尉が代々木の原で初めて飛んだのが、明治四三年一二月一九日です。
伊藤　昭和一二年に、朝日新聞社が世界一周の飛行をやっていましたね。
和田　「神風号」ですね。あれは途中で降りながら飛んだので、無着陸ではありません。
　そのうちに戦争になったら、政府は技術院をつくり、父は技術院の次長になりました。技術院の総裁は井上匡四郎さんで、これは殿様ということでヘッドになって、実際は父が技術の具体的なところを切り回したと思います。
伊藤　日米戦争の時、アメリカは日本の航空は大したことないと思っていたみたいですね。
和田　はい、そうです。それがゼロ戦にさんざんやられて。
伊藤　さんざんやられたでしょう。アメリカ側から見たら、和田さんは戦犯なわけだ。
和田　昭和一九年に、東京工業大学学長の八木秀次先生が技術院総裁に移るというので、技術院次長だった父が東工大の学長になったのです。まだ戦争中のことです。父は学長の時に、東工大の大改革をやりました。当時の東工大は、高等工業専門学校だったのです。それをもっと大学のようにしたのです。
伊藤　大学に昇格したということですか。
和田　工業大学という名前はもうありましたが、スタイルがまだ前身の高等工業学校で、蔵前時代のままだったのです。それをいろいろ文系の先生を呼んで――『チャタレー夫人の恋人』で事件を起こした先生もいましたが――工業専門学校スタイルから大学スタイルに変えました。そのときに私の姉の主人の都留重人がハーバードやＭＩＴの例をいろいろインプットして、ずいぶん助けていたのを私は脇で見ていました。東工大には八年ぐらいいましたが、昭和二七年に現役の学長のときに亡くなりました。

――お父様は、どちらかというと技術系ですか。

和田 空気力学。流体力学です。

――理論家ですか。

和田 理論家ですね。機械の設計などはやらなかったです。むしろ、翼型はこういう格好にするといいとか、そういう計算ばかりやっていましたね。

――流体力学の計算って大変なんですよ。圧縮性の流体はとくに難しいんです。

和田 空気力学は、理論では一番難しいです。

和田春子日記

和田 私の母が日常生活の日記をつけておりました（口絵8頁）。これをご覧になると節目節目に、どこに白羽二重を差し上げたとか、料理の献立とか、当時の生活が描かれているのではないかと思います。

上田 当時の日記は焼かれてしまったけれども、「きょう、アキが初めて汽車に乗った」とか、「アキ、初めてお辞儀をする」「夜おしじが来たので昭少し泣く」とか、お書きになったものが残されているのですね。

和田 「セイちゃんに庭等で写真を取って頂く」とあります。セイちゃんとは、山岸成一さん。デビスカップ選手で、山岸二郎の兄さんにあたる方です。昭和七年一月一〇日に、山岸成一さんに写真を撮ってもらいました。父は犬が好きで、犬をいっぱい飼っていましたね。

それから大磯では、「母上様　原田皆様　お年始にお出で下さる」とか、「湯河原に木戸皆々様お出でになるのでお年始に伺ひ……」とあります。木戸家は、よく湯河原に行ったんです。

上田　日記を見ますと、お母様はお能をやっていらっしゃいましたね。
和田　やっていましたね。いろいろなことをやっていますね。
上田　お料理の献立を見てみますと、やっぱり和田家はレベルが高いと思います。ずっといいお食事だったなと思いました。とくに昭和二〇年以降は、私もしみじみ覚えていますから、「えっ、こんなのをあのときに召し上がっていたの」というものもありました。でも、戦後はそれなりに材料の調達が大変でいらっしゃったと思います。その中で一生懸命、いろいろとつくっていらっしゃる。お祝いに何をいただいたとか、何をあげたとか、お友だちを呼んでバースデーパーティをしたとかも書いてあります。その時の献立が、私たちと同じところもありました。お母様の目から見たお家の様子、お風邪をひいたとか、どういうお医者さまに行ったとか……、素晴らしい記録です。大正六年から昭和二九年までの記録で、戦中・戦後はそれどころじゃなくて混乱期でいらっしゃったんですね。

4　洋館での暮らし

赤坂の住まい

和田　住まいは赤坂・乃木坂にあります。木戸家が今の山王病院から乃木神社まで、五〇〇〇坪の土地を持っていたのです。
伊藤　五〇〇〇坪というのは、相当大きいですね。
和田　今の乃木神社なども、もとは木戸家の土地でした。伯父の木戸幸一と、父の和田小六は、乃木神社の鳥居のところで生まれたということです。乃木邸はもちろんあったわけですが、乃木さんが亡くなられて乃木神社をつくるというので、木戸家が土地を寄付したのです。

伊藤　そうですか。

和田　木戸孝允の生まれた家は、和田という長州藩の二〇石の医者の家でありまして、長男が桂家の養子に行って桂小五郎になって、それから木戸になったわけです。ですから長男がいなくなって和田家が絶えたものですから、私の父が次男に生まれたので和田を継いだということです。和田を継ぐ時、土地を分けようということで、五〇〇〇坪あるうちの一番北側に木戸家の馬車を曳く馬の厩舎と馬場の部分があったので、私の父が受け継ぎました。それまで父は飯倉片町辺に住んでいましたが、継いでから木戸家の隣に家を建てずっと住んでいました。

伊藤　今は、五〇〇〇坪もないでしょう。

和田　はい。今もそこに住んでおりますが、私どものところは三五〇坪ばかりです。

伊藤　木戸さんの敷地はどうなったのですか。

和田　衆議院副議長の公邸として、衆議院に一括して処分しました。まだ蔵だけ残っています。

伊藤　あの蔵は、木戸家の蔵なのですか。

和田　そうです。そこに入っていたものは、全て佐倉の国立歴史民俗博物館に行きました。

伊藤　井上光貞さんが国立歴史民俗博物館の館長になられて、木戸家のものを全部あそこに集めたいと言っていたのです。いろいろ話しあったのですが、最初に宮内庁に寄贈したものは、一度寄贈したものだからどうしても取り戻せなかったのです。

和田　そうですね、『木戸日記』は宮内庁ですね。

伊藤　木戸さんに宛てたいろいろな人の手紙も、宮内庁にありますね。それを今、私が中心になって本にしているのです。

和田さんも、赤坂のその場所でお生まれになったわけですか。

和田　私はあそこで生まれて、いまだに同じ場所に住んでおります。
　これは木戸家の庭で写した写真です（図7）。『木戸日記』に、「昭和一四年五月二一日（日）晴。午前一〇時より稲荷祭を執行」とあります。お稲荷さんの神社がありまして、年に一度お稲荷さんのお祭りをやっていました。
伊藤　これは、屋敷のなかですか。
和田　そうです。これはその芝生の庭です。広い庭で、稲荷祭の時は、庭にポールを立てて、綱を張って万国旗を飾って、近所の子どもを呼んで運動会をするぐらい広い庭でした。日記には続けて「本日は母上御誕生日の祝、児玉亀代子、和田正子結婚の祝を兼ね、山尾御叔父様（私の祖母の弟で、山尾家の跡継ぎです）、広沢御叔母様（これが妹になります）、和田等を始め、児玉、時乗（これは幸一の妹たちですね）を招き、午餐を共にす」とあります。その時の写真なのです。「三時頃より和田を訪問、バラを鑑賞す」と。こういう感じで、非常に親しくつきあっておりました。

図7　木戸家の一族（赤坂・木戸家の庭にて）
（前列一番右が和田昭允）

日本最初の鉄筋コンクリート住宅

和田　関東大震災の後、父が和田家を継ぐことになって、木戸家の隣に新しく家をつくることになりました。地震に強い鉄筋コンクリートをというので、鉄筋コンクリート造りの家を建てました。東大教授で後に東大総長もなさった内田祥三先生が設計したのです（口絵5頁）。

伊藤　じゃあ、東大の建物と同じだ。

和田　そうです。手すりは、東大の建物と同じです。日本の鉄筋コンクリート個人住宅第一号として東京都の史跡に認定されています。内田先生のご自宅も鉄筋コンクリートですが、これは第二号として記録されています。

伊藤　内田先生の家に行ったことがありますが、東大の建物とそっくりなんですよ。なぜ内田祥三さんの設計なんですか。

和田　これは、父が東大工学部の教授でしたから、同じ工学部同士だったのです。それで震災が大正一二年にあって、家ができたのが大正一三年です。震災直後の耐震構造ということで、たぶん必要以上に頑丈にしているに違いない。鉄筋ががっちり入っているのです。日本で初めての鉄筋コンクリート耐震個人住宅でした。

伊藤　あまり耐震構造の計算がない時代ですから、とにかく厚く厚く、鉄筋をいっぱい入れてという、そういうやり方ですからね。一号ということは、内田さんが自分の家をつくったよりも早くつくったんですね。

和田　早いですね。東京都の記録にあるように、うちが一号で内田さんが二号ですから。家は一階、二階を合わせて全部で一〇〇坪でした。図面も残っています。一階には、居間と食堂があって、角に父の書斎がありました。私の部屋は二階にありました。私の部屋の横に、終戦間際木戸幸一がいたのです。

上田　お姉様方のお部屋は、どこにあるのですか。

和田　姉はもう結婚していました。

上田　お歳がずいぶん離れていらっしゃいますからね。先生がご自分のお部屋をおもちになる頃は、お姉様方はもうご結婚していらっしゃらないですね。

伊藤　公文書館にしか映像がないのですか。

和田　私の家には各部屋の写真もあります。内田先生関係の文書がまとまってあるんですよ。だから、公文書館か東大工学部の建築の図書室へ行くと、私の家の図面はあると思います。

伊藤　内田さんの資料を東大百年史の時に全部いただきましたけど、写真はたぶんいただいてないと思いますね。内田さんという人も非常に丹念な人で、会議の議事録を自分でつくって、細かい字で議事次第まで書いているのです。自分の発言も含めてね。どうやったら自分で自分の発言を記録できるか、信じられない。あれで百年史を書くのにずいぶん助かったんですよ。

空襲に耐える

伊藤　戦災には遭ったのですか。

和田　私の家は空襲に遭って、焼夷弾が落ちて一部屋内部が丸焼けになりましたが、部屋を隔てる鉄筋コンクリートの壁は万全で、一部屋丸焼けになっただけで済んだのです。赤坂の焼け野原にポツンと、一軒だけ残りました。

伊藤　そうですか。その時に、いろいろな文書は燃えたわけですか。

和田　いえいえ、うちには文書はほとんどなかったです。文書は全部木戸家のほうにありました。和田家は長州の二〇石の医者だから、そんな種類のものは全くありません。

伊藤　でも、お父さんのものがあったでしょう。
和田　父のものは東工大関係で、東工大にはかなりありますし、家にももちろんございます。

洋風の生活

和田　うちはとっても洋風なんです。系図を見ても、外国生活をやった人間ばかりですからね。ですから、私が生まれ育った洋館は、離れと女中部屋を除いたら全部絨毯を敷いた洋間だったんです。
上田　スチームが入っていたんじゃないですか。
和田　ええ、スチームです。ですから、私の母の日記を見ると、一〇月ごろになると「今日はストーブを少しトロトロ炊いてみた」とかね。全館暖房のストーブなんですよ。
上田　じゃあもう、お食事もバタ臭いのでいらしてたから大丈夫でいらっしゃる。
和田　そうですね。
上田　岩倉使節団で行った吉川重吉は偉いですよね。食べるものは全く違っていて大変ですよ、ベッドでもお休みになっていらっしゃったでしょうし。お風呂も洋風バスですか。
和田　いえ、日本の木のお風呂です。
上田　檜のお風呂ですか。
和田　檜の風呂でした。
伊藤　そこは和洋折衷ですね。
上田　トイレも水洗でしょう。
和田　そうです。
上田　私も水洗のお家に遊びに行くと羨ましくて。お二階にトイレがあるんです。

和田　そうです。

上田　でしょ。うちは違いましたから、羨ましくて羨ましくて。そこのお家のお台所はバターの匂いがしていました。

和田　それはありました。バターの匂いというのがあるんですね。

伊藤　加藤シヅエ（加藤勘十夫人、加藤タキ母）さんにインタビューした時、加藤勘十さんと一緒に応じてくれたんです。そうしたら加藤夫人が、「私、子どもの頃にうちに電気洗濯機がございましたの」と言ったので、びっくりしましたね。

上田　うちも、私が生まれた時にあったんですよ。大きい東芝の洗濯機が。

和田　そう、そう。絞り器がついているんじゃないですか。

伊藤　加藤勘十の奥さんは、アメリカ製だと言っていました。

和田　うちは東芝でしたね。

上田　アメリカ製は東芝の前かもしれませんね。じゃあ、先生のところとうちが同じだ。

家族の団らん

上田　お父様お母様と、ご一緒にお食事されたのですか。

和田　一緒ですね。食堂のテーブルわきに女中が一人立っていて、彼女がご飯のおかわりをしてくれるのです。

――お食事をつくられていたのはどなたですか。

和田　母も料理の趣味があったけど、主に私づきの老女が仕切っていましたね。

上田　そうでしょうね。老女が女中頭のように、ちゃんと指令していましたね。

和田　祖母が出た加藤家は、一日中盛装をして島田に結ってお客さん用に待っている人が一人いたそうです。そういう時代がありました。

伊藤　どこの家か忘れたけど、食事の時にチリチリチリンと鐘を鳴らすと言っていました。和田家もそうですか。

和田　うちは、くちばしの長い鳥の置物で、くちばしの先に平たい鐘がぶら下がっていましてね。それを、先に丸いフェルトのついた棒でポンポンと叩くと、カンカンという音ではなくてもうちょっと低い音がしました。

上田　それが食堂に置いてあるわけですね。

和田　はい。

伊藤　そうすると、食堂にみんなが集まる。

上田　お父様は、わりとご一緒にお食事を召し上がったのですか。

和田　ええ、私の父は家庭の団らんを非常に大切にしていました。

上田　そうすると、お食事はお父様が「いただきます」という感じで、みんなでワイワイ召し上がる。

和田　はい、五人で食事しました。そこは、私の父と木戸幸一の非常に違うところです。木戸幸一は、そういう家庭的なところがあまりないのです。

上田　『木戸日記』を読むと、とてもお忙しそうです。

和田　忙し過ぎて、そんな暇がない。仕事の関係もあったかも知れませんが、木戸家は私の目から見ても、家庭的なところが少なかったですね。

伊藤　家庭的というより、洋風ではないということですか。

和田　そうではなくて、夜暖炉を囲んで話をするとかです。だから、木戸の長男の孝澄は、私の親父のところへしょっちゅう遊びに来ていました。

和田　木戸家は、執事が一人、女中は一〇人ぐらいいました。それから、書生が三〜四人ぐらいいましたね。玄関のわきに書生部屋があって、そこにいつも三人ぐらいいて、門を入ると玄関にパッと出て来ました。

女中・書生たち

私の家は、私についていた老女——といっても四〇代後半ぐらいだったと思います——それと、女中が二人に、書生が一人いました。

伊藤　書生の役割は、やはり門番ですか。

和田　玄関番です。ですから、玄関のすぐそばに書生部屋がある。書生さんは偉くなって三井銀行の木挽町支店の支店長や、防衛大学校の教授になりました。

上田　お手伝いさんや書生さんは、とくに長州から来るのでしょうか。

和田　これまた面白いもので、書生はいつも佐渡島からです。どういう関係があったのか知りません。女中は静岡から、一種の行儀見習いで来るのです。

上田　いい家から来るんですよね。

和田　そうです。ですから、お品のいいのがいてね。ある時、玄関に女中が出たら、お客さんが私の母と間違えて最敬礼したとかね。そういう笑い話があった。本当に品のいい人がずいぶんいましたよ。

それからもうひとつ、これはぜひ申し上げておきたいのは、父と母は、教育に非常に厳しかった。使用人に関しても、「使用人はおまえを大事にするだろうけど、決しておまえが偉いんじゃないぞ」と、これは徹底的にたたき込まれましたね。

上田　そういう教育をちゃんとするんですよ。老女は、先生がお生れになったころに来たのですか。
和田　もうちょっと後ですね。母の日記を見たらわかりますが、エイという名前でした。
――やはり山口から来られたのですか。
和田　母の国が吉川の岩国なので、岩国から来ましたね。
上田　吉川様の方のご紹介ですね。
和田　そうです。

和田家の自動車

和田　私の父は、英国車のモーリス・オックスフォードを持っていました（口絵4頁）。これで日曜になると赤坂から神田駿河台にある吉川家のテニスコートに通っていました。
上田　お父様が、ご自分で運転されていたのですか。
和田　はい、運転士はいませんでした。父は自動車が非常に好きでしたから、東大の航空研究所の所長時代も自分で運転して通勤していました。
上田　この車は、お家に置いてあったのですか。
和田　そうです。車庫がありました。
上田　お父様のお車で、ご一家でどこかにお出かけになったのですか。
和田　多摩川や、大磯にはしょっちゅう行っていました。
上田　大磯までお車でいらっしゃるんですか。
和田　車で行った時もあります。
伊藤　あの頃の道はどうでしたか。

和田　ガタガタです。
上田　日本でその当時、こういう車をお持ちのお家は0・00何%ですよね。
和田　木戸幸一は完全に機械音痴ですから、木戸家の自動車は全部うちの父が面倒を見ていたんです。
伊藤　車のメンテナンスをしたのですか。
和田　いや、どういうものを買うか決めていました。木戸家はもちろん運転手がちゃんといました。車庫があって、車庫の裏に運転手の住まいがありました。
伊藤　その頃は、どういう車ですか。
和田　木戸幸一が持っていたのはベンツです。うちが持っていたのはモーリスというイギリスの大衆車です。その頃、松平康昌さんのところにはイスパノスイザという名車があって、父はうらやましがっていましたね。
――あれはスポーツカーですよね。
和田　スポーツカーもありますが、康昌さんのところはちゃんとしたハコの車です。
伊藤　そういう珍しい車を持っていると目立つでしょう。戦中期、ガソリンはどうでしたか。
和田　戦争になったら売っちゃいましたね。
伊藤　売れるのですか。
和田　どういう格好で処分したのかは知りません。家から無くなったことだけは確かです。
伊藤　木戸家の車も無くなったのですか。
和田　そうです。伯父は役所の車がありますから。

二　昭和の政治史を目撃する

1　木戸幸一と『木戸日記』

仲の良い兄弟

和田　私が子どもながらに見た、木戸幸一の話をします。木戸幸一は、私の父の一歳上の兄でした（口絵2頁）。

伊藤　幸一さんが長男で、小六さんが次男ですか。ずいぶん名前が違うなと思ったのですが。

和田　多分、桂小五郎の「小」を付けたんだろうと思います。幸一と父の和田小六は、非常に仲のよい兄弟だったのです。二人が並んで写っている写真もあります。あの頃、学習院では「お裾持ち」というのがあって、木戸幸一と父がそれをしています（御裳捧持者、口絵3頁）。

伊藤　「お裾持ち」というのは、何ですか。

和田　儀式の時のご婦人方のお裾持ちです。実際には持たないでついて歩くらしいです。

真面目な兄と、やんちゃな弟

上田　ご兄弟で性格の違いはあったのでしょうか。

和田　木戸幸一は生真面目でした。それに比べると、私の父はいわゆる次男坊で、好き勝手なことをやっていたわけです。だから、伯父は日記を丹念につけていましたけど、母に言わせると、私の父はお正月の三が日だけ書いて、あとはもう続かないそうです（笑）。

上田　よく記録をつけていらっしゃいますよね。

和田　真面目な人ですねえ。祖父の木戸孝正は非常に怖い父親だったらしく、幸一に言わせると、私の父はしょっちゅう怒られていたそうです。幸一の言葉をそのまま借りると、「しょっちゅう小六さんは怒られていたけど、怒られてもしょうがないようなことをするんだな」と。そういうふうに、私の父はわりとヤンチャ坊でした。

上田　ずいぶんご長男と違いがありますよね。

和田　ぜんぜん違います。

上田　学習院の成績簿を見ると、木戸幸一はダントツの成績でした。

和田　でも長与善郎さんに言わせると、学習院にいた時は父のほうができたそうです。私の父は、一高に行きましたからね。

上田　一高に行かれたのですね。

和田　長与善郎さんの書いた文章で、「和田の弟のほうはチャキチャキして頭の回りが早かったけど、幸一は学校の勉強はよくできたけど、時々ボーッとしているところがあった」という表現がありますね。私には、とてもそういうふうに思えないけど。

兄弟間の頻繁な往来

伊藤　木戸幸一さんからの手紙は残っていないでしょうか。

和田　もう一遍さらってみますが、そんなにないですね。

伊藤　兄弟の間で、離れていれば手紙のやりとりがあるわけですけどね。

和田　兄弟の間の手紙のやりとりは、ほとんどなかったと思います。隣にずっと住んでいて、非常に仲のいい兄弟だったものだから、しょっちゅう行き来していましたのでね。

伊藤　子どもの頃から、伯父様にかわいがられていたのですね。

和田　ええ、「お隣のオジ様」と呼んでいました（笑）。私のことも昭《アキ》ちゃん、昭《アキ》ちゃんと呼んで、「アキちゃんが、一番木戸孝允に顔が似てるよ」って言っていました。

私が昭和四年生まれですから、小学校に入るぐらいから終戦頃まで、晩御飯をすませると父に「おい、アキ、兄貴のとこ行くからついてこい！」と言われて、父に連れられて幸一のところによく行きました。木戸家へは、歩いてすぐ一分もかからない隣です。子どもを連れて行ったのは、やはり子どものころから木戸家に親しませようとしたんだと思います。

幸一と父は、庭に面したベランダで話をしていました。私は小学生のころですから、木戸の伯母が講談社の絵本とかをくれて、わきで読んでいました。講談社の絵本を読んだ記憶は小学生の時ですが、中学三年生ぐらいの時に耳をそばだてて聞いていると、いろいろ太平洋戦争の話をしていました。まだ覚えているのは、ペリリュー島の守備隊が善戦したという話です。伯父が「今度のペリリュー島はわりに頑張っているんだよ」と話していたのを覚えています。

ついでに言いますと、これは『木戸日記』に出ていますが、開戦の一週間ぐらい前に、赤坂の料亭に木戸・和田両家が一緒に行ったことがあります。その時に木戸の伯父が私の父に、「どうもうまくないんだ」と日米交渉のことを言っていたのを覚えています。

上田　木戸幸一さんも、お酒はお好きだったのですか。

和田　いや。

伊藤　あまり飲まないんじゃないですかね。

和田　私の父は一滴も飲めないんです。

上田　えっ！　先生お好きよねえ。

和田　私は大好きです（笑）。

伊藤　木戸家に若い人はいなかったのですか。

和田　木戸幸一には、子どもが五人いました。長男の孝澄は、日本銀行に行きました。私の一三歳上です。次男の孝彦は、私の六歳上でした。あとは女子が三人です。木戸孝澄と、私の姉の都留正子が幼稚園から一緒で親しくしていました。そういうことで、孝澄はうちにしょっちゅう遊びに来ていました。ちょっと内情を言いますと、親父がうるさいのでうちに逃げてきていたんです（笑）。木戸の伯父は非常に厳密なんですね。

木戸鶴子夫人

伊藤　木戸幸一さんの奥様はどんな方ですか。

和田　木戸鶴子、児玉源太郎の末娘です。

伊藤　同じ敷地のなかで、よく会っていましたか。

和田　ええ、同じ敷地ですね。

上田　鶴子様は、おもてなしというか、人をお集めになるのがとてもお好きなんですって。

和田　これがもう、大好きで。何とか会、火曜会、木曜会といろいろやっていました。

上田　ご縁談をお勧めになるのもお好きだったそうです。

和田　そうです。

上田　私の祖母からは、どなたかが木戸鶴子様のお勧めで結婚したけど、上手くいかなかったというお話を伺ったことがあります（笑）。上手くいかなかったけど、鶴子様がよくしてくださったという。鶴子様はとても面倒見がいいから。木戸家に遊びに行っても「いらっしゃい、いらっしゃい」というふうに鶴子様が迎えてくださったと聞いています。

和田 本当にお客をもてなすのが上手だし、好きでした。

綿密な『木戸日記』

伊藤 『木戸日記』では、ゴルフをよくやっていますね。

和田 そう、ゴルフが大好き。

伊藤 和田家ではどうでしたか。

和田 たまに行っていました。井上三郎おじ様が、よく誘いにいらっしゃったのです。

伊藤 『木戸日記』には、スコアがいっぱい書いてありますね。

和田 近衛さんから内大臣秘書官長にならないかと誘われた時に、幸一の最初の質問が、「ゴルフはできるか」と（笑）。近衛さんが、「ああ、いくらでもできるよ」と言ったので、引き受けたらひどい目にあったと言っていました（笑）。

―― 忙しくてやれなかったと。

―― でも、『木戸日記』を読むとゴルフに行ってますよね。

和田 しょっちゅう。木戸孝彦が言っているけど、「あれはゴルフ日記だよ」と（笑）。

伊藤 「木戸日記研究会」で日記を全部読みました。今、国立歴史民俗博物館に木戸さんの文書が全部行っているでしょう。以前の日記があるみたいですね。

和田 あります。

伊藤 私らは昭和五年ぐらいから読みましたが、その前の日記を私の友人が読んでいて、なかなか面白いと言っていました。

上田　昭和五年の前は、何をしていらしたのですか。

伊藤　商工省の役人ですよ。

和田　そうですね。商工省の役人でした。それで近衛さんに「内大臣秘書官長にならないか」と言われて、「ゴルフをやれるか」と聞いたのです（笑）。

伊藤　その前も、かなりゴルフ日記ですね。木戸さんの若い頃の日記を見ていると、伊藤博文の後継者である博邦さんと非常に親しいことが書いてありました。

和田　そうですすよ、伊藤家とは非常に親しくしていました。

伊藤　何で突然伊藤家が出てくるのでしょう。

上田　だって、長州。

伊藤　そういうことですか。

和田　そうです。家も非常に近かったですから。伊藤家が龍土町で、うちが新坂町ですから、歩いてすぐです。

伊藤　今、龍土町は残っているかしら。

――名前はもう残っていないです。ミッドタウンの建設などで町名が変わりました。

伊藤　でも、木戸さんの日記は一日の分量がそんなにないですね。

和田　感想とか、そういうものはおよそ書かないでしょう。

上田　事実のみを書いていらっしゃいますね。

和田　そうなんですよ。

上田　天皇陛下がおっしゃったことを書いているけど、陛下の前でメモはできないでしょう。

伊藤　それはできないと思いますね。
上田　そうすると、記憶されていて、戻ってから起こされるのですか。
伊藤　たぶんそうだと思います。手帳に、たしか一遍書くんじゃないですか。
上田　それで、日記にはもう一回改めて書く。
伊藤　うん、それはやはり夜にするのでしょう。
上田　ちゃんと頭で覚えてらっしゃるのですね。
伊藤　そんなに長い話をされるわけじゃないですからね。

2　原田熊雄と政治家たちの人脈

西園寺公望に信頼された原田熊雄

和田　原田熊雄は、私の母方の伯父になります。最後の元老・西園寺公望に本当に信頼されて、西園寺の意思を各方面に伝達する役割をになっていました。全く西園寺さんを利用するということをしないで、秘書に徹底して大変信頼されました。最後には、『西園寺公と政局』という八冊の本を出しました。あれは『木戸日記』と並んで昭和史の重要資料です。
伊藤　これなしには、昭和史のことを言えないんですよ。
和田　原田の伯父は、私の父親や木戸幸一と中学時代から非常に仲良くしていました。
上田　木戸幸一様とも、そういう調子で原田さんと仲よしだったのですか。
和田　「おれ」「おまえ」、そんな感じでしたね。
上田　わりと小柄でいらしたのですか。

和田　かなり太っていました。私の父は非常に小柄だったんですよ。それよりは高いですね。これは、多摩川にピクニックに行った時の写真です（図８）。木戸、吉川、原田、和田が仲良くしていました。

上田　本当だ。和田先生のお父様より、原田さんのほうが大きくていらっしゃる。

和田　大きいですね。みんな学習院の同級生で仲良くしていたのです。

伊藤　やっぱり学習院という存在は大きいですね。

和田　非常に大きいです。原田熊雄は、いつもカンカン帽をかぶっていましたね。

図8　多摩川でのピクニック

姉妹と結婚する

和田　原田熊雄は吉川家の長女（英子）と結婚して、そこに春子という妹がいたので、親友の和田小六に紹介したのです。

上田　お友達同士で、ご姉妹とご結婚なさったということですか。

和田　そうです。原田熊雄が自分の奥さんの妹を、「おい、おまえどうだ」というかたちで持ってきたわけです。

上田　じゃあ、仲がいいですよね。お友達同士で兄弟になっちゃったわけ。

和田　原田家とは、父親同士は学習院の同級生、母親同士は姉妹ということで、非常に親しくしていました。一家でよく多摩川にドライブしましたね。私の父と原田熊雄は、ニッカボッカをはいて典型的なあの頃のスタイルですね。原田一家にも女の子が二人いて、みんな同じ歳ぐらいだったのです。それから、別荘も大磯で一緒だったから仲良くしていました。

上田　従姉妹同士が、ちょうど同じぐらいだったのですね。

和田　そこに木戸幸一が入って、原田熊雄を「熊が、熊が」とよく言っていました。

上田　じゃあ、お休みといえばゴチャゴチャ一緒に遊んでいらした。でも、先生は男の子でいらっしゃったから、どなたとお遊びになったのですか。

和田　私は一〇歳以上も離れていたので、姉たちの仲間には入りません。その頃、私の母の妹が本多猶一郎（近江膳所藩主）と結婚して――これも宮内庁ですけど――そこに男の子が二人いました。私より二、三歳上でしたけれども、それとは仲良く付き合っていました。

上田　そうでしたか。

和田　原田熊雄は遊び人でしたから、赤坂に遊びにくるんですよ。そうすると、赤坂の町に車を駐めておけないから、私の家に置いてそこから遊びに行っていたのです。そうしたら私の母が怒って、その車を使って、三越だの高島屋だの買い物に歩いて（笑）、熊雄伯父が帰ってきたら車がない。それで、「どうしたんだ」と言ったら、実はこうこうだと。「しょうがねえヤツだなあ」とか言って苦笑いしていたそうです。

長与善郎の原田熊雄評

和田　原田熊雄伯父のお父様が、原田豊吉といって、私と同じ東大理学部の鉱物の教授でした。ですから、東大に行くと理学部関係の名誉教授の写真がズラッと並んでいるのですが、そこに出ています。

伊藤　理系の方ですか。

和田　理系です。地質鉱物学者で、日本を縦断しているフォッサマグナの研究で有名です。それで、長与善郎さんが『わが心の遍歴』（筑摩書房、一九六三年）で原田熊雄のことを書いています。長与さんの本がとても面白いのですが、「原田熊雄との交遊」というところで、「お父様が早く亡くなられて、お母様一人で、そこにかわいくてならない一粒種の息子がいて——これが熊雄伯父なんですけどね——自分がその友だちになってくれたことをとても喜んで、大いにごちそうなんかしてくれた」と。「しかもその一人息子は、お父さんが科学者であったなどとはどう見ても思えない底抜けの呑気者で、学校はそうひどく出来ないという程でもなかったが、軍人であった祖父さん以来世襲の男爵という特権の裏づけがなかったら、（学習院への）入学はむずかしかったかも知れない」と。実にこの辺のことは、よく感じが出ています（笑）。原田熊雄は、「家では誰にでもすぐ、バカヤロウ、トンチキと怒鳴りつけ、主人然として威張り散らしていた」と。私がよくお会いしていた頃も、よく「バカ野郎！」「トンチキ！」というのが出ていました（笑）。原田夫人なんかを怒鳴りつけるんですね。いやあ、でも、本当に懐かしい伯父ですね。

可愛がってくれた熊雄伯父

伊藤　和田さんにとって、原田熊雄さんはどういう方でしたか。

和田　おもしろい伯父でした。とにかくざっくばらんで、私のことはよく「アキ、アキ」と呼んで可愛がってくれました。

まだ覚えているのは、夏に箱根の富士屋ホテルによく行ったのです（口絵4頁）。ある時、原田の伯父と私だけが富士屋ホテルの一階の、いろいろな展示物がある廊下を二人で歩いていた時、「オリエンタル」という言葉がありました。そうしたら原田の伯父が「おい、アキ、オリエンタルというのは何か知ってるか」「いや、知りません」「東洋ということだ。じゃ、西洋は何というか知っているか」「いや、それも知りません」、これもいい加減なんですね、「西洋は、エリエンタルというんだ」と（笑）。それを、帰ってうちの父に話したら、「熊のやつ、変なことを教えやがって」と（笑）。そんな感じでした。

熊雄伯父の上のお嬢さん――勝田龍夫氏のところに嫁に行った勝田美智子――の結婚式に、私、初等科の四年生ぐらいだったのですが、呼ばれたんです。帝国ホテルで二、三〇〇人の立食パーティでした。そこで、熊雄伯父が、「おい、アキ、ちょっと来い」と私を招いて、何かと思って行ったら、熊雄伯父のわきにモーニングを着た立派な背の高い紳士がおられて、私を見下ろしておられたのを指して、熊雄伯父が、「おい、アキ、こいつ総理大臣だよ」と（笑）。近衛（文麿）公のことを「こんなやつだけど、こいつ総理大臣だよ」と、まあ、そういう感じでしたね。近衛さんにも、とにかく遠慮ないんです。あるとき、近衛さんのところに政治の話に行った。そうしたら近衛さんは、奥方とまだ寝室で寝ておられた。それでもかまわずに寝室に入っていって、だんだん話が長くなって寒くてしょうがないんで、とうとう奥方を追い出して、奥方が入っておられた布団の中にもぐり込んで話したとも聞いています（笑）。

大磯の別荘での往来

和田　原田家も我々も大磯に別荘がありました。別荘には、もちろん玄関がありますが、伯父は玄関なんか通らないで、庭の木戸からいきなりステッキを振りながら、「おい、小六いるか」と怒鳴りながら入って来られましたね。

ある時、私だけが留守番していたら、そんなのいっこうに構わずのこのこ上がり込んで、父がいつも使っているデッキチェアに座って、私もしょうがないからその傍に行ってお相手をしていたら、「おい、アキ、おまえ大きくなったら何になるんだ」と。私が「化学をやりたい」と言うと、「あ、そうか、ケミストになるのか」と言われた覚えがあります。そういう感じで、本当に身分とかそういうものを全然出さない人でしたね（口絵4頁）。

うちの父も「おいアキ、今からクマのところに行くからついて来い」と言って、原田家の別荘によく連れて行かれました。もちろん父と伯父は大人の話ですが、私は側でマンガの本を読みながら、耳だけはそばだてて聞いていました（笑）。

上田　「アキ」とお呼びになるのですか。

和田　ええ、私のことは「アキ」で、叱る時は「アキヨシ」になるのです（笑）。だから、「アキ」と呼ばれるうちは大丈夫です。「アキヨシ」ときたら危ない（笑）。

上田　原田熊雄さんは「クマ」とお呼びになるのですか。

和田　「クマ」ですね。

上田　お父様も、夏休みがおありでいらっしゃるのですか。

和田　東大の航空研究所ですから、相当自由があったわけです。大磯から通っていました。東京駅に行けば、研究所の所長車が迎えに来ています。大磯から東京駅まで、あの頃は一時間ぐらいですね。

伊藤　あの頃、大磯から来ると一時間ぐらいかかりましたね。今はそんなにかからないでしょう。

和田　そうです。三〇分ぐらいかな。

上田　大磯のお家にいらっしゃる時は、向こうに誰か人がいるのですか。

和田　ええ、門番が別荘を管理していました。

上田　皆さんがおいでになるというと、掃除して、開けて待っているのですね。

和田　ええ。

原田家別荘への訪問者たち

和田　大磯にある原田家の別荘には、広い芝生の庭がありました。庭の北側は高麗山です。庭からは海が一部見えました。原田の伯父は最後ここに常住していました。

原田家にはいろいろな人が来ていました。一九三九年夏には、高木惣吉さんが来ています。他にも、植田謙吉さんや寺内寿一さんも来ました。

伊藤　何で、高木惣吉が出てくるのですか。

上田　原田熊雄の書簡の中に、高木惣吉の手紙がいっぱいありますよね。高木惣吉とは、どうしてでしょう。

和田　当時、海軍参謀大佐で、米内光政・山本五十六に信頼されていて、海軍関係のニュースを西園寺さんに入れるために原田と連絡していた。

伊藤　情報源でしょう。

和田　情報源です。

伊藤　高木惣吉からも、むしろ情報を出したいほうですから。

和田　いわゆる、軍人っぽい軍人ではなかったです。非常に広い視野をもっていた。

伊藤　京都学派の人を巻き込んで、研究会をつくっていましたから。

和田　だから、ここに西田幾多郎先生も来られたことがあるんですよ。

上田　原田熊雄はそういう人をいろいろ呼んで、情報を取るために人を寄せる力があったのですね。

伊藤　みんな西園寺に何か情報を伝えたい時、どうしても原田熊雄でしょう。

和田　そうなんです。

伊藤　だから、何とかして原田熊雄に接近しようとする。原田熊雄のほうは、いろいろな人に接近して情報を取る。

上田　西園寺は人のそういうのが嫌いでしょ。そこで、原田が全部するのですね。

伊藤　そうです。

和田　西園寺さんの信頼があったのです。

伊藤　原田は、何か用があるとすぐ西園寺のいる興津まで飛んで行くんですよ。けっこう遠いのに、サッと出掛けて行くんですね。

上田　こういう人たちとも気楽に付き合うから、だから寄ってくるのですね。ただ情報を取ろうとするだけでは難しいけど。

伊藤　別荘地は、だいたい大磯やその辺が多いですね。吉田茂も木戸さんもそうですね。

和田　原田が、秩父宮や高松宮と親しくお付き合いをしている写真もあります。

伊藤　こう見ると、近衛さんの周辺とはまた自ずから人脈が別なんですね。

和田　違います。おっしゃるとおり、そこが面白いのです。近衛さんには、いろいろな人がついていました。だから、木戸の伯父とかみんな、言ってみればちょっと避けていたんですね。それから、和田の家では父が軽井沢も〝質実剛健でない〟といって避けていました。

伊藤　でも、木戸さん・近衛さん・有馬頼寧さんで、一緒に何かやろうという時もあるんですよ。

和田　そうでしたね。

伊藤　この三人で、「よし、やろう」というのはあるのですが、ちょっと人脈が違いますね。

和田　違いましたね。

伊藤　有馬頼寧さんは久留米の殿様だけど、また別の人脈ですよね。
上田　木戸さんには、近衛が組閣する時に出てくる風見章のような人たちはいないのですか。
伊藤　風見章は、近衛さんが引っ張ってくるんですね。近衛さんの人脈とは、また別なんですよ。
和田　別ですね。
伊藤　近衛さんの周りには怪しい人物も結構いるんですよ。近衛さんのお父さん――篤麿さんは、東亜同文会をやりますよね。アジア主義者や、いわゆる右翼とか。
和田　東亜同文会というのが、またいろいろあったわけですよ。
伊藤　私は、陽明文庫の評議委員をやっていますが、やはり人脈がちょっと違うんだなということを感じますね。『有馬頼寧日記』も読みましたが、全く出てくる人が違うんですよ。
上田　高木惣吉がこういう写真で出ると、「へえー」と思いますね。おおらかな感じもします。
和田　もちろん、高木惣吉は米内光政・山本五十六に近かった。むしろ、米内光政・山本五十六と西園寺さんを繋いでいた感じですね。
伊藤　西園寺さんと繋がるためには、どうしても原田熊雄と繋がっていなければしょうがないからね。
和田　寺内寿一や植田謙吉も来ていたし、それから松平慶民さんもいらっしゃった。あの当時の宮内庁関係の重鎮ですね。
伊藤　松平康昌さんは、木戸さんの後任ですからね。
和田　木戸内大臣の時の秘書官長をしていました。
伊藤　木戸さんは、その前に内大臣秘書官長をやっているわけです。内大臣は自分で動くわけではなくて、秘書官長が情報収集をするのです。だから、情報収集をやっているから木戸さんと、例えば原田熊雄とも繋がるわけです。いろいろな人と繋がるわけですよ。

上田 その情報を陛下にあげるのが内大臣なのですか。
伊藤 内大臣は、情報を聞いているわけ。陛下からご下問があったらそれを伝えるでしょう。
上田 松平康昌さんも木戸家にはお出入りしていたのかしら。
伊藤 だと思いますね。
和田 尚友倶楽部メンバーの徳川宗紀夫人が康昌さんのお孫さんなのです。それでこの間、「康昌さんは箱根で亡くなられているんですね」というお話をしていたら、康昌さんのお孫さんが、「じつは亡くなった箱根に行く前に、自分もついて木戸家に行っているんだ」って。この倶楽部では、そういう話がいろいろ出てくるわけです。

3 戦中・戦後をともに過ごす

戦時中の短波ラジオ

和田 私はサイエンス少年でしたから、ラジオを自分でつくりまして、アメリカの対日宣伝放送を内緒で聞いていました。中一ぐらいから、そんなことをやっていました。あれ、見つかったら憲兵に捕まるんですよね。
伊藤 アンテナが必要でしょう。
和田 アンテナが必要です。でも、土地が広いし。
伊藤 分からないですか（笑）。
和田 木がいっぱいありましたので。
伊藤 短波ラジオをつくるのに、機材はあったのですか。

和田　機材はあります。あの頃の秋葉原は、大通りに屋台が出ていまして、軍のいらなくなったものを売っているわけです。
伊藤　ラジオをつくるのが流行っていたのですか。
和田　そういうグループがあったんです。私も中学に入ったらすぐにそのグループに入って、それでつくりました。
伊藤　ラジオを組み立てる雑誌はありましたか。
和田　ありました。『無線と実験』という雑誌がありました。
上田　それは資格試験があるのですか。
和田　ちゃんと電波を出そうとしたら、資格がいります。
伊藤　聞いているだけで、電波を出すわけではないからいらないでしょう。
和田　電波が入ってくるのを受けて聞いていました。電波を出すというのは、関西の誰それとの間で通信をするとかですね。
伊藤　戦後になると、秋葉原にずいぶん大きなお店もできましたね。
和田　戦後はラジオビルといって、ラジオ部品を売るビルができていました。
伊藤　そういうのが大変お好きだったわけですか。
和田　そうです。私はもう、そういう意味では完全に理系人間です。

アメリカの放送を聞く

伊藤　それで、英語の放送を聞くことができたわけでしょう。
和田　もちろん英語の放送も聞きました。アメリカの西海岸から日本向けの短波無線を中学時代から聞いていたのです。あの頃はアメリカが日本語で「君たち、負けているんだぞ」と放送していたわけです。

伊藤　「早く降伏しろ」という。

和田　そうそう。

伊藤　これは、見つかったら大変ですよね（笑）。

和田　「短波を聞いている」なんて言ったら、憲兵隊に捕まります。

上田　ボイス・オブ・アメリカが入ったんですね。

和田　ＶＯＡですね。

上田　音楽も流れるのですか。

和田　ハワイアンやウエスタンが流れていました。学校でカーキ色の服着て、鉄砲持って、配属将校に怒鳴られたりして、いやな思いをして帰ってきて、でも、自分の部屋に入って短波でハワイアンやウエスタンを聞くと、もうすごいロマンで、すっかり好きになっちゃったんです。

――体制への反動みたいなものですかね。

和田　全くそうです。

上田　敵国音楽だったんですよね（笑）。

和田　よく脅かされましたよ、憲兵に見つかったら逮捕されると。それは完全にそうです。

上田　ニュースも傍受するわけですからね。

和田　そうです。ニュースも日本語でしたね。

上田　日本語でやっていればわかりますよね。

和田　「負けてるぞ」ということをね。

――防空の黒い暗幕を窓に張って、窓を閉めて中にも張って……。

和田　そうそう。
上田　それで、戦後進駐軍が来て、堂々と音楽が流れたら、それは前から先生が聞いてらした音楽だったわけですか。
和田　そうです。

木戸幸一との同居

和田　木戸の本邸が四月一三日の空襲で焼けました。木戸が持っていた家作があったので、幸一一家はそこに一時入っていたのですが、そこも五月二五日の空襲で焼けました。だから、木戸幸一は五月二六日ごろから終戦までの間、うちに同居していました（口絵5頁）。伯父の部屋が私の部屋の隣だったものだから、ときどき伯父が海外放送を聞きにきて、「おい、アキちゃん。向こうはナンて言ってる？」なんて言っていました。
　まだ覚えているのは、伯父の部屋の前を通ると、伯父が毎晩必ず机に向かって筆で日記を書いていたことです。
上田　戦災で焼けたときは、ちょっと日記がないんですよね。
和田　そうですか。
上田　お食事も一緒に召し上がっていたのですか。
和田　時々食べました。

戦中・戦後の食糧難

伊藤　戦中戦後はみんな飢えて苦しんでいたわけですが、和田家は食糧難に遭遇されましたか。

和田　それは大変でしたよ。疎開した先の鶴岡でさえもひどかったです。
伊藤　鶴岡へいらっしゃったのですか。
和田　行って、八月一五日の一〇日ぐらい前に帰って来ました。
伊藤　いろいろな伝でお米を購入したでしょうね。
和田　東京のうちも、庭を全部芋畑にしてサツマイモをつくりました。
上田　大農園ができちゃう（笑）。芝生をひっくり返すのは、誰がなさるのですか。
和田　私ですよ。
上田　えっ！（笑）。
和田　全部やらされたんですよ、おやじに怒鳴られて（笑）。
上田　一番若手だったんですね。大変ですね、だって芝生は根が張ってますから。
和田　ごめんなさい、さすがに芝生をはがすのは専門家がやったと思います。
上田　あっ、やっぱりね。その後、芋を植えたり収穫したりされたのですね。
和田　ええ（笑）。木戸の伯父も、芋掘りはさすがに手伝わなかったけど、あのころ配給が玄米だったのです。それで、白米にするために一升瓶に棒を突っついてね。あれは、木戸の伯父も手伝っていましたよ。
伊藤　そんなことを日記に書いてたら、もうねえ。
上田　日記にはなかったですよねえ。
和田　再三言いますが、私の父と木戸幸一は一歳違いの兄弟ですから、本当に仲がよかったんですね。
上田　では、和田先生のお家に木戸幸一さんがいらっしゃる三ヵ月の間、お父様ともけっこう話をされていたんですね。

和田　ええ。

終戦直後の訪問者

和田　それから終戦の時のことを、ぜひお話しておかなければなりません。
　終戦の日に、右翼が伯父を殺しに来ましてね。男は出ないほうがいいというので都留の姉が出たら、玄関でピストルをバッと突きつけられました。その後ろに、上に短刀を置いた三宝を持っている男がいたのです。多分木戸に自害をすすめて、説得できなければ殺そうということで来たのでしょう。幸一は、危ないというのがわかっていたので、三日ぐらい前から宮内庁に入っていました。「いない」「嘘だろう」とか何とかやっている内に、ドラム缶を持っている男が「この家を焼く」と言ってきたのです。
　幸い、私の父の妹が時乗という軍人のところに嫁に行って、そこの次男が参謀少佐だったのです。それがやはり伯父に会いに来ましてね。伯父がいなかったので、自棄酒を飲んで二階で寝ていたんですよ。騒がしいので聞いたら、どうもそういう連中が来ているらしいというので、彼はちゃんと軍服を着て参謀の憲章をつけて降りて行って、「いや、自分も会いに来たけどいないんだ」と説得してくれました。「じゃ、その参謀憲章に免じて、家を焼くのはやめてやろう」と言って帰って行って、その連中が愛宕山で全部自決しているのです。
伊藤　愛宕山に行った連中ですか。
和田　あの連中です。
伊藤　平沼（騏一郎）さんは、家を焼かれたと言っていました。
――　みんな軍人なんですか。
和田　軍人ではないです。

伊藤　民間の右翼ですね。
上田　先生は、その時はお二階にいらっしゃったのですか。
和田　奥の離れにいました。男は出ないほうがいいというので。
上田　そういうのが来たというのが分かって、「中にいなさい」と言われたのですか。
和田　ええ。声は聞こえていましたけどね。
上田　それは夜ですか。
和田　昼間です。門のところで、護衛の巡査が斬られました。死にはしなかったと思いますが。

占領下の木戸・和田家

伊藤　占領下になって、本当にこれが占領だという実感はございましたか。
和田　ありました。ちょっと特別な格好であったと思います。
　私の都留の義兄（都留重人）はハーバードに行ってアメリカで活躍し、最後の交換船で帰って来て、終戦の時は私どもと一緒に住んでいました。都留のハーバード時代の親友で、カナダ大使館にいたハーバート・ノーマンと非常に親しくしていました。ノーマンは、しょっちゅう家に遊びに来ていたのです。カナダ大使館と家は、すぐ傍ですからね。
　戦争が始まって、カナダ大使館は物資に非常に苦労したらしいです。家からずいぶん貢ぎ物というか、助けてあげていました。だからだと思いますが、終戦後すぐ家の玄関のベルが鳴りましてね。今度は、女が出ないほうがいいというので私が出たら、ノーマンが立っていたのです。女たちは一番奥の離れで、アメリカ兵が変なことをしに来たら困ると思っていたので、ノーマンさんが来てみんな大喜びしてね。それで、しばらくノーマンさんや、その関係の人が来てにぎやかでした。

都留重人はアメリカ大使館と司令部の関係で、アメリカ人の親友がずいぶんいましたから、一番使い勝手がよかったと思います。そういう関係で、ずいぶんチョコレートやチューインガムをもらいました。

伊藤　渡辺毅さんの話にも、その話が出てくるのですが、渡辺毅さんと立場がちょっと違って、GHQの側だという話でしたね。

和田　ノーマンさんは、カイロで自殺しました。いい方でした。奥さんがアイリーンといって、私の都留の姉と非常に仲がよかった。

伊藤　ノーマンさんは、確か共産党だということで追及されましたね。

和田　そうです、マッカーシーの時に。

伊藤　「ヴェノナ文書」という、ソビエトとアメリカの間の通信をアメリカがキャッチしていた文書がありまして、最近その暗号解読をやって、ノーマンはソ連と直接関係があったらしいということになっていますね。

東京裁判

伊藤　日本での戦争犯罪人の選定にあたって、ノーマンはずいぶん大きな役割を果たしていると言われています。木戸さんはA級戦犯に指定されて、都留さんがかなり木戸さんのために働いたと言われていますが。

和田　それはあると思います。それだけではなくて、木戸の伯父の弁護をどうするかというので、おそらく弁護士のなかでは飛び抜けて優れていたと思いますが、ウィリアム・ローガンが伯父の専任弁護士になりました。その弁護方法を議論する会議が、焼け残った私の家でいつもあったのです。そこに、松平康昌さんらがしょっちゅう来られていました。

伊藤　木戸孝彦氏が弁護人についているのですね。

和田　そうです。

伊藤　孝彦氏が言っていたのは、父親に「過去のことは全て忘れること。これから自分たちがシナリオを作るから、それで全部話せ」と言って、そういうことに実際なったのですが、日記を提出したでしょう。あの日記を提出したお蔭で、被害を被った人がたくさんいたというわけですよね。それで、木戸さんはちょっと巣鴨のなかで疎まれていたらしいです。

和田　疎まれていたらしいですね。でも、あの日記が結局、木戸幸一を救ったんじゃないですか。

伊藤　そうです。日記を全部翻訳したのでしょう。

和田　翻訳したのです。こんなことはもう歴史だからいいと思うのですが、結局木戸の土地等々の資産が、伯父に対する弁護費用で全部飛んだわけです。あれは伯父を弁護して救うというよりは、昭和天皇を救うということでしたから。

伊藤　孝彦氏が言うには、木戸幸一が助かるということは、つまり天皇が助かるということだと。そういうことですね。

和田　そうです。『木戸日記』に書いてありますが、都留重人君から「自分が罪を負うと思ってはいけない。木戸幸一が有罪なら天皇も有罪だ。幸一が無罪なら天皇も無罪だ」と言われたと。「これで腹の座りたる思いあり」というのが、日記に書いてありますね。

三　科学を志す

1　幼少時代

誕生

伊藤　これからは、和田さんご自身についてお伺いしたいと思います。お父様が小六という名前に対して、あなたは昭允《あきよし》ですね。

和田　はい。木戸孝允の「允」を付けたのです。

伊藤　昭（あき）は？

和田　昭和の「昭」から来ていると思います。親というのは期待過剰ですから、昭和の孝允ぐらいの（笑）。

伊藤　活躍した場面は違いますが、大活躍なさったわけですから問題はないでしょう。

和田　これは、私が二歳の時の写真です（図9①）。吉川の沢瀉紋の紋付を着ています。生まれると、母の里が贈るのです。

上田　吉川家からちゃんと贈られて来るのね。

和田　ええ。ですから母の日記にも、「渋谷からお紋付きをいただく」とあります。吉川家は渋谷にいましたから、我々は吉川のことを「渋谷、渋

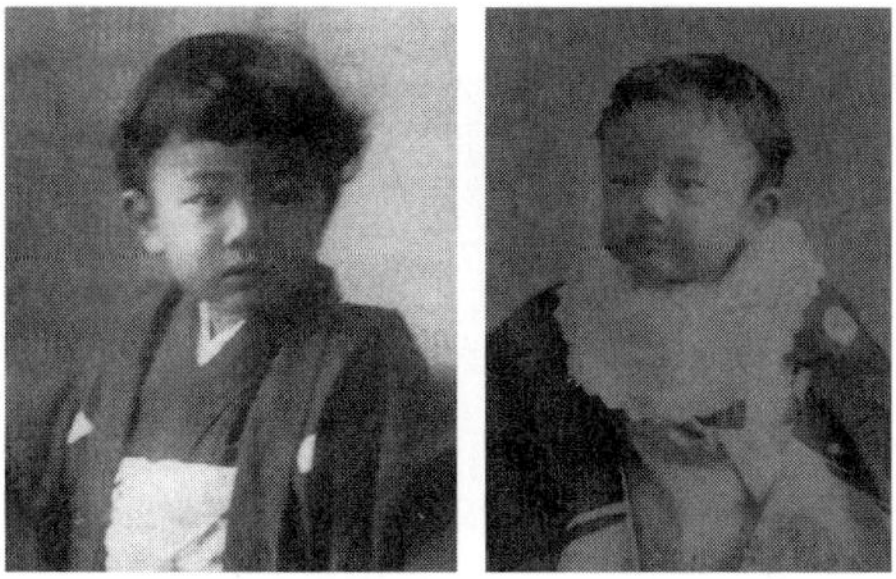

図9　②　①

谷」と呼ぶのです。次の写真は、四歳の時だから、もう木戸家の紋です（図９②）。

上田　これは木戸家がおつくりになったのですか。

和田　そうだと思います。あの頃は、ごく普通の風習でした。

　私は木戸幸一に、「アキちゃんが一番木戸孝允に似てるよ」と言われましたよ。頬の辺が似ているのだそうです。確かに、親戚の中では似ているほうだと思います。

上田　そうですよね。先生のご長男もちょっと似ていらっしゃるような。

和田　父も木戸幸一も、どちらかというと、わりととんがった顔だったけど、木戸孝允はわりに平べったい、ぺちゃんとした顔なんですね。これが似ているということですね。

上田　先生は、お父様やお母様を何とお呼びになっていましたか。

和田　私は「パパ」「ママ」です。姉たちは「ダディー」「マミー」と呼んでいました。姉たちがそう呼んでいたので、私は反発して「パパ」「ママ」にしたのです。とても英国の色彩が強い家だったのです。

東洋英和幼稚園

伊藤　学校に入る前、幼稚園は行かれましたか。

和田　幼稚園は、東洋英和幼稚園に行きました。

伊藤　なぜ東洋英和だったのですか。

和田　東洋英和に行った理由は、私には二つ考えられるのです。一つは、幸一・小六の母親である山尾寿栄子が東洋英和の出身なんです。山尾の家が東洋英和の隣なものですからね。それからもう一つは、早くから西欧風な感じに触れさせたかったのだと思います。

伊藤　東洋英和というのは、そういうイメージなんですね。

和田　そういうイメージです。朝のお祈りをして、讃美歌を歌って、神様のお話を聞いて、それからお遊戯に入って遊ぶ毎日でした。それで、幼稚園に池がありまして、そこに私は落っこちましてね。そうしたら、すぐ純白のタオル地のガウンを着せられて。池に落っこちるのは日常茶飯事だったらしくて、用意万端整っていました。

それから、私は非常に晩生《おくて》だったものだから、幼稚園の同じクラスのお嬢さん方は、みんな姉さんみたいに思えました。そのなかで一人、すごく素敵な子がいたんですよ。カズコちゃんといって、私は一緒にいるのが嬉しくて、しょっちゅうその人の後ろをついて回っていたら、ある時「この子、くっつき坊主だね」と言われちゃって（笑）。それ以来、「くっつき坊主のカズコちゃん」と呼んでいます。もう一人カズコちゃんがいて――そのあと非常に名のあるピアノコンクールで優勝した子ですが――そっちは「ピアノのカズコちゃん」と（笑）。

伊藤　幼稚園は、何年行かれたのですか。

和田　一年だけ行きました。本当は三年ぐらい行けるんです。

伊藤　最後の一年を行かれたのですか。

和田　はい、最後の一年です。多分その前は、幼稚すぎて親はもう心配でやれなかったのだと思います。

伊藤　幼稚園へは、どうやって通ったわけですか。

和田　市電です。歩いても行けるので、歩いて行ったこともあります。私の家は乃木神社の北側です。東洋英和の幼稚園は三河台ですから、六本木をちょっと過ぎたところです。二〇分ぐらいで着きます。でも、しょっちゅう歩いてはいなかったと思います。

伊藤　だいたい市電ですか。

和田　市電です。

伊藤　都電と言うようになったのは、昭和一七、八年になってからでしょう。

和田　そうです、三三番だった。

伊藤　いつも気になるのは、「そこに行くのにどうやって行ったのか」ということなんです。これは時代によってずいぶん変わってくるでしょう。どこからどこまでは歩いて行ったとか、市電に乗ったとかね。場所によっては、学校に行くのだって大変ですよね。

2　理科好きの少年

教育熱心な父の影響

伊藤　子どもの頃の、お父さんの影響というのはどうでしたか。

和田　それはやっぱり非常に強いですね。

伊藤　直接的なものですか。

和田　ええ。具体的な例を挙げますと、大磯の別荘に夏や正月に汽車で行くわけです。そのころは国府津ぐらいまでは電化していたと思うのですが、脇にはまだ汽車が走っていました。そうすると、あそこに見えるピストンがこうだとか、こういうふうになっているとか教えるんですね。たとえば高圧線の電柱が立っていると、碍子という白い器具があって、「あれ一つは何万ボルトしか耐えられないから、あそこに六つあるから三〇万ボルトなんだ」とか、そういうことを折に触れて教えてくれましたね。

私の父が木戸幸一と完全に違うところは、非常に家庭的だったのです。父の書斎には暖炉があって、冬になるとそこに石炭をくべて、まだ嫁に行く前の姉二人と母と私と、暖炉を囲んでいろいろな話をしてくれました。姉たちが嫁に行ったあとも、よくいろいろな話をしました。父の書斎の真上が私の部屋だったのですが――高校か大学ぐらいの時だったと思いますけど――うちには全館温水暖房のラジエイターがあって、勉強に疲れたと思うころに父がラジエイターを鉛筆か何かでコンコンと叩くんです。ちょっと降りてこいという合図です。降りて行って、それからまたいろいろ話をしましたね。非常に教育には熱心でした。

これもお話しましたが、木戸家の長男の木戸孝澄は、親父の幸一が煙たくてしょうがなくて、しょっちゅう私の父のところに遊びに来ていたのです。

伊藤　お父さんが東工大の学長だったころも、いろいろお話をなさったのですか。

和田　しましたね。正直にお話しますが、私は昭和二四年に東大に入りましたが、実は東工大を受けて落ちているのです（笑）。父が学長でしょう。事務長が学長室に来て、「誠に残念ですけども、この度、ご子息は入れませんでした」と言ったら、父が「『いや、いいんだよ。東大のほうに入ったから』と言ってやった」と言っていました。そんなこともありました。

和田家の教育方針

――その時代は、家庭教師や書生に勉強を教わったのですか。

和田　父の大方針は、普通の勉強は自分でするものだから、家庭教師は絶対に入れるなということでした。これはもう、私の父の非常に強い方針でね。私は、初等科ではあまり勉強ができなかったんですよ。成績も真ん中辺をブラブラしていましたよ。母が躍起になって、父に「みんな家庭教師がついていますから、家庭教師をつけたほうがいいんじゃないですか」と言ったらしいのですが、断固としてダメでした。

上田　そうすると、学校のお勉強はご自分だけでやっていらしたのですか。

和田　はい。先生はいっさい来ません。
上田　ご自分で予習復習や宿題もですか。
和田　はい。
伊藤　ご自分の勉強部屋は持っていらしたのですか。
和田　ありました。
――お父さんに勉強を教えてもらったことはありましたか。
和田　父は数学をよく見てくれましたが、できないとすぐに怒るんです（笑）。「なんでこんなのができないんだ」と。できないんだからしょうがないですよ。だって、かたや東大工学部で一番の「銀時計」でしょ。喧嘩にならないですよ。
上田　でも、お嫌にならなかったわけでしょう。
和田　嫌になってもしょうがないから。逃げようがないですよ。

バイリンガルに英語を教わる

伊藤　英語はどうしたのですか。
和田　英語だけはバイリンガルの方に教わりました。これは、発音がありますからね。昭和九年五月一日の母の日記に「昭允、今日から英語を始める」とあります。昭和九年五月は、私が四歳と一〇ヵ月の時です。
伊藤　始めるって、どういうことですか。
和田　英語の先生が来られました。まだ覚えていますが、初めにキラキラ星などの歌を教わった覚えがあります。

伊藤　日本人の家庭教師ですか。

和田　そうです。日本人で、英語の家庭教師としてわりに有名な方でした。関西の財閥のひとつに広岡家がおられますが、そのお嬢様で、若いころにアメリカのマサチューセッツ州のウェルズリー・カレッジという女子大学に留学された方でした。完全なバイリンガルです。

伊藤　当時、ある程度の家では、英語の家庭教師がつくのは一般的だったようですね。

和田　そうです。

伊藤　鳩山一郎のことを調べていたら、鳩山一郎はやはり英語の家庭教師についていました。

――ご親族にたくさん留学をしている方がいらっしゃったわけですよね。そういう方から教えてもらうのではなくて、新たに先生を招いたのですか。

和田　やはり発音を気にしたんだと思いますね。

上田　お姉さま方はどうだったのですか。

和田　すでに姉たちが、この英語の先生にお願いしていたのです。

上田　正子様と綾子様が、英語の家庭教師についていたんですね。英語の家庭教師は、週に何回とかですか。

和田　週に一回とか、そのぐらいの頻度だったと思います。

上田　お歌を歌ったりなさったんですね。

和田　歌から入りました。それから、まだ覚えているのは、一番最初にＡＢＣＤ……というのがあって、「これが英語の字ですよ」と教わった。しかし、エー・ビー・シー・ディという覚え方はさせられなかった。ア・ブ・ク・ドゥというふうに覚える。だから、Ａが出たら「ア」と読めということなのです。エー・ビー・シー・ディで習うと、発音とは関係ないですよね。だって、四歳と一〇ヵ月の子どもでしよ。日本の文字だって、ある程度は知っていたかもしれないけど、そういう教育をさせられました。ア・ブ・ク・ドゥと言って、それで本があって単語を読む。犬と遊んだとか、そんな話だったと思いますけれども。

伊藤　かなり早い時期から会話ができるようになっていたのですか。

和田　そこが怪しいんですね。私は、アメリカに行きましたけど、そんなに流暢には……。ただ、発音はいいと言われました。子どもの時からやっていますからね。Ｒの発音とかＴＨの発音とかね。発音はいいと言われたことがあるけど、そんなに流暢にしゃべれたということもないし。アメリカに行ったわけですが、お前の英語はイギリス英語だと言われました。

伊藤　実際にずいぶん違うものですかね。

和田　そのようですね。あまり自覚したことはないですけど。

上田　では、お父様も英語はおできになるのですか。

和田　父は英語がうまかったですね。イギリスに留学していましたので。

完全な理系人間

伊藤　ご自身も、かなり早い時期から自分は理系だと思っていましたか。

和田　私は完全に理系人間です。とにかく鉱物を集めたり、結晶を見たりというのが、小学三、四年ぐらいから好きになりました。昆虫採集もしたことがあります。

伊藤　何が面白かったのですか。

和田　やはり自分で実験したりするのが楽しくて。小学生のころから実験室を持っていました。

伊藤　それはお父さんの直接的な影響ですか。

和田　父に言われたから実験室を持ったのではなくて、本当に好きだったんです。

伊藤　言わず語らずのうちに影響を受けたということでしょうね。その実験室を持っていたのは、いつ頃の話ですか。

和田　小学の終わりから中学の四、五年ぐらいまで、ずっとです。

伊藤　実験室は家の中にあったのですか。

和田　自宅の、物置みたいな三畳の間があったのですが、そこを改造しましてね。

上田　お家に帰るとやっていらっしゃったのですか。

和田　そうですね。

――何の実験をされていたのですか。

和田　最初は化学の実験です。色が変わったとか、その程度です。それからだんだん無線機をつくったりして、ボイス・オブ・アメリカで対日放送を聞いたのはここですね。

伊藤　高等科の時代も、実験室でやっていたのですか。

和田　高等科になると、実験は学校でやりますから、もう家ではやっていませんでした。

伊藤　苦手な学科はありましたか。

和田　国語と漢文です。中等科で私は漢文の先生に「低能児」って怒鳴られましたよ（笑）。

上田　そういうことが楽しいわ。何もかもすごくていらっしゃるのかと思っていました。

和田　少し弁解を言わせていただくと、漢文も「赤壁の賦」とかだったらいいんです。あのころの漢文は、たとえば乃木大将は幼少のころどうこうとか、そんな文章ばかりなんです。面白くもなんともない。本当の漢詩をきちんと教えてくれたら、私は勉強したと思うのですけどね。

上田　先生が理系をお好きだったのは、お父様はお嬉しかったでしょうね。

和田　私の父は早く亡くなりましたが、私が東大を卒業したことは知っていて、あと研究室に残れと言われたことも知っていて、その六月に亡くなりました。
伊藤　親孝行ですね。

優秀な二人の姉たち

和田　姉二人は、学校で非常によくできました。ことに上の姉の都留正子は――あの頃は学習院の女子部は前期・中期・後期とありましたけど――全部総代です。学習院女子部はじまって以来だそうです。下の姉の綾子は、正子ほどできなかったかもしれないけど、母の日記に「正子、綾子、全甲」という記述があります（口絵6頁）。
上田　女性の方は、小さい時からピアノをやってらっしゃったんですよね。
和田　はい。正子がピアノで、綾子は絵が非常にうまかったです。水彩画ですけどね。太平洋画会の、ジュニア部門かもしれませんが、賞を取っていました。正子のピアノもうまく、アメリカにいたときにボストン・シンフォニーの伴奏でピアノコンチェルトを弾きました。
上田　先生は、ピアノや絵はされたのですか。
和田　弟の私は全く芸無し。全く強制されませんでした。
伊藤　やっぱり女の人とは違うんだよ。
上田　正子様のピアノは、どういう方に習ってらしたのですか。
和田　幸田延先生です。あの頃はみんな幸田先生ですね。

3　学習院時代

初等科・中等科

伊藤　幼稚園が終わったところで、学習院に入られました。学習院に行ったら、知ってる人がたくさんいたんじゃないですか。

和田　その通りで、父親と母親の両方の従兄弟が、高等科まで各学級にいました（笑）。

伊藤　学習院というのは、多くの人にとって大体そういう感じですか。

和田　ええ。とくに私は多かったと思います。父母の兄弟が多かったですから。

伊藤　小学校時代の思い出としては、どうですか。

和田　小学校時代は、私はあまり出来ませんでした。男子の初等科は、成績が上・中上・中・中下・下でした。私は、「上」が半分ぐらいであとは「中上」ぐらい。理科はできましたけど、あとはあまり興味がなく勉強しなかったので、てきめんに成績が悪かったのです。

伊藤　そうなんですか。

和田　もう一つ、あの頃の私は吃って、ほとんど話せなかったのです。

伊藤　吃りがあったわけですか。

和田　多分専門の方はお分かりになると思いますが、今でも時々つかえるのです。だけど、その頃は本当にひどかった。教科書なんか読めないんです。中等科に入っても、教練になって「番号！」と言うと、一、二、三、四……と。私のところで止まっちゃうんです（笑）。だから、中学一年ぐらいまで教科書を読む時は全く別扱いでした。でも、それが学習院のいいところだったと思いますが、それが原因でいじめられた覚えは全くありません。普通、それだといじめられたりするのですが。それと、英語を習って喋るようになってから治ったのです。

伊藤　中等科に行ってからですか。

和田　中等科一年です。

伊藤　それは、不思議な話ですね。

和田　ええ。それまでは本当に全く喋れなかったです。

伊藤　運動はどうですか。

和田　あまり得意なほうではありません。真ん中辺だったと思います。

伊藤　初等科へはどうやって通ったのですか。

和田　初等科は市電です。あの頃は行き方が二つありました。乃木坂から乗って、青山一丁目まで行って、それから赤坂見附まで、赤坂見附からまた四谷まで市電で行くというのがオール市電コースですね。もう一つは、家から権田原まで行きまして、あとは歩きます。それもよくやりましたね。

伊藤　初等科へは一人で行くのですか。

和田　行きは一人でしたね。帰りは友達と帰りました。

伊藤　初等科で楽しかった思い出はございますか。

和田　とくに楽しかったというのは、旧制の高等科に入ってからですね。それまでは話をする相手がいなかった。こっちも少し変わっていますからね。唯一、中学に入ってから本当に話せる相手だったのは、真田幸一君でした。彼は、早く亡くなりましたが、有栖川公園の脇にある愛育病院の院長をしばらくしていました。彼とだけはずっと話しあえたけど、高等科に行くまでは本当に自分の考えを出して、向こうがその考えに対して反応してくれるという意味での話をする相手は、いなかったです。

勤労動員と疎開

伊藤　中等科の時は、勤労動員されませんでしたか。

和田　中学三年の時に、茨城県の内原に農耕に行きました。それが一種の勤労動員です。

伊藤　戦争が終わったのはいつですか。

和田　中学四年の時です。

伊藤　中学四年の時は、どこかに動員されていましたか。

和田　はい。中学四年は昭和二〇年ですが、学習院中等科が山形県鶴岡市に疎開したのです。そこでみんな終戦を迎えたんですが、私だけは父親が心配して、終戦の一〇日ぐらい前に東京に帰りました。昔、書生をしていた人が迎えに来てくれましてね。父親が木戸の伯父と話して、これは危ないぞということで戻したんでしょうね。

伊藤　軍隊には、引っ掛からなかったわけですね。

和田　引っ掛かりませんでした。私のちょっと上は引っ掛かっています。中学四年生だから、同級生でも陸軍幼年学校に行ったのがいるし、兵学校に行ったのもいます。

伊藤　そうすると、戦争による被害はあまりないですか。

和田　幸いなことにないですね。家も一部屋焼けただけですし、親戚に戦死がいないのです。兵隊に行ったのはずいぶんいましたが、戦死がいなかった。

伊藤　それは幸いなことですね。

飛び級で高等科に進む

伊藤　戦後、鶴岡から同級生たちが帰って来て、高等科に進まれるわけですね。

和田　昭和二〇年の終戦で東京に帰って来て、中学も再開しました。その年までは、戦争中の措置として中等科は四年——本来は五年までだけど——だったのが、終戦になったので五年まで行くようになったのです。

伊藤　元へ戻ったわけですか。

和田　そうです。終戦で旧制中学がもとに戻って、私の同級生はみんな中等科五年生になったわけですが、四年生のよくできる連中だけが試験を受けて高校まで飛び級しました。私は飛び級をして、四修で高等科に上がりました。

　私は飛び級の試験を受けて、発表を見に行ったら合格していたんですね。目白駅まで帰って来たら中学の主管の先生が、「和田君、君のことはずいぶん議論があったんだけど、残念ながら及第できなかったよ」と言ってくるのです。「いや、私は飛び級して入っていますよ」と言ったら、「え！」と。後でびっくりしたのですが、私の成績は理科が非常によくできたが、文科は例によって出来なかった。それを学習院院長の山梨勝之進が「好きなものを早く勉強させた方がよいだろう」と院長の独断で飛ばしてくれたのです。

伊藤　そうですか。高等科とは、つまり旧制高校ですよね。学習院の高等科は、他の旧制高校と多少違うのですか。

和田　それまでは違ったと思いますが、私が入った時は、他から生徒がいっぱい来ていますから違わなかったと思います。

伊藤　他からというのは、どこから来るのですか。

和田　高等科に、軍の学校から生徒がいっぱい来たのです。陸軍・海軍の学校が潰れたものだから、海兵や陸士の最優秀の連中が学習院に流れて来ました。すごく優秀な連中ばかりでしたから、本当にこっちは落第しそうになるのです。

伊藤　年齢も、ずいぶん差があるわけですね。

和田　そうです。私が一番若くて、上は徳大寺さんという海軍少佐でした（笑）。もう、えらい貫禄でした（笑）。

伊藤　年齢差が、ものすごく大きいですね。

和田　少佐でしたから、三〇代ぐらいじゃないでしょうか。

――少佐といったら、駆逐艦の艦長ぐらいになっていますね。そういう意味でバリバリの三〇代でしょうか。

伊藤　そういう友人ができたわけですか。

和田　あの頃は、着るものもないので、航空兵は白いマフラー巻いて、長靴をはいて学校に来るのです。やっぱりすごかったです。それで歩いていると、普通の人は小さくなってしまう。

伊藤　女性にもてたかも分からないな（笑）。

上田　いかに着るものがなかったかですね。でも、とてもいい時に先生はいらっしゃいましたね。

和田　非常に素晴らしいクラスです。他の士官学校や兵学校から、当時のトップクラスの連中が入って来たのですから。

伊藤　その前と後では、学校の雰囲気が大分違いますね。

和田　違いました。

伊藤　クラスは、幾つぐらいあったのですか。

和田　理甲、理乙、文甲、文乙、文丙の五クラスです。理乙は医者になるクラスでした。

伊藤　和田さんは、どこのクラスですか。

和田　理甲です。

伊藤　外国語は何でしたか。

和田　外国語は、英独か英仏です。我々のドイツ語の先生は学習院の有名な教授で、ロバート・シンチンガーといいました。シンチンガーさんは、まずドイツ語の歌をみんなに歌わせて、ドイツ語に親しませていました。

伊藤　旧制高校は、三年ですか。

和田　三年です。

伊藤　学習院高等科の理科甲類に行くと、実験室などもあるのですか。

和田　はい、あります。

伊藤　そこではどういう勉強をしたのでしょうか。

和田　普通の物理、化学、生物学、数学です。

伊藤　これは、教わるほうですか。

和田　教わるほうです。

伊藤　要するに勉強する場だったわけですね。

和田　高校は、まさにそうです。

伊藤　その時は、将来どうしようとお考えだったのですか。

和田　当時から、大学で化学をやろうとは決めていました。

伊藤　もう決めていたのですか。

和田　はい。できれば東大の化学、あるいは他の大学の化学に行きたいというぐらいの考えでした。

伊藤　東大を選んだのは、何か意味があるのですか。

和田　家から通えるし。でも私が受験した時、東大は倍率八倍ですよ。

伊藤　さっき先生は、あまり成績がよろしくないとおっしゃいましたけど。

和田　高等科に入ってからは、優秀な連中に揉まれましてね。だから私、高校一年の最初の席次は三五人中三三番でしたが、卒業の時は、全体の中の三番ですよ。

伊藤　ずいぶん違いますね（笑）。それで周りの人たちも「東大に行きなさい」と。

和田　ええ。私のクラスは陸海軍の優秀校から入ってきた連中ばかりでしたので、東大、京大、当時のいわゆる帝国大学に——私のクラスは三四、五人でしたけど——二五人ぐらい入りました。

伊藤　へえーっ、そうですか。

和田　空前絶後です。

伊藤　では、東大に行っても一緒だった人がいるわけですね。

和田　化学科だけでも三人一緒に行きました。一人は、二〇一六年に亡くなった佐々木行美です。佐々木行忠の長男で、尚友倶楽部の会員でした。私の親友で、高校からずっと、東大の理学部化学科まで一緒です。その後も東大理学部教授としてずっと一緒でした。彼は住友さんのお嬢さんと結婚しました。それから、もう一人は南雲忠一大将の次男、南雲正君ですね。

山梨勝之進院長

和田　当時の学習院院長は山梨勝之進海軍大将でした。

伊藤　山梨さんは、和田さんが学習院にいらっしゃった頃の院長でしたか。

和田　はい、私が初等科四年生の時に院長としてこられて、戦後までおられました。私の高等科卒業までおられました。山梨さんは立派な人で、米内光政・山本五十六両大将から海軍の至宝だと言われていました。

南雲忠一大将の次男で、私の親友だった南雲正君の文があります。「山梨院長は小柄で痩身、風采は上がらず、村夫子然とした人物であった。海軍大将であったにも拘わらず、不思議にも追放にならず、学習院院長の職に留まっていた。終戦の翌二一年、私たち復員生徒は準追放に指定され、日本中の学校は復員生徒の受け容れ制限を受けていた。山梨院長は全生徒の一〇%以下という制限につき、初等科から女子学習院までも含めた全生徒数と解釈し、ほとんど無制限に復員生徒を受け容れてくれた。したがって、私たちのクラスは、上は陸軍少佐から下は予科練、少年戦車兵に到るという、実に多彩な顔ぶれとなった。これに中等科から、選ばれて飛び級進学した年若き華族の子弟たちが加わった。私は、幼さの残っている公達に接し、違和感を拭えなかった。これを山梨院長に相談した処、即座に次のように諭された。『南雲君、彼らの一部に、君がこれまで接した事のない頭脳がある。それは何代にも亙って優れた血縁が積み重なった結果のものである。君は学習院に在る間に、この事をよく学んでいきなさい』と」(「父・南雲忠一の言葉」昭和六〇年八月一五日)。山梨さんは本当に偉かったですね。

四　ゲノムで世界をリードする

1　東大理学部化学教室時代

東大理学部化学科に進学する

伊藤　昭和二四年四月に、東京大学理学部化学科にお入りになりますね。これは旧制ですか。

和田　旧制です。

伊藤　旧制ということは、大学は三年制という意味ですね。

和田　はい。

伊藤　物理科ではなくて、化学科に行かれたのですか。

和田　化学科です。

伊藤　理学部には、いくつ学科があるのですか。

和田　数学、物理、化学、地球物理、天文、動物、植物、生物化学、地質、鉱物、人類。今あげた名前は学科です。

伊藤　教室とも言いますか。

和田　学科を時々教室と読み替えていましたね。

伊藤　研究室は何を指すのですか。

和田　研究室は、学科の教授がそれぞれ一つずつ持っているわけです。普通、大学では研究室を講座と呼びます。
伊藤　一年生の時から研究室に入るのですか。
和田　いえ。旧制の話ですが、一、二年は配属しないで、三年になって卒業研究と称して研究室へ入ります。
伊藤　それまでは、自分の属している研究室はないわけですね。
和田　ありません。三年になる時に、自分の行きたい研究室を選びます。
伊藤　選んだ研究室の先生は、オーケーと言ってくれるのですか。
和田　だいたいオーケーと言いますが、たまにノーと言う人もいたんじゃないかな。
伊藤　和田さんの場合は、どうやって研究室を選ばれたのですか。
和田　私の先生は森野米三という人で、その前年に名古屋大学から移ってこられました。もともと東大の卒業生だったのです。まだ若くて非常に新鮮味があったものですからね。
『物理学は越境する』（岩波書店、二〇〇五年）という私の自伝にも書きましたが、私はいろいろと質問をするタイプでした。質問するというか、先生をいじめるタイプだった。でも森野先生だけはごまかさないで、分からないことははっきり「それは自分は知らん」と言われたので、これは頼りになるなと。普通、ごまかしたりするんですよ。そういうことの全くない先生でした。
伊藤『物理学は越境する』の本に、化学教室には八講座あったとあります。八講座にそれぞれ八人の教授がいて、教授の下に助教授、さらにその下に助手がついていたのですか。
和田　そうです。教授一人、助教授一人、助手二人というのが普通でした。
伊藤　文系よりちゃんとできていますね。文系はそんなにないです。それで、三年になって物理化学第三講座に属されるわけですね。

和田　化学教室には、無機化学、有機化学第一、有機化学第二、分析化学、生物化学、それから物理化学第一、第二、第三の八講座があったのです。

伊藤　そうすると、物理学教室と化学教室の物理化学はどういう関係になるのですか。

和田　重なっているのです。ですから、私は何の抵抗もなくその後、物理学教室に行きました。

伊藤　越境しちゃうんですね。物理学教室があるのに、化学教室の中に物理化学があるのは、どういう意味かなと思ったのです。

和田　かなり重なっていますが、やはり違うといえば違いますね。物理学教室のほうはより理論的ですね。化学教室の物理化学はわりに実験とか、頭よりは腕っぷしにものを言わせる感じのところがありました。

伊藤　三年生になって研究室に行かれると、そこに助手がいるわけですか。

和田　助手がいます。

伊藤　いろいろ相談もできますか。

和田　そうです。助手が二人いますから。

伊藤　文学部では、研究室に助手がいて、そこでみんなでおしゃべりしたりお茶を飲んだりして、勉強や議論をしますが、だいたいそのようなものですか。

和田　そんな感じです。

伊藤　自分の席はないわけでしょう。一人ずつの席がありましたか。

和田　ありました。

伊藤　あったんですか。それは文学部と違うな。一人が一つの机を持つのですか。

和田　部屋は実験室です。真ん中に大きな実験机がありまして、棚には薬品がいっぱい並んでいて、その隅に自分の小さな机をもらうのです。

伊藤　何人ぐらいいたのですか。

和田　化学教室は一学年三〇人ぐらいでした。ですから、八講座にその三〇人が振り分けられるんです。

伊藤　和田さんがおいでになった物理化学第三講座には、何人ぐらいいましたか。

和田　私の時は三人でした。研究室メンバーは八人ぐらいでした。

伊藤　そうすると、席が三つあればいいわけですね。

和田　そうです。

伊藤　本当にそこで研究するという感じになるのですね。

和田　おっしゃるとおりです。

上田　東大に、理系の女性はいましたか。

和田　同級生ですか。東大ではいません。私の一年下に、初めて化学教室に女性が一人入って来ました。私の前はいません。

物理化学研究の始まり

伊藤　『物理学は越境する』に、一九五〇年代の生物物理学研究は、外国から輸入したものでなく、純粋に国産品だというお話が書いてあります。どうして国産品なのでしょうか。

和田　大学には、学問別に学科がございます。大きく分けたら、法学部、文学部、理学部とあります。その理学部の中にもいろいろな分野があって、例えば物理学科、生物学科、数学科などがありますね。そんなことで学問分野はいわゆる縦割りで、非常に厳密に区切られていたのです。

しかし戦前、昭和の一けたぐらいから、学問は便宜上縦割りになっているが、学問が相手にしている自然には決して境がない。それなのに境を自分でつくって研究するのはおかしいじゃないかという意見が出ました。それでその境界、学問の壁を取り払おうということになったのです。そして、壁のあったところに何が出来るかというと、Aという学問とBという学問の境の境界領域ですね。

それで、私が大学に入る少し前、東大の理学部化学科に物理化学研究室ができたのです。普通、大学では研究室を講座と呼びますから、物理化学講座です。

化学という学問は物の性質をいろいろ調べる、いわゆる現象論です。物理学は、そういう性質が基本的な原理からどうして出てくるかを考える、本質論です。だから、太陽系の惑星の行動がニュートン力学から出てくるように、物理学はなぜそれが出てくるかを基本原理から説明します。

例えば、有機化学は新しい化合物をどんどん合成するだけでは古い学問に止まってしまう。そこで境界を外そうじゃないかと、原子と原子がどう相互作用して分子をつくり、分子同士がどう作用して液体をつくったり、結晶をつくったりするかを調べる物理化学ができたのですね。そして私はそこへ入った。その学問に発展性があると思ったからです。

そのころから一貫して私が間違っていなかったと思うことは、既成の分野の境界は全て新しい学問になるということです。自然には境界がないのに人間がつくっているわけですから、その境界の部分は盲点になっているに違いないと、そういうことですね。

卒業論文の執筆

伊藤　卒業論文のテーマは自分で決めるのですか。

和田　自分で決めますが、最終的には教授に相談して、「それはいいじゃないか。こうこうやりなさい」とか、「誰それに相談しなさい」というアドバイスを受けるわけです。

伊藤　和田さんは、どんなテーマになさったのですか。
和田　分子というのは、原子核があって、いわゆる化学結合で繋がっています。水だったらOがあって、二つのHで繋がっている。大きな分子になると、この原子と原子を繋げている軸の周りに、両方がクルクル回るんですよ。同じ分子だけど、いろいろな形態をとるわけです。それがどんな形態をとるかということを、調べるわけです。もちろん分子構造の測定が主ですけどね。
伊藤　これは測定できるのですか。
和田　非常に正確に測定できます。
伊藤　何か道具を使うのですか。
和田　もちろんそうです。電子線を当てたり、電場をかけたりします。
伊藤　そういう機械は、全て研究室にあるのですか。
和田　一応ありましたが、とにかく貧乏日本ですから。卒業してから「もう日本ではとてもやってられない」と、アメリカに逃げ出したんです。
伊藤　その頃、日比谷のＣＩＥ図書館には行かれましたか。
和田　はい。外国の新しい雑誌は、あそこにしかなかったのです。
伊藤　今、その建物はないでしょう。
和田　ありません。
伊藤　バラックみたいなものですかね。
和田　立派な建物だったけど、アメリカがつくる建物は、見かけはきれいだけどチャチですよ。そんな建物だったんじゃないかな。だから、今はありません。恒久的なものではなかったですね。
伊藤　かまぼこ兵舎も、みんなそうですよね。秋田にアメリカ文化センターがありましたが、気がついてみたら跡形もないですね。臨時の建物なんでしょうね。

和田　そうです。でも、中は清潔で綺麗でしたね。

伊藤　ＣＩＥ図書館に行くと、最新の雑誌が来ていたわけですか。

和田　そうです。それを借りて、手書きで写すわけです。あの頃はコピー機がないから。

伊藤　私どもだって、上野の図書館に行って書くだけですよ。コピーなんてないわけですからね。日比谷のそれは、ずいぶん役に立ったと考えてよろしゅうございますか。

和田　ええ。

助手になる

伊藤　卒業論文ができて、昭和二七年に大学を卒業して、助手に残られた。これは、教授が声をかけたのですか。

和田　教授が、「おまえは残れ」というので助手になりました。

伊藤　同級に三人いるわけでしょう。

和田　他は出ましたけど、私は残されました。

伊藤　出るというのは、どういうことですか。

和田　就職したり、他の大学の助手になったりです。卒業後すぐの職は助手ですからね。

伊藤　東大で助手を二年したのですね。

和田　二年しました。そしてハーバード大学に留学しました。

伊藤　助手の場合も、研究はできるのですか。

和田　もちろんできます。完全に自分の研究ができます。

伊藤　研究室の事務仕事はないのですか。
和田　あまりなかったですね。ただ、いろいろな学生実験の面倒を見なくてはいけません。
伊藤　それは自分の勉強にもなりますからね。
和田　そのとおりです。ですから、無駄な時間だったという感じは全くありません。
伊藤　その時に、自分で論文をお書きになったのですか。
和田　もちろん書きます。サイエンスの世界は、論文がなければ先に行けませんから。ですから、私は学部三年の終わりには、英語の論文をひとつ国際誌に出しています。
伊藤　学部の時ですか。
和田　はい。それぐらい、先に先にやらないと勝っていけない世界ですから。
伊藤　助手の時もですか。
和田　助手の時ももちろんです。その論文があったので、ハーバードの教授から「来い」と言われたのです。
伊藤　論文は、どこに投稿するのですか。
和田　国際誌がありましてね。"International Journal of Physical Chemistry"や"Chemical Physics"などに英文で出しました。
伊藤　英文の論文は、自分だけで書くのですか。
和田　私の場合は、自分で書いた上に、私の知っている二世の人にチェックしてもらいました。でも、基は自分で書かないといけません。

2　ハーバード大学に留学する

アメリカ留学を目指す

和田　東大には優秀な先輩や同僚が大勢いました。普通、助手は二人ですが、森野先生のところはよくできる連中がいたものだから、助手が三人いたのです。私の一年上で、森野先生の後任教授になった朽津耕三さんと、私と、私の一年下の広田栄治君という……彼もよくできたのです。秀才二人に挟まれて、彼らと競争したって負けるに決まってる、他の人のいない新しい境界を目指そうと、生物学と物理化学の間をやろうとしたわけです。

この二人をはじめ当時の秀才連中を抜くには、外国の一流大学に行く以外に手はなかったわけですよ。それができるのはハーバード大学だったんですね。それでハーバード大学に留学したのです。

伊藤　フルブライト（アメリカの国際教育支援奨学制度）をお取りになったのですね。

和田　マサチューセッツ工科大学（ＭＩＴ）に、「フォーリン・スチューデント・サマー・プログラム」というプログラムがありましてね。夏休みに外国の若い学生たちをＭＩＴに集めて――具体的には三六ヵ国ぐらいから五〇人ぐらいを呼んで――いろいろな研究室に配属させてアメリカを見せて帰す行事があったのです。それを受けまして、幸い通ったものですから、昭和二九年六月に渡米しました。

日本航空（ＪＡＬ）が二九年四月から太平洋路線を飛ばし始めたので、その二ヵ月目に日航に乗って行きました。あのころはウェーク島にちょっと寄ってガソリンを入れてハワイへ飛び、それからサンフランシスコに向かいました。

伊藤　ハワイで一泊したのですか。

和田　一泊しました。今みたいに事務的じゃないから、スチュワーデスの人とすぐ仲よくなって、一緒にダンスに行ったりして（笑）。今じゃあ、とても考えられない。

上田　それはいいですね。

和田　そのときはフルブライトから旅費が出たので、飛行機で大陸横断したのです。それで、ボストンに行って、三ヵ月間そのサマー・プログラムを受けました。ＭＩＴにいる間に、ハーバード大学に連絡をつけて、教授に自分の書いた論文を見せて「こういう仕事をしているんだけど」と言ったら、「給料を出すから来い」と言われたのです。

ただ、ＭＩＴのシステムでは、プログラムを終わらせて一回日本に帰らなくてはいけない。もちろん帰る旅費も全部フルブライトから出ますから、一〇月にフルブライトで帰ってきて、二週間ぐらいして、またすぐ行ったのです。

伊藤　そのとき、日本人はお一人だけですか。

和田　「フォーリン・スチューデント・サマー・プログラム」には日本から三人行きました。

伊藤　長くお付き合いになりましたか。

和田　ええ、ずっと仲よくしていました。みんな日本に帰ってきましたね。

伊藤　理系ですか。

和田　みんな理工系です。「フォーリン・スチューデント・サマー・プログラム」は全部理工系なのです。

上田　フルブライトをお取りになるには、試験や審査があるのですか。

和田　面接試験です。これは全く運がよかったのですが、私が東大にいた時に、アメリカ人の若い学者が講義に来ていたんですよ。それで、私も彼の英語の講義を聞いていたのです。それが試験官だったんですよ。だから、いきなり私が「あなたの講義を聞いているんだ」と言ったものだから、向こうは、それを非常に積極的に見たのでしょうね。積極的な人間でなければアメリカへ行ってもやっていけないという頭があるだろうから、そういう意味で非常に幸運でした。後で聞いたら、面接点は私が一番だったそうです。

伊藤　一度帰国されて、二回目に行く時、飛行機代はどうしたのですか。

和田　飛行機代は、自分で出しました。それで、二回目に行った時は汽車で大陸横断したのです。四、五日かかりました。もちろん寝台なんてぜいたくなものはとれませんから、椅子に座りっぱなしです。こっちも若かったから。

伊藤　へえー。今頃、横断鉄道に乗る人はあまりいないと思いますけどね。サンフランシスコから、飛行機ということは考えなかったのですか。

和田　六〇年前ですからね。費用の問題で、ちょっと。

伊藤　やはり列車のほうが安いですか。

和田　それはもう安いですね。それで、ハーバードに行って、二年後の一〇月までいたのです。

桁違いの研究環境

伊藤　あの頃、日本とアメリカの格差はものすごく大きかったでしょう。

和田　日常生活は天国でしたね。食べるものは、とにかくおいしい。

伊藤　全くの別世界だったと、あの当時アメリカに行った人はみんな言っていますね。

和田　本当にそうでした。

伊藤　研究の環境としても全く違いましたか。

和田　桁違いです。ことにハーバードは、ヨーロッパの優れた連中がアメリカに来ると、とにかくハーバードで講演させてもらえれば素晴らしいというぐらい、学問文化の中心地になっていました。

伊藤　ハーバードへ行った時は、ポストに就かれたのですか。

和田　ポスト・ドクトラル・フェローといって、ドクターを済んだ人がなる博士研究員です。

伊藤　でも、おかしいじゃないですか。ドクトラルじゃないでしょう。

和田　さっきも申しましたが、私は早くに論文を書いていました。その論文をハーバードの教授が見て、これはドクターを取った連中と同じぐらいの学力があると評価してくれて、出してくれたのです。

伊藤　当時も、もちろん東大の大学院があったわけでしょう。

和田　大学院はありましたが、今みたいに制度化されていなかったのです。東大の今のような大学院制度は、私が理学部長をしていた時にできたのです。それも、理学部が最初につくったんですよ。それを東大法学部が聞きまして、「東大では何でも法学部が最初にやるんだ。それを理学部が最初にやるとは何事だ」と、だいぶ怒られました。

伊藤　東大の大学院は、あることはあったのですか。

和田　ありました。

伊藤　学生もいたわけですか。

和田　いましたが、だいたい一時ちょっと大学院にいるだけの腰掛けです。

伊藤　どこかのポストに就くまでの、ちょっとの居場所ですね。

和田　そうです。

伊藤　何もないと、本当の浪人になってしまいますからね。では、ハーバードでは思いきり研究ができたのですね。

和田　そのとおりです。すばらしかったですね。

世界トップクラスの実験装置

上田　研究環境が桁違いというのは、器具とかですか。

和田　器具です、つまり装置ですね。もう装置のレベルが全く違う。私は実験屋ですから、仕事といえば装置が武器です。例えば、分光器を使って、測りたい物を入れて、この結果が出ると結論する。全部測定なんです。その測定の装置が、これがもう全く桁違いで、ことにハーバードは、たぶん世界の中でもトップクラスの装置を持っていたと思います。
　実験物理、実験化学の基礎は測定データですから、いかに良いデータを大量に出すかということを考えたら、装置が良くなければどうにもならないわけです。双眼鏡で見るのと、パロマー山の天文台にある大きな望遠鏡で見るぐらいの違いがあるわけです。そういうことで、大いに仕事ができました。

伊藤　装置以外では、ギャップをお感じになりましたか。

和田　でも学問的なギャップは、装置以外はあまり感じませんでしたね。私がいた東大の研究室は国際的だったのです。

学問に没頭する

上田　二年間、学問に没頭されたわけですね。

和田　ええ、そのために行ったのですから。昭和二九年から三一年の二年半ですね。

――二年半で、どのくらい論文をお書きになったのですか。

和田　四つぐらいじゃないですかね。もちろん、ハーバードの同僚にはトップクラスがいますから、そういう連中と連名で書いています。東大の学部の時に書いた論文は単名ですが、ハーバードでは単名の論文は書いていません。

伊藤　文系では少ないと思いますが、理系では連名で論文をお書きになるのは、ごく当たり前のことですか。

和田　当たり前だと言っていいと思います。

伊藤　それは、自分の点数として一点になるのですか。

和田　一点になります。論文の一部だけでは分かりませんが、「あいつはこの学会でしゃべっていたな」とか、そういう関係でだいたい分かります。

伊藤　「これは誰がメインになって書いた」と分かるのですね。

和田　そうです。そうしてだんだん評価が定着してくるのです。

伊藤　私は文系だからよく分からないんですよ。理系は、たくさんの人で論文を書くこともあるでしょう。三人とか四人とか……。

和田　三人、四人じゃないですよ。加速器などは、何百人と著者がいるんですよ。

伊藤　エーッ、そうですか。それは知らなかった。

ハーバードに集まる頭脳集団

上田　ハーバードでは理系の女性はいましたか。

和田　そんなに多くはいませんでした。

伊藤　向こうの人とお友達になりましたか。

和田　ストゥアート・ライスという――ノーベル賞をいつもらってもおかしくない、最後はシカゴ大学教授になってシカゴ大学の研究所の所長になった――彼と大親友になって、日本にも来て一緒に食事をしました。

上田　理系頭脳の世界トップクラスですね。

伊藤　ハーバードには、いろいろな国から来ていたでしょう。

和田　そうです。オックスフォードから来ていたのもいましたね。

伊藤　アジアではどうですか。

和田　化学ではあまりいませんでした。

伊藤　インドとか。

和田　インド系の顔をした人はいっぱいいましたが、それがインド国籍かどうかはよく分からないです。

伊藤　アメリカで人種差別の感じはありましたか。

和田　全くありませんでした。感じたことは一度もありません。

上田　学問の世界は、そうだったんですね。

――アメリカ東部だからでしょうか。東部では少ないですね。

和田　そうですね。南部に行ったら分からないですね。

アメリカで広がる交友関係

伊藤　アメリカでは遊びましたか。

和田　それは遊びましたよ、デートしたり（笑）。

伊藤　そういう本に書かないことをしゃべってくださいよ。遊ぶといったって何をするんですか。

和田　ダンスですね。

伊藤　ダンスは、日本にいる時からやっていたでしょう。

和田　やっていました。それから、東洋英和幼稚園の一年下に塩原邦子ちゃんという子がいて、母親同士がよく知っていたものですから親しくなったのです。私がハーバードに行ったら、ハーバード大学はボストン郊外のケンブリッジにあるのですが、やはりボストン郊外のニュートンというところに聖心女学院の塩原邦子ちゃんも来ていたのです。彼女を誘って一緒に食事をしたり、ドライブをしたりしました。

その後、化学教室の先輩に原礼之助（後のセイコーインスツル社長）という人がいまして、彼が「おい、塩原さんを紹介しろ」と言うので紹介したら、結局、日本に帰ってから結婚されました。それで原夫妻と和田昭允夫婦は一ヵ月に一回、国際文化会館で必ず食事をしていたんですよ。そのうちに、まず私の家内が亡くなり、原礼之助さんが亡くなって、その後、私と邦子ちゃんとで時々食事をしていたんですね。今はそれもなくなりました。

それから、邦子ちゃんのお姉様が、セイコーの服部家にお嫁に行かれたんですよ。そこの長男が服部一郎君といって、私の大親友だったのです。彼は早く死んでしまいましたけれども。

伊藤　服部礼次郎さんとは、どういう関係になるのですか。

和田　礼次郎さんは服部家の長男家の次男です。服部一郎君は服部家の次男家の長男です。服部一郎君の妹さんに由美子ちゃんがいて、彼女もまたロードアイランドにいたので、彼女ともデートしましたね。

上田　あの頃、女性として勉強しに行ったのですか。

和田　そうです。

上田　それもすごいですね。塩原さんもですか。

和田　そうです。

上田　塩原さんは三共製薬創業者のお嬢さんですよね。

和田　三共製薬です。由美子ちゃんは帰国して、伊藤忠の副社長をされた降旗健人さんと結婚しました。これもまた、時々夫婦ぐるみで食事をしていたのです。
伊藤　向こうでお友達ができたのですね。
和田　そうです。そして帰ってからも夫婦ぐるみで食事をしました。

ドライブ・シーフード・バケーション

伊藤　ドライブとおっしゃいましたが、ご自分が運転なさるのですか。
和田　そうです。
伊藤　いつ、免許を取ったのですか。日本にいる時ですか。
和田　大学にあった車で、日本にいる時に取りました。
伊藤　大学に車があったのですか。
和田　もちろんボロ車ですけど、持っているグループがいるんですよ。
伊藤　それを借りて、練習したのですか。教習所にも行ったのですか。
和田　教習所は行きませんでしたね。
伊藤　試験は受けましたか。
和田　はい。
伊藤　警察で受けたのですか。
和田　そうです。
伊藤　日本でも運転されましたか。
和田　日本では、私は自家用車を持っていませんが、人の車を運転したことはあります。

伊藤　アメリカでは、左右が違うでしょう。
和田　はい。それはあまり気になりませんでした。それで、アメリカでボロ車を買ったのです。
伊藤　マイカーを買ったのですか。
和田　ええ、マイカーです。
上田　それじゃあ、ドライブで郊外に行けるんだ、邦子ちゃんと（笑）。
伊藤　こういうことをお聞きしておかないとね（笑）。ダンスと、ドライブと……。
和田　あとは食事ですね。
伊藤　食事は、レストランを選んで行かれたのですか。
和田　ボストンにはシーフードのいいレストランがありますね。オイスターハウスというレストランは、メインのロブスターがおいしいんですよ。
上田　留学中は、どこにお住まいでしたか。
和田　ハーバードからちょっと離れた、といっても歩いて行けるぐらいのところに下宿がありましてね。狭い部屋でしたが。
伊藤　下宿ということは、食事がついていたのですか。
和田　いいえ。共同に使えるキッチンがあって、あとは自分でやります。ですから、私はいま一人で料理していますけど、何でもないです。
上田　あの当時の日本からいらっしゃったら、食べ物がだいぶ違うとお思いになりましたか。
和田　うちはものすごく洋風なので、あまり思いませんでしたね。
上田　ハーバードでは、夏休みはあるのですか。
和田　ありました。

上田　夏休みはどうなさるのですか。

和田　姉の友達のご主人が、大蔵省の大島さんという方でして、アメリカのロングアイランドにお住まいなので、姉からお願いして私を預ってくれました。

上田　夏休みはそこにいらしたのですか。

和田　ええ、夏休みはそこでした。

上田　クリスマスはどうですか。

和田　クリスマスもそこでしたね。

上田　やっぱり、そういう人脈には恵まれていたんですね。

和田　本当にそう思います。

アメリカに行けない時代

伊藤　当時、外国に行くことは当たり前ではないですよね。

和田　あの頃は、まだ当たり前ではなかったですね。そう簡単に行けなかったです。

伊藤　一番はやっぱりお金ですよ。外貨持ち出しの制限があったから。

上田　保証人が必要でしたよね。

和田　保証人は、ハーバードの教授がなってくれました。

伊藤　当時は一ドル三六〇円でしょう。日本では、やはり闇ドルを作ったのですか。

和田　幸い、義理の兄の都留重人がハーバードやGHQに関係があったので、そこで少し闇ドルをつくってもらって（笑）。

伊藤　闇ドルは、一ドル四〇〇円ぐらいですか。お金にはそんなに苦労しなかったわけですね。

和田　ええ。よく日本人の学生が、皿洗いのアルバイトをしてお給料をもらったとかありますが、そんなことは一切しませんでしたね。

上田　義理のお兄様の都留先生がハーバードにいらっしゃるし、恵まれていますね。でも、ハーバードにいらっしゃった二年間、ご自宅からの送金はあったのですか。

和田　いや、ハーバードからお給料をもらっていましたから、アメリカに行く時に闇ドルを持って行っただけで、後はありません。

伊藤　悪い給料ではなかったでしょう。

和田　まあ、決していい給料ではなかったと思いますが、一人ですからね。

伊藤　誰かを養うわけじゃないしね。

和田　そうなんです。

ボストンの日本人

上田　当時、アメリカ在住の日本人は少なかったですか。

和田　そうです。でも、毎年正月にグレーターボストンという、ボストン近郊に住む日本人の新年パーティーがありました。そこに四〇〇人ぐらい集まりました。だから、昭和二九年頃、四〇〇人ぐらいはいたのです。おそらく、今は日本人が万単位でいるでしょう。万じゃきかないかもしれない。

上田　ボストンは、研究者やフルブライトの方が多いですよね。

和田　ほとんど学生ですね。研究者、それから会社、商社です。あの時、東大の法学部が、優秀な若手助教授をハーバードに送り込んで来たのです。労働法で有名な石川吉右衛門さんや、東大総長をした平野龍一さん、矢沢惇さん、伊藤正己さんという方がおられましたね。私は石川吉右衛門さんと非常に親しくなって、彼には私の結婚式にも来てもらいました。

伊藤　そこでも、いろいろな人間関係ができましたでしょう。

和田　アメリカでの日本人同士の人間関係は、あの頃は本当にすばらしい連中がいたものですから、運がよかったと思いますね。

上田　先生は、有名な女性ともお会いしているんですよね。

和田　オノ・ヨーコですね。私の家の近所に、小野洋子さんの学習院女子部の時の友達がいたんです。「和田さん、今度アメリカに行くんだったら、ヨーコがいるから紹介するよ」と紹介してくださったのです。電話して会ったら、すごい服、胸の下まで切れた洋服を着て現れましたよ。あわよくば引っ掛けようと思ったんだろうけれども、こっちは落第したらしくて、その後は全然お声がかからない（笑）。

ハーバードの英語

上田　英語はすぐに通じましたか。

和田　ぜんぜん通じない。四歳一〇ヵ月から、バイリンガルの方に英語を教わっているのに、全く駄目なんです。

伊藤　全くですか。ちょっと極端でしょ。

和田　発音は良いと言われましたけどね。最初はもう、分からなかったです。

伊藤　コミュニケーションがとれない、ということはないでしょう。

和田　何とかね。だけど、それは急速にとれるようになりました。

伊藤　基本があるからですね。

和田　セミナーをやらされるわけです。セミナーのリーダーになって主催するという順番が回ってくるんですよ。そうすると、自分で論文を選んで、それをみんなに講義して、それをもとに議論する。

上田 それを英語でするわけですね。

和田 もちろんそうです。

伊藤 ずいぶん英語に鍛えられたということですか。

和田 それは、そうです。

伊藤 あとはもう、国際学会に出ても怖くないと。

和田 そうですね。向こうは何て思っていたか知らないけど（笑）。私は苦労した覚えはあまりないですね。

伊藤 苦労した覚えがないというのはすごいですよ。アメリカで勉強をなさって、向こうに住まわれて、学会などに行かれて不自由はなかったわけですか。

和田 不自由といえば不自由ですが、そんなに不自由したという覚えはないですね。そんなこと言ってはいられないので。

伊藤 論文を書くときはどうされましたか。

和田 論文英語はそんなに上手かったとは思いません。ただ、最後は自国語が英語である人に全部見てもらいました。これはふつう、理系の論文を書く人はみんなやるのです。やはり日本人英語というのがありますからね。

帰国の途につく

伊藤 二年半ハーバードに留学して、終わりはどうでしたか。

和田 私は永住する気が毛頭なかったので、森野先生に、「そろそろ帰りたいと思うけれども、何か職があったら教えてください」とお願いしたのです。そうしたら、お茶の水女子大学に講師の口があるから帰ってこないかと。それで、昭和三一年一〇月のはじめに帰ってきました。

伊藤　研究条件がよく生活もエンジョイできるので、向こうに定住する人もいるでしょう。

和田　います。

伊藤　でも、どちらかというと日本人は、必ず帰ると言いますね。

和田　まあ、それに近いです。とくに、私は母を一人で置いていたものですから。都留の姉が預っていてはくれましたけど、やはり私が面倒見なくてはと思っていました。

伊藤　今度は、どういうルートでお帰りになりましたか。

和田　帰国したのが一九五六年一〇月です。帰りは、ボストンからロサンゼルスまで一人で車を運転して、大陸横断しました。ハーバードの私の同僚がロサンゼルスの男でして、「俺は帰るけど、すぐ帰らなければならないので飛行機で帰る。おまえ、俺の車をロサンゼルスまで運んでくれないか」と（笑）。それで、八日間ぐらいかかって横断したのです。

伊藤　途中で、どこかに泊まったのですか。

和田　一人ですからね。明るいうちはひたすら走って、暗くなりそうになると、あのへんはモーテルというのがいっぱいあるんですよ、そこへフッと寄って、きれいな小さな部屋に安く泊まれる。そしてあくる朝、早く起きてまたトコトコ、トコトコ走り出すわけです。

伊藤　モーテルに、小さなガソリンスタンドがついていてね。

上田　映画でありそうですね。その車は、お友達にお返しになったのですね。

和田　ロサンゼルスで返しました。

上田　彼もいい人を見つけましたね（笑）。

和田　お互いによかったんです。
伊藤　そこから先は、飛行機ですか。
和田　いいえ。それから先は、三井船舶の貨客船で帰りました。なんで見つけたか、はっきり覚えていないですけど。
伊藤　へえーっ。それは、ご自分の趣味ですか。
和田　やはり経済的な問題でした。
伊藤　でも、船だと時間がかかるでしょう。
和田　一〇日ぐらいかかりました。北太平洋をノンストップでしたよ。その貨客船には、お客さんがもう一人いて、宣教師の方でした。客は二人だけだったのです。食事は毎晩、船長さんたちと一緒でしたね。

3　新しいステージへ

お茶の水女子大学の講師となる

伊藤　昭和三一年に、お茶の水女子大学の講師になられますが、何を教えられたのですか。
和田　物理化学です。
伊藤　三五年には助教授になりましたね。
和田　お茶大で助教授になりました。
上田　お茶大の理系女子は優秀でしたか。
和田　はい、優秀でした。

上田　あの頃にお茶大の理系に入る人は、みんな研究分野に行くか、先生になるかでしょうか。

和田　そうです。

伊藤　お茶大の学生で、ずっと先生とお付き合いがあった人もいますか。

和田　私のお茶大の研究室を出た教え子の一人は、私が東大の時の助手と、私が両方とも知っていたということもあって結婚しました。郷通子といって、お茶大の学長になりました。

――理系でお茶大の学長になったのですか。それも珍しいですね。

和田　彼女が学長だった時は、私はお茶大の理事に呼んでもらいました。だから五年間、郷学長を私は理事として補佐したのです。ずっと人間関係が面白いし、私はそういう意味で非常に恵まれていた気がしますね。

島津製作所の実験装置

伊藤　帰国したら、装置のギャップはありましたか。

和田　それが、日本の装置屋――私が関係したのは島津製作所なのですが――島津製作所がアメリカの装置のモデルをつくって売ろうとしたのです。その頃、日本では島津製作所と日立が大きな装置会社でした。それで、アメリカの最先端技術を知っている私は、島津製作所にばっちり取り込まれましてね。要するに私が向こうで使った装置の詳細を教えて、島津製作所がそれをつくるわけです。

伊藤　パテント（特許）の問題はありませんか。

和田　パテントに引っかかるようなものはあまりないんです。

伊藤　そうですか。

和田　ゼロじゃなかったと思いますけど、パテントの逃げ方はいろいろありますから。具体的に言うと、光散乱といいまして、強い光を物質に当てると光が散乱しますね。その散乱光の性質を調べることで、物質の構造などが分かるという実験装置なのです。

伊藤　それでどのような研究をしたのですか。

和田　日本では非常にすぐれた、世界でも一流の装置を持っているわけです。それでアメリカと同じものを測ったってしょうがない。じゃあ、今まで他の人が測らなかったものを測ろうとすると、対象は生物になるわけです。

生物といっても、人間とかそういう複雑なものはわけ分かりませんから、一番基礎の細胞ですね。細胞の中には大きな分子が二種類ありまして、タンパク質とDNAです。細胞はご存じのように増殖しますから、増殖するには設計図がいるわけです。それがDNAに入っていて、DNAがつくるのはタンパク質という、これが実際に働く機械なのです。

ですから、細胞という小さな機械があって、その中にある設計図がDNAで、いろいろな働きをする部品――例えば消化酵素とか――がタンパク質です。それで、その一番基礎のタンパク質の構造を調べることを始めたわけです。

伊藤　のちに東大に移った時、その設備はどうしたのですか。

和田　持っていかしてくれました。

伊藤　えっ！

和田　お茶大に残しても使う人がいないから。

伊藤　そうですか。でも、お茶大も国の予算でつくったわけでしょう。

和田　そうです。

伊藤　それを動かすことが可能ですかねえ。

和田　ええ。私が買った装置は、さっき申しましたように島津製作所にアドバイスしてつくった国産機でした。それを無料でもらうわけにはいかないので、科研費で買ったのです。それで、私が東大に移る時に、それを持っていったわけです。

伊藤　じゃあ、お茶大に後継者がいなかったのですか。

和田　同じ専門の後継者はいませんでした。

伊藤　そうですか。そういう設備は、東大では年々良くなっていったのでしょうか。

和田　ええ。一つは島津製作所との関係がありましたから。その後も、島津と全く別の装置ですが開発しました。私の聞くところによると、島津はそれを世界中に二〇〇台売ったそうです。私の息子二人は、学習院から早稲田に行ったのですが、実はその学費は全部私のパテント・ロイヤリティでした（笑）。

日本生物物理学会の設立

伊藤　昭和三五年、お茶大の助教授の頃、日本生物物理学会をおつくりになったのですね。

和田　はい。三一年に帰国して、日本生物物理学会をつくり始めようとしたのが三四年、その時はお茶大にいました。

伊藤　その学会は、日本中の生物物理学者を集めたのですか。

和田　今までそういう分野をやっていたけど、所属するぴったりの学会がないという連中を糾合したわけです。同じ頃、ちょうど国際的にも生物物理学会をつくろうと、国際生物物理学連合も出来ました。

さっきも言ったように、日本は非常に早くから生物物理学という分野を始めていました。だから、小谷正雄先生もその国際生物物理学連合の理事になって入っていたわけです。日本はそういう意味では、生物物理学という新しい分野で本当に遅れることなく、というかむしろ世界を主導したわけです。

伊藤　それが、さっき私が質問した国産品という意味ですか。

和田　そうですね。日本のそういう色彩が非常に強く入っていますね。

伊藤　そういう研究をした人は、前からいたのですか。

和田　いました。いたけれども、ちゃんと所属するところがなかった。だから、物理学教室の中で生物をいじるのはヘンなやつだと思われていたわけです。

しかし、権威のある小谷先生が、シニアメンバーとして学会をつくり、東大物理学教室の中に生物物理研究室をつくったのです。同じように名古屋大学でも生物物理学の研究室ができて、京都・名古屋・東大の三大学が主になって学会ができました。それから九州大学にも、一匹狼みたいに頑張っておられる方がいました。「学会ができるぞ」というと、みんな今までよそ者扱いされていた学会から抜けて、ここへ集まるんですね。そうやって学会ができたのです。

伊藤　それで、ジャーナルをつくったのですか。

和田　そこは議論があったところなんです。日本サイエンスの学会の性格を分かっていただくためにご説明すると、学会ができるとジャーナルをつくるのが普通ですよね。ただ、そのジャーナルはインターナショナルに流通するものでなければ意味がない。でなければ自分がせっかく一生懸命書いた論文が、将来どうなるか分からない。それで、みんなインターナショナルに確立したジャーナルに投稿するわけです。

ですから、日本生物物理学会の場合、自分でジャーナルをつくりませんでした。会員間で交流する日本語の冊子はもちろんつくりましたが。オリジナル・ペーパーを発表するというジャーナルは、日本語でつくっても意味がないですから。でも、英語でつくろうとするとこれまた大変なんです。それで、日本人はほとんど外国のジャーナルに投稿します。

伊藤　では、国際生物物理学連合がジャーナルを持っていたのですか。

和田　連合は持っていません。

伊藤　ああ、やはり持たないのですか。

和田　はい。出版社が作るのです。出版社が、インターナショナル・ジャーナルをつくって、いろいろな人から論文を投稿してもらって、売れるぞと判断したら、つくるわけです。日本生物物理学会のインターナショナル・ジャーナルは、アカデミック・プレスがつくりました。

伊藤　日本生物物理学会が発足して、その翌年にはもうストックホルムで国際学会会議があったのですね。

和田　はい、ありました。昭和三六年に、小谷先生、名古屋大学で生物物理をやっていた大沢文夫さん、私の三人で国際学会会議に行きました。

知り合い結婚

伊藤　アメリカから帰国後も、ずっと赤坂のお宅にお住まいでしたか。

和田　そうです。赤坂から、永くは出たことがないのです。

伊藤　そうですか。ご結婚はいつされたのですか。

和田　アメリカから帰国して、昭和三三年に結婚しました。私の家内の姉が、私と同年で女子学習院にいたのです。戦後ヘンな締めつけがなくなったので、女子部と男子部の同学年が集まって、一緒にダンスをするとか、そういうにぎやかな時代がありました。家内の姉は、そのときの知り合いなんです。ですから私も、家内の家に遊びに行ったりしていたわけです。その一方で、私の姉の正子が都留重人の連れ合いになって、これがピアノを教えていました。「それじゃあ、うちの娘も都留先生にピアノを習わせよう」ということで、私の家内の幸子がピアノを習いに来ていて、それで私の姉が「これはいいお嬢さんだから」といって勧めてくれたのです。だから分類すれば知り合い結婚ですね。

伊藤　当時としては、よくある形なのでしょうね。女子部と男子部でダンスをするのは、高等科の時代ですか。

和田　はい。

伊藤　ハワイでスチュワーデスとダンスを踊ったというお話もありましたが、ダンスを習ったことがあるのでしょうか。

和田　習ったわけじゃないです。習っていた人もいましたが。

伊藤　ダンスがごく日常のありふれたことだったわけですね。

和田　そうですね。すごく流行ったんです。とにかく、戦争の締めつけがなくなったと。今まで暗雲垂れ込めていたのがもう青空になってね、死ぬこともなくなったという感じです。

4　生物物理学の最前線に立つ

東京大学に戻る

伊藤　今度は東大の物理学教室に行かれますね。最初は講師ですか。

和田　講師です。これは、生物物理学という最先端の新しい学問をやるので、試験的に採ったのだと思います。小谷先生の生物物理学建設のお手伝いをしたのもあって、小谷先生が私を東大の物理学教室に呼んでくださったのです。

伊藤　講師は専任ですよね。

和田　お茶大と兼任です。お茶の水女子大学には昭和三六年までいました。三六年は東大と重なっているのです。

伊藤　常勤ではないのですか。

和田　兼任の場合でも、どちらかが主務というのがありますね。たぶん、三六年はお茶大が主務だったと思います。

伊藤　任期が決まってるわけじゃないでしょう。

和田　任期が決まってるわけではないです。なぜ兼任かというと、東大の物理学教室には素粒子や物性など、もうギラギラした研究者がいっぱいいるわけですよ。小谷正雄先生や、茅誠司先生、久保亮五さんら優秀な方々がいたのですが、そのとき物理学教室の教授の頭の中にあったのは、素粒子論では京都大学にしてやられたということなのです。新しい学問の建設に負けたという。それで「新しいことをやろう、東大はもっと新しくならなきゃいけないぞ、それには新しい分野を開かなきゃいけない。じゃあ、思いきって生物物理だ」ということで探したら、「お茶大にそんなことをやっている男がいるぞ」ということで三六年に兼任で採用されたわけです。東大の方も「こいつ、本当に大丈夫だろうか」と、たぶん試験期間を置いたのだと思います。ですから、いつでも首を切られるように講師でした。そのときに一緒に講師で入ったのが、有馬朗人です。同じころ私の四歳上の小柴さんが助教授で、原子核研究所から移ってきました。

——　有馬さんは、理研の所長になった人ですね。

和田　そうです。東大総長にもなりました。それでお分かりのように、東大物理学教室は今まで通り狭い範囲の勉強ばかりができる秀才をやめて、少しやんちゃな変わったやつを採ろうとしたのです。それで採ったのが小柴、有馬、それから私なんです。

伊藤　この時は物理学教室……留学前は化学教室でしたね。

和田　そうです。化学教室で物理化学をやって、物理学教室で生物物理をするという、みんな境界なんです。教室は、授業とかいろいろな理由で仕切りをつくりますが、学問は、自然界に境界がありませんからオーバーラップしています。

伊藤　こちらの先生があちらの教室にいたっておかしくない、という感じですか。

和田　そうです。ただ、ずいぶん風習は違いますけどね。

伊藤　やはり歴史が違うんですね。

珍しい降格人事

和田　お茶大の助教授から、東大の講師に降格しました。有馬（朗人）さんが「和田さんの〝降格人事〟」という一文で「珍しい人事だ」と書いていますね。

抜粋して読みますと、「和田さんは小谷先生が強引に引っ張ってこられました。お茶の水女子大学の助教授から東大の講師へと「降格」して引っ張り込んだという異例の人事です。おまけに物理学科に化学科の人を連れてくるのは、がんじがらめの講座制のなかでは不可能です。小谷先生というのは型破りな人だったのでしょう。そうした意味では、和田さんもかなり型破りというか、突き抜けているところがありました。和田さんが小谷先生を動かして、東大医学部の江橋節郎先生を物理学教室に併任で採ってきたのです。江橋先生といえば世界的大家ですが、和田さんは自分の出世などを顧みず、物理学教室のために自分の上に江橋さんを教授として呼ぶことを平然とやられたのだから、やはりただ者ではありません。この和田さんの異色人事を契機として、日本の生命科学の研究者が東大の物理学教室を尊敬するようになったのです」とあります。

やはりがんじがらめの古い教室の中に、新しい分野を入れるというのは、容易ではないのです。シニアメンバーの偉い人も協力してくれなくてはいけないし、若い人も協力してくれなくてはいけません。

東大に生物物理を発足させる

和田 昭和三八年に助教授になり、研究室を持ちました。

伊藤 助教授でも研究室を持つのですか。

和田 東大の物理学教室では持てるのです。皆さんは大学というと、教授がいて、そこに助教授がいて、その下に助手がいて、という講座をお考えになると思いますが、東大物理学教室は、そういう講座スタイルでは新しい学問はダメだと考えた。お互いに共同研究を必要に応じてやればよいのです。教授、助教授はみんな一つずつ自分の研究室を持っていますから、そこに行きたい学生が自由に行けるようにしたのです。

だから、ある人間が物理学教室に入ると、まず講師になって、こいつはいけそうだと思われると、助教授になって、研究室を持って、そこに学生が行くのです。

伊藤 助手はついているのですか。

和田 その時はついていません。三人助手がいる研究室もあれば、ゼロのところもありました。私みたいに新しく入ったのは、小柴さんや有馬さんのところにもいなかったんじゃないかな。

伊藤 もしかしたら、助教授には助手がつかなかったのかもしれませんね。

和田 大事なのは、若い学生が卒業研究と称して、自分の行きたい研究室を選べることです。これは研究室側もいろいろ宣伝をしますが、最後には学生が、これは自分にとっていい学問だというような研究室を希望するのです。幸い、私のところには大勢来てくれました。それが、研究室が大きくなるかどうかの基になるわけです。来た学生の数に応じて、予算もしかるべく出ますしね。おかげさまで若い連中がずいぶん来てくれて、東大の生物物理が発足したのです。

物理学教室の中で、生物物理というのは言ってみれば辺境の学問で、いつどうなるか分からない感じでした。それで少し強化しなきゃいけないと、当時医学部で薬理学の教授だった江橋節郎先生——ノーベル賞をもらうのではないかと言われて文化勲章ももらいました——を生物物理の教授にもってきたんですよ。

伊藤 物理学教室では、どのくらい講座があったのですか。化学教室は八講座でしたね。

和田 物理学教室では一五講座ぐらいありました。

伊藤 大きいのですか。

和田 大きいです。後に講座が増えて、二五講座ぐらいになりました。小柴さんも私も物理学教室の中で、やんちゃ坊主だったんですよ。講座増になって、小柴さんも私も教授になったけど、小柴さんが「おい、和田さん、講座増でもなければ、あんたや俺は教授にはなれなかったよな」と言っていましたね（笑）。

伊藤 先生がお就きになった生物物理は、先生が初代になるのですか。

和田 生物物理は私が初代ですけれども、その生みの親に化学物理という名前の講座がありまして、それが小谷正雄先生だったのです。

伊藤 ということは、パイオニアだったのですね。

和田 そうです。

伊藤 物理学が、理学部のメインストリームなのですか。

和田 メインストリームですね。人数は多いし、議論に強い人がいっぱいいますしね。

生物物理学の発展と抵抗

伊藤　生物物理学会の考え方は、生命の本質は物理の正攻法で解明できるということですか。

和田　そうです。世の中のことは全部物理法則で説明しなくては、本当の説明にならないということです。それが「生命も物質だ」という考え方なのです。

四〇億年前の祖先から延々ときて、今こんなヘンなものができていますけど（笑）、生命も本当は物質なんですね。物質と見ると、物理で調べる方法は山ほどある。もっとも細胞になると、物理では複雑過ぎるのです。ですから、タンパク質だ、ＤＮＡだといって、要素分子を調べる。でも、今はもちろん一個の細胞を丸ごと見るというプロジェクトもあります。

伊藤　学会がスタートした時点から、この学問は急速に発展しているのですか。

和田　それはもう、学会ができたら進みます。若い人も来ますしね。

伊藤　そういうところの議論が、いろいろな人の研究成果になって論文になるのですね。

和田　そうです。

伊藤　学会ができたときには相当、生物科学は発達したのですね。

和田　これも抵抗はありました。物理学教室で生物物理を始めたんですね。そうしたら、理学部には動物学教室と植物学教室があるのですが、動物学教室の古い教授が怒りまして。いや、ほんとに怒るんですよ（笑）。

私が毎週一回、夕食後一室に集まって、外国の論文を読むということを、「和田サロン」と称してやっていたのです。物理学教室の私の研究室の隣に部屋がありまして、そこに若い連中がいっぱい集まって来るのです。そうしたら、その動物学の教授が、「物理の和田ゼミに動物学教室の学生は出るな」という禁足令を出したのです（笑）、あれは驚きましたね。ところが、禁足令を敷かれた連中がみんな出てくるわけです。「先生、うちの教授、こんなこと言ってるんですよ」なんていって（笑）、全部報告してくる。そんな時代でした。

生物物理学の応用

伊藤　生物物理学では、物理機器を駆使するのでしょうか。精密計測をするというのは、どういうことなのでしょう。「実験」と表現するには、ちょっとイメージが違うなと思ったのです。

和田　計測をしますね。計測したデータというのは、例えば、人間だったら心電図や脳波です。それをそのまま医療に使うのが医学ですね。しかし、生物物理学では、そういうデータがなぜ出てくるのか、頭の中を電子回路で書いていったらどうなるかなど、その基本を研究するのです。

伊藤　その結果を応用する学問もあるわけですね。

和田　あります。ただ、応用にまで結びつかないものもいっぱいあります。そこはもう完全に好奇心ですね。

伊藤　医療の問題だと、かなり応用できるのではありませんか。

和田　はい。ですから、医学部からずいぶんコンタクトがありました。医学部の非常に進歩的な方から、「こういうのを測ってみたいんだけど、どうしたらいいか」と言われることはありました。

伊藤　医学部とも交流があったわけですね。

和田　ありました。

伊藤　学会に入っている人もいましたか。

和田　いました。お医者さんで生物物理学会に入る人もいましたし、生物物理で医学会に入る人もいました。さっき言った江橋教授は医学部の教授から入っています。

伊藤　全ての事柄は物理学で解明できる、というお話ですね。

和田　そうです。物理帝国主義というやつです。

伊藤　そうすると、全てのことに応用できるのではないかという気がしますが、可能性としてはそうなのですか。

和田　そうです。高橋秀俊先生という東大物理の偉い教授の名言に「真理は必ず役に立つ」というのがあります。物理というのは真理を追究する学問です。

安田講堂事件

伊藤　昭和三八年に助教授になられて、それから四四年に安田講堂事件が起きました。

和田　はい、ありました。

伊藤　物理学教室に、全共闘（全学共闘会議）の人たちはいたのですか。

和田　はい、いました。昭和四三年に、いわゆる東大紛争がありました。発端は医学部です。医学部があまりに封建的なので、一口に言えば反乱を起こして、それに他の全学の連中が共鳴したわけです。それで、四四年一月一九日に安田講堂事件が起きました。

実は、学生には二派あったのです。片方は全共闘といい、片方は民青（日本民主青年同盟）という。民青は完全に共産党に牛耳られていました。全共闘はそういうもののない、純粋にゲバ棒を振るっている連中です。東大の物理の我々は、民青・共産党は真っ平だった。だから、全共闘側だったんですね。

全共闘の総大将だった山本義隆と一緒にゲバ棒を振るっていた田尾陽一君とは、まだ仲良く付き合っています。山本義隆と一緒に食事したこともありますよ。笑い話で言えば、山本義隆と私と二人で写真を撮ってもらったんです。それをうちの二人の息子に見せたら、それ以来、親父は大いに尊敬されるようになった(笑)。

安田講堂事件の時、東大総長は加藤一郎さんで、法学部にいた三ヶ月章さんが総長補佐をしていました。あの頃、密接な連絡をとるために、各学部から総長室に若い助教授を送っていたのです。私は昭和四年生まれですから、ちょうど四〇歳でした。それで理学部の総長室勤務になっていました。ですから、安田講堂の攻防戦のときは、まさに下で見ていたわけです。

伊藤 どういう感じで、ご覧になっていましたか。

和田 やはり、困ったもんだと。どうにもしょうがないですねえ、ああなっちゃったら、もう。

伊藤 実際、最後まで安田講堂に立てこもっていたのは、東大の学生ではないんですよね。

和田 他の大学から入ったんだ。それ以来、柄がぐっと悪くなった。

伊藤 東大の学生はさっと逃げたと。

和田 ある意味ではそうです。

伊藤 あれは警察が時計台封鎖を解除して、あっという間に終わりになったわけですよね。

和田 そうです。実は、いつ警官隊を入れるかという判断は総長室でやりました。大学の各門に、悪い表現だけどスパイを置いて、そこから全部電話で情報を一ヵ所に集めたのです。工学部や理学部といった我々はみんな理論的ですから、暴走し始めるのは人数が何人以上になった時だというアナリシスをするわけです。ずっと見張りを置いて、電話で「赤門付近、今三〇〇名」「正門五〇〇名」「両方が合流しつつある」とか、そういう情報が全部入ってきました。だから、「警官隊導入、ここで!」というのは我々がやったのです。

伊藤 それは、どこの場所でやっていたのですか。

和田　工学部の四号館です。四号館という、ちょっと裏の目立たない建物があるのです。
伊藤　極秘の場所ですよね。
和田　そうそう。
伊藤　そこを踏み込まれたら大変だ。
和田　ええ。恐らくそんなことまでは、連中は知らなかったと思います。安田講堂に向かいますと、すぐ左に、わりに赤茶けた建物があって、そのまた裏です。
伊藤　農学部との境の道に近いほうですか。
和田　農学部の境の道のほうに、もう一つ建物があると思います。それで、総長室のメンバーはみんな私と同年代ですから、軍事教練を受けた連中なんです。だから、半分おもしろがっていましたね。
伊藤　あの年に入学試験がなくなるでしょう。東大にとって、かなり大きな事件だったと思うんですけれども、教室ではどうだったんですか。
和田　いや。物理学教室は一週間くらい封鎖されましたけど、全共闘寄りですから長くはなかった。
伊藤　物理学の建物は、時計台のすぐ裏でしたか。
和田　すぐ裏です。昔の古いレンガ建ての建物は、今はありません。
伊藤　その中には物理学の学生もいたわけですか。
和田　いました。さっき言った山本義隆が、ゲバ棒を振るっていました。今でも仲よくしている田尾もです。ついでに言いますと、その田尾君は、正義感にあふれた男で、東日本大震災の後、飯舘村に行って援助活動をしています。あの震災は三月一一日ですが、彼に連れられて私も五月に飯舘村へ行きました。
伊藤　別に物理学教室の設備を壊されたとか、そういうことはないんですね。

和田　それはありませんでした。

伊藤　この騒動は後々まで影響しましたか。

和田　少なくとも、理学部に関してはしていません。というか、むしろ面白かったのは、当時学生にわりに同情——同情といっていいか——おもねるように動いた何人かの教授がいましたが、それはみな、後で学生から嫌われました。むしろ我々みたいに面と向かってチャンバラやった連中が、さっきの山本義隆や田尾君というゲバ棒振るった連中と仲良くなった。だから、人間というのは、自分が考えていることをきちんとぶつけ合う間に、信頼関係が出てくるのですね。

教授になる

伊藤　昭和四六年に教授になられます。助教授で研究室を持っていますから、教授になっても、別に変わったことはないですか。

和田　ええ。普通、教授にならないと自分の研究ができない感じですけど、物理学教室は若い時から自分の研究が出来るので、教授になろうが、助教授のままであろうが、あまり違いを感じないですね。

伊藤　でも、講座ごとに予算がつくのではないですか。

和田　予算を物理学教室でまとめて分けるのです。

伊藤　そうですか。では、東大においでになっている間、研究は順調に進んだのですね。

和田　そういって良いと思います。非常に研究のしやすいところでした。

伊藤　助教授の時から、教授会には出られるのですか。

和田　出られます。理学部の教授会は、教授と助教授が出ます。ただ、教授人事の時は、助教授は出られないです。

伊藤　他と学部と同じですね。
和田　ええ。
伊藤　教室会議はあるのですか。
和田　毎週金曜日にありました。
伊藤　それは、どういう人が出席するのですか。
和田　物理学教室の教授、助教授、講師です。
伊藤　何を決めるのでしょうか。
和田　決めることは、予算の問題ですね。
伊藤　どういうふうに配分するかと。
和田　それが多いですね。でも、物理学教室は理屈っぽい連中が多いですからね。有名な話があって、便所のドアをどう直そうかと、一時間ずっと議論していました（笑）。教室会議では、私の前にいつも小柴さんが座って、私の左に有馬さんが座っていました。
伊藤　教授会は、教授会室があるのですか。
和田　会議室があります。
伊藤　でも、全教授が集まると、結構な数でしょう。
和田　二五講座ありますから、一番多いときは五〇人ぐらいいますね。
伊藤　昭和六三年に評議員になっておられます。評議員は選挙ですか、それとも学部長の任命ですか。
和田　理学部教授会の選挙です。
伊藤　そうすると、全学の評議会に出なくてはならないですね。
和田　そうです。

伊藤　その評議会は、月に一遍ぐらいあったのですか。
和田　ええ。
伊藤　あまり面白い会議ではないですか。
和田　あまり面白い会議ではないです。もう少し実質的な会議は、学部長会議です。
伊藤　翌平成元年に理学部長になられますね。
和田　はい。理学部長をしたのは、一年だけでした。
伊藤　学部長会議が実質的な会議なのですか。
和田　そうです。
伊藤　では、評議会は、決議機関ではないのですね。
和田　決議機関ではなかったと思いますね。主だったところは、学部長会議で決めていました。
伊藤　学部長会議は、発言者が多いものですか。
和田　ええ、学部長会議は多いです。結構うるさいのが沢山いますから。学部と研究所合わせて十幾つです。
伊藤　研究所からも一人、研究所長が出るわけですね。
和田　そうです。

理学院構想

伊藤　『物理学は越境する』を読むと、理学部長になった時に三つの課題があったそうですね。一つ目が、理学院構想ですが、どういうことでしょうか。
和田　理学院構想は、実際にやりました。学部ではなくて、大学院です。もちろんその当時、大学院はありましたよ。しかし、正式に予算措置がされていなかったのです。
伊藤 まだあの頃はそうですね。
和田 ええ。ですから、正式に大学院という、学部と同じように予算措置がされている組織をつくったわけです。これは理学部が最初にやりました。
伊藤 じゃあ、法学部が怒るでしょう。
和田 法学部が怒ったわけです。東大ではなんでも法学部が最初なので、「なんで理学部がやるんだ」と。
伊藤 これは成功したわけですね。
和田 成功したと思います。

ヒューマン・フロンティア・サイエンス・プログラム

伊藤 三つの課題の二つ目「ヒューマン・フロンティア・サイエンス・プログラム」というのは、ご自分で関わっているのですか。
和田 これはかなり全力をあげました。「ヒューマン・フロンティア・サイエンス・プログラム」は、サイエンスの国際共同研究を支援しよう、とくに大陸間の共同研究を助成しようとつくられたのです。
伊藤 ヨーロッパとアメリカとかですか。
和田 そういうことです。たとえば日本とヨーロッパとか、中国とオーストラリアとかです。
伊藤 これは日本が提唱したのですか。
和田 はい。中曾根（康弘）さんがベネチア・サミットで言い出したのです。
伊藤 中曾根さんがそんなことを直接やるわけないから、誰かが知恵を出したのでしょうね。

和田　もちろんそうです。
伊藤　もしかしたら、これは和田さんかなと私は思ったのですが……。
和田　それは違います。後のことは手伝いましたが、言い出しっぺは中曾根さんです。なぜうまくいったかというと、これに限って通産省と文部省が協力したのです。ふつうは喧嘩するのですがね。だから、そこに中曾根さんの偉さがあったのだと思います。両方を協力させてうまくいったのです。
伊藤　これは、どこがお金を出すのですか。
和田　日本がずいぶん出しています。日本が半分ぐらい出して、その残りをヨーロッパとアメリカが出す、そういう感じです。だから日本が完全に主導権を握っていました。
伊藤　これは基金ですか。
和田　基金です。
伊藤　その基金を運用していくわけですか。毎年出すのですか。
和田　毎年、通産省と文部省から出していたと思います。
伊藤　これは非常に面白いというか、他に類を見ないものですね。
和田　そうです。日本が主導権をとるので、他に類を見ないようにしようという働きがあったのです。

国際理学ネットワーク

伊藤　三つ目の課題「国際理学ネットワーク」。これはどういうことですか。生命科学ではなく、もっと広い範囲を指すのでしょうか。
和田　ええ。私が理学部長の時、アメリカからハワイまで、すでにインターネットでチャネルが入っていました。ハワイが日本のどこかへ繋ぐ口を探しているという話だったのです。京都大学と大阪大学が手を挙げると聞いたので、学部長でもありましたから「これは東大に持ってこなきゃいかん」と。でも、東大にチャネルを持ってくるには、予算がいります。場所もいるし、装置もいる。それで、当時富士通の山本卓真という強力な社長に相談したんですよ。そうしたら、予算も機械も全部パッと出たのです。あれは驚きましたね、即断でした。

伊藤　これらを、理学部長をされた一年間に全部されたわけですか。

和田　はい、そうです。

伊藤　すごいなあ。もう定年になることがあらかじめ分かっているわけでしょう。

和田　ええ、分かっています。

伊藤　定年で退官なさるまで、ご自分の生命科学の研究はずっとお続けになったのですか。

和田　いや、最先端の研究は、五〇歳過ぎたらできません。研究は弟子たちがやるのを援助しました。

伊藤　そうですか。やはり五〇歳というのは限界ですか。もっと早いでしょうか。

和田　まあ、本当はもっと早いですね。ただ、そこで終わるのでなく、その経験を生かして若手を育てる、それが上手くいったということですね。それは、理研のゲノムセンターにも通じます。

伊藤　定年の時、いろいろセレモニーはありましたか。

和田　まあ、ちょっと小さなところでありました。理学部はあまり大げさにやりません。

上田　研究ができないとおっしゃったけど、ご自身でお分かりになるのですか。

和田　新しいことができなくなるんですよね。

伊藤　それは、文系だって同じですよ。

――　企画力と実行力とのギャップが埋まらなくなるということでしょうか。

和田　それはあります。

伊藤　それと、今までこういうふうに新しい分野を開拓してきたら、これを壊すのはものすごく難しいわけですよね。

和田　そうです。

伊藤　この延長線上でしか物事を考えられなくなるので、別なところにもう一遍戻って新しいことをやるというのは、年齢的にも……。

上田　文系でも理系でもそうなんですね。

伊藤　うん、そうですね。

5　ゲノムで日本を世界に知らせる

DNA自動解析構想の提唱

伊藤　和田さんにとって、これは私の成果だと言えるものは何でしょうか。

和田　幾つかありますが、一つはタンパク質とＤＮＡの解析があります。今、世界的に流行している、ＤＮＡを機械で解析するということですね。

ＤＮＡというのは生物の遺伝子です。これは、違う原子団がずらっと並んでいるという意味で、分子の文字が書いた文書みたいなものです。人間の遺伝子の場合、三〇億文字あります。私は物理計測で三〇億文字を読もうと言い出した。それで、ＤＮＡ自動解析装置を設計して、実際に作ったのです。

伊藤　どこで作られたのですか。

和田　島津製作所です。

それをジャーナルに投稿すると、いわゆる査読者（レフリー）が文句をつけてきました。最初のレフリーの意見が、「このDNA自動解析装置は、人間が行う解析レベルに達していない。したがって却下すべきである」でした。それに対して私は「彼のコメントは、自動車や機関車が発明された当時、この機械は馬のように自由に走れないから駄目だと言っているに等しい。科学技術の進歩の歴史は人間の巧妙さを機械で置き換えてきた歴史でもある」と反論しました。ジャーナルの編集者から「あなたの意見は大変挑戦的でかつセンスがある。あなたの論文をもう一度投稿しなさい」ときましたが、私は気が短いものですから、第二のジャーナルに「この論文は他のジャーナルに投稿したものですが、不幸にしてレフリーの無理解のため却下されたので、私と編集長の意見のやりとりを同封します。お読みくださ い」と投稿していました。それで、第二のジャーナルのレフリーの意見は「このまま出版してよい」でした。

伊藤 これは何というジャーナルですか。

和田 「レビュー・オブ・サイエンティフィック・インスツルメンツ」です。これは私の例ですが、サイエンスの世界では新しい論文を書くと、レフリーと喧嘩をするわけです。

私が『日経産業新聞』に書いたエッセイでも、レフリーの喧嘩について触れています。ここでぜひお伝えしたいのは、日本の若い人はレフリーというと、神様みたいに思ってしまう。私も昔はそうだったけれど、私が考えを変えたのは、ハーバードへ行ったときです。ハーバードの研究者は「レフリーはみんなアホだ」と言うのです（笑）。全然違うんですね。それがあったものだから、こういう喧嘩をしたわけです。

―― 必ずしもレフリーが、この分野の専門というわけではないんでしょう。

和田 ええ、非常に狭いですからね。もっとひどいのは、ある大先生のところにレフリーを出すと、大先生が若い助手に、「おまえ、ちょっとこれ、意見書いとけ」とやるわけですよ。

―― わりと先生はけんかっ早いわけですね（笑）、喧嘩好きというか。

和田 いや、ハーバードで教わったのです。ですから、今、日本の若い連中にも大いに喧嘩しろと言っているのです。

アメリカに先を越される

和田 それで、島津製作所がＤＮＡを読む機械を開発して売り出した。私は「読むのなら、まず人間の設計図ＤＮＡを全部読もう。三〇億文字は読めるぞ」と言ったら、それをアメリカが強行したわけです。

伊藤 日本にやられちゃ大変だということですね。

和田 ええ。アメリカの議会か、それに近いところの委員会の文書があります。アメリカは日本に自動車でやられた、今度またこれでやられたら大変だと（笑）。それで、議員らも参加して「これは絶対アメリカでやるんだ」といって推進したのです。アメリカが一遍これをやると決めたら、もうやられます。

―― とにかく資本力が違いますからね。

和田 だから、私はいつも威張っているんですよ。アメリカをけしかけて、連中に全部やらせたんだって（笑）。

伊藤 アメリカは、現実にそれをやったわけですか。

和田 早い時期にやりました。

―― 残念だね。

和田 よく残念だと言われますが、私はよかったと思ってるのです。例えば、私が全部読んだとしますね。そうすると、全世界から圧力がかかって、無料で全部公表しなきゃならないです。無料でデータを公表する圧力がかかるのです。

伊藤　アメリカは、実際公表したのですか。

和田　ええ、無料で公表しました。日本で私が読んだら、当然公表しなきゃならない。そのときに、公表したら日本で何が起こるかというと、「和田のやつは、大事な国費をあんなに使ったのに、全部世界にただでばらまいた」と言われる。私はひどい目に遭っただろうと思うのです。だから、アメリカにけしかけてやらせたのが大正解なんですね。

設計図としてのDNA

伊藤　DNAは、人類全てに共通してあるのですね。

和田　生物の細胞は、全部設計図としてDNAを持っています。その中で人間の設計図の文書があるわけです。

伊藤　それは、人間である以上は誰もみんな同じですか。

和田　少しずつ違います。どれぐらい違うかというと、先生と私のDNAをずーっと読み比べると、例えば、一〇〇〇文字読んで一文字違う。でも、全部で三〇億文字ありますから、ずいぶん違うわけです。

伊藤　それは、ホワイトとイエローでは違うとか、民族によって違うとか、そういうこともあるのですか。

和田　似ている同士を関係付けていくと、系統樹ができます。そうすると、人類はそれなりにまとまっているけど、人類の中でも離れているものは離れているわけです。例えば、モンゴロイドとイエローは近いとかです。

伊藤　類人猿になると、また違ってくるわけですね。

和田　違います。

伊藤　そうすると、今度は動物の系統樹ができるのですか。
和田　ええ、そうです。

一分でDNA解析

伊藤　遺伝子の分析は、計算機でやるのですか。
和田　そうです。生物の分析はだいたい計算機です。生物は非常に複雑です。複雑ということは、いろいろな構造データや機能データが山ほどあるわけです。ここから一種の法則性を見つけようとしたら、計算機にやらせる以外ないのです。
伊藤　その対象とするものは膨大なわけですね。
――今のDNA解析装置では、分析するのにどのぐらい時間がかかるのですか。
和田　今の最高の解析機だと、人間のDNAは一分で測れます。三〇億文字を一分です。
伊藤　一分ですか！
和田　昔は三〇〇〇年かかると言われていました。
――犯罪捜査でよく使われるじゃないですか。
和田　そうです。これぐらい確かなものはないですよね。
――間違いないIDですね。
和田　完全にデジタルな設計図ですからね。これがアナログだと、ちょっと不正確になるのですが。
――解析するのに血液を使うのですか。
和田　唾でもいいし、髪の毛根でもいいです。
上田　すごいですね。三〇億を一から勘定すると、何日かかるのかと考えてしまいます。

和田　『日経産業新聞』で、若い人向けにエッセイを書いたのですが、そこで「皆さん、大きな数をどう考えますか？」と問いかける一文を書きました。億という数字の実感をどうやって得るかというと、東京と鹿児島の距離が一億センチメートルです。そうすると、だいたいの感じが分かるでしょう。一億という数は、例えば羽田を飛行機で飛び立って、鹿児島まで行く飛行機の窓の外に一センチメートルの物尺がずーっとある、それ全部なのです。

——ちょうど着いたときに一億になる。

和田　だから、一億ってすごいですよ。人類の数は七七億です。七七億がどれぐらいかというと、縦・横・高さ二メートルの箱に直径一ミリの砂粒をいっぱい詰めた数がだいたい八〇億です。だから世界の人口は、縦・横・高さ二メートルの箱にぎっしり詰まった砂粒ぐらいが、世界中に散らばっているというこどです。私が教えている高校の生徒たちに、ぜひそういう感じで物事をとらえて欲しいと言っているのです。

——大変な数ですね。想像を絶するね。

和田　なぜ一分で読めるのかを簡単に説明すると、ＤＮＡは、ＡＴＧＣという分子の文字で出来ています。これが三〇億文字です。普通、読むというと、これを端から読むということになりますが、これを一分で読むというのは、何百万と開いている穴に全部一本ずつ通して出口で読むのです。これを広げれば、いくらでも読むことができる。

——並列コンピュータみたいなものですね。

和田　そうです、並列に読んでしまう。並列に読むから一分で数字が出てくるのです。詳細はともかくとして、そういうことです。

——すごいですね。考えられない。

和田　考えられないという話をもう一つしましょう。太陽があって地球がありますね。宇宙からよく重力波がくると距離が縮むといいます。どれくらい縮むかと思ったら、水素原子一個の一〇分の一しか縮まない（笑）。オングストロームの一〇分の一。

上田　それ、縮むって言わないですよね。

和田　これは、ノーベル賞をもらった梶田（隆章）君に聞いたんですよ。それをまた、測るのだからすごいですね（笑）。

――それが分析機ですか。

和田　そう。ですから、一〇の二二乗分の一が測れるということですよね。いや、さすがにこれを梶田君に聞いたとき、たまげましたよ。数メートルぐらい縮むかと思っていたのに（笑）。

――観測できて何が役に立つのかって、そこがポイントですね。

上田　それって、一億円の中から一円を誰かが抜いた感じかしら（笑）。

和田　日本の国家予算から一円なくなったというようなものです。

――それを探し出して、何に役立てるのか……。次の世界に生きてくるのでしょうか。

――宇宙の物理学は、みんなそうですよ。

和田　相対性理論なんて、あんなもの何の役に立つかということだったけど、あれ、ＧＰＳではもう不可欠でしょう。

上田　そうですね、これからのものになっていくのですね。

五　科学技術の発展に尽くす

1　東大退官後の活躍

相模中央化学研究所　理事

伊藤　平成二年に東大を退官されました。東大教授が定年になると、どこか別の大学に行くケースがありますが、お辞めになった後の常勤職は相模中央化学研究所ですね。

和田　そうです。理事です。

伊藤　足掛け九年、ずいぶん長いことお勤めでしたね。この研究所はどういうものですか。

和田　これは日本興業銀行傘下の会社が、それぞれ研究所をつくりたいという希望を持つのですが、別々につくってもしょうがないので、興銀がまとめて一つ作り、そこにみんな参加するといった研究所です。

伊藤　なぜ相模なのですか。

和田　研究所が相模大野にあったからです。相模中央化学研究所には毎日行っていました。相模大野まで電車で行って、あとはバスです。

伊藤　そうですか。

和田　日産化学は興銀系なのです。これは正確ではないかもしれませんが、私の印象では、そこの発言権が強かった覚えがあります。それから協和発酵も興銀系で、発言力が強かったですね。

伊藤　興銀がスポンサーなのですか。
和田　そうです。
伊藤　研究所で研究者を雇用するのですか。
和田　そうです。正確に言うと、東大での私の弟子を長とする研究グループを引っ張っていって、彼らに研究させたのです。その時は、私は現役の研究者ではありませんから。
伊藤　ご自分が、もうあまり研究なさらないということですか。
和田　できない。四〇歳を過ぎたら本当に新しいことはできないですよ。できるような顔して無理してやっている人はいますけど、あれはもう老害です。それが分かりましたから。
伊藤　研究の設備が変わってきているということもありますか。
和田　設備依存が強くなってきた。大きなデータをたくさん取ってこそ研究になるわけです。たくさんデータを取る道具がどうしても必要です。だから、鍬よりはブルドーザーになるわけです。
伊藤　そうすると、お金があったほうが勝ちということになりませんか。
和田　それに近いですね。
伊藤　現役を退かれて、お世話をするほうですか。
和田　そうですね。それから、いろいろな企業にアドバイスをします。
——もちろん他の企業からの出向者も、研究員として来られるわけですね。
和田　そうです。そこで人間関係を作ります。
伊藤　規模はかなり大きいですか。
和田　土地は広かったです。興銀が持っていた土地ですが、三ホールぐらいのゴルフ場を持っていました。昼休みになると、みんなやっていました。

――　何人ぐらいいたのですか。

和田　研究者は八〇人。事務が三〇人。全部で一一〇～一二〇人ぐらいだと思います。

――　工業系の研究をされたのですか。

和田　全部、理工系です。

伊藤　理事長はどういう方ですか。

和田　理事長は、興銀の副頭取ぐらいの人でした。

伊藤　そうすると、あとは理事がたくさんいたのですか。

和田　理事は私を含めて五人ぐらいです。

伊藤　理事会があるのですね。どういう研究をするか、そこで決めるわけですか。

和田　ええ。どういう研究をするかとか、新しく研究主任を引っ張ってこようとか、いい就職口があるから主任研究員はそっちに移したほうがいいんじゃないかとか。

伊藤　理系の研究員は異動があるのですか。

和田　あります。

伊藤　大学院や別の研究所に行くとかですか。

和田　そうです。

伊藤　お弟子さんは自分の仲間を連れて、共同研究をやるのですね。

和田　弟子が、そのまた弟子を連れて行くわけです。私が連れて行ったのは一人ですが、彼の大学の時の同級生や先輩後輩がいろいろな研究所にいますから、似たようなことをやっている連中が集まって研究会をつくることもあります。大きくなれば学会をつくる。これは非常に大きいですけれども。

伊藤　ご自分のお弟子さんを連れてというのは、遺伝子の関係ですか。

和田　具体的に言うと、タンパク質という小さな分子の構造が、その働きとどういう関係があるかとか、そういう分子物理学ですね。計算機を使って分子構造を計算するとか、そういう話です。
伊藤　それは電子計算機の仕事ですか。
和田　計算機ですね。
伊藤　相模中央化学研究所に連れて行ったのは一人だけですか。
和田　一人とそのグループです。グループといっても五、六人ですかね。
伊藤　人は変わらなかったのですか。
和田　彼は七、八年いて、大学の教授になって移っていきました。
伊藤　その後はどうなるのですか。また新しい人を連れて来るのですか。
和田　その後、私はいなかったからよく分かりません。たぶん理事会で考えて決めたと思います。
伊藤　相模中央化学研究所の理事は平成一三年までですね。それまで、そこで給料を貰っていたのですか。
和田　そうです。

新世代研究所　副理事長

伊藤　平成元年から新世代研究所の副理事長をなさっていますが、これはできた時からのご関係でしょうか。
和田　私は親友が何人もいますが、中学三年の時に、一年生に服部一郎君というセイコーの御曹司がいたのです。彼と私は非常に親しくて、私は服部家に入り浸っていたり、服部君が私の家に遊びに来たりしていました。

伊藤　これは服部本家ですか。

和田　次男家です。服部金太郎さんの長男が玄三さんで、次男が正次さん。その正次さんの系統です。

それからもう一人、東大の化学科で私の四年ぐらい上だった、原礼之助がいます。私がハーバードへ行った時、彼はハーバードのメディカルスクールに行っていました。ある晩、ハーバードの研究室の連中と、ボストンのちょっといかがわしいバーに飲みに繰り出したら、原礼之助さんもメディカルスクールの連中といまして、それから親しくなりました。彼は、私の幼稚園のときのガールフレンド塩原邦子ちゃんと結婚しました。そして、塩原邦子ちゃんのお姉さまが服部一郎のお母様です。そういうことで原礼之助と服部一郎はセイコーを巡って親戚になったわけです。

ある時、原礼之助と服部一郎両氏に呼び出されて、「和田さん、研究所をつくりたいんだけど、つくってくれないか」と言われました。それで新世代研究所ができました。

どういう研究所かというと、セイコーがお金を――具体的に言うと年間四〇〇〇万円ぐらい――出して、いくつかの研究グループに研究費を出すということです。私は東大を辞めて相模中央化学研究所にいましたが、東京にオフィスが欲しかったものですから、神田の駿河台に小さな部屋を貰って、新世代研究所でいろいろな企業の人と大学の人を混ぜて共同研究をさせるプログラムをやりました。

私が中学やハーバードの時の友達とか、幼稚園のガールフレンドとか、その辺が絡んで、仕事とも絡んで、面白い世の中です（笑）。

伊藤　これは助成財団ですね。

和田　そうです。研究所といっても、そこで研究しているわけではありません。

伊藤　平成三年に、日本学術会議の会員になられました。日本学術会議の会員になるには選挙があるのですね。

和田　選挙です。

伊藤　会員になられて、何年かたって部会長（一七期第四部長、一九九七〜二〇〇〇年）になられますね。第四部会というのは何でしょう。

和田　理学です。一が文学、二が法学、三が経済、四が理学、五が工学、六が農学、七が医学・薬学です。各学会から選挙されて、それで決まります。七部会に三〇人ずつで二一〇名が会員になるのです。

伊藤　会員は何をやるのですか。

和田　それぞれの学会の意を受けて政府に意見を言う、その窓口になります。言い換えれば、各学会から政府に別個には言いにくいから、いちおう学術会議というところでまとめて、研究者の総意として政府に答申するということです。

伊藤　文部省に言うということですね。

和田　そうです。私は日本学術会議で科学技術政策にのめり込んでいました。

伊藤　科学技術政策とはどういうことですか。

和田　こういう分野を大いに振興すべきだと政府に言うなどです。私の場合、一番大きいのは、日本がほとんど世界トップである計測技術を使って人間の遺伝子を読んだら、バイオロジーで後進国だった日本の地位をもっと上げられるだろうということです。日本のバイオロジーは非常に弱かったのです。

伊藤　部会長の時期に、問題になっていたことはありましたか。

和田　たいしたことはありません。ただあの頃、共産系の政治団体から、部会を傍聴させろという要望が非常に強くありました。私までの部会長は全部それを拒否していたのですが、私は「何も聞かれて悪いことをやっているわけじゃないんだから、どんどんいらっしゃい」と。ただし、個人のプライバシーに関係するとかそういうときには退席してもらうけれど、「どうぞ聞いてください」と言ったんです。そうしたら一、二回聴きに来て、それで来なくなっちゃった（笑）。そんなものですよ。

伊藤 それが終わってから後は、連携会員ですね。

和田 連携会員は名前だけです。つまり元会員です。

ネスレ科学振興会 理事長

伊藤 平成五年からは、ネスレ科学振興会の理事長もされています。これも助成財団ですか。

和田 助成財団です。

伊藤 やはり食関係の研究に助成するのですか。

和田 そうです。ネスレは世界に広がっている食品会社ですね。ある時、電話がありまして、今度、ネスレの本社の役員が来るから一緒に朝食をとらないかと言われました。それでホテルニューオータニで一緒に朝食をとったのです。そうしたら、ネスレが日本に研究助成財団をつくるから、理事長をやってくれといきなり言われました。ありがたいけれども、私の専門は食品ではないし、正確に言えば物理計測ですから、「それでいいのか」と言ったら、「だからいいんだ。なまじっか食品の専門家を入れるとよくないから」と言われました。それで引き受けて、一二年ぐらいやったと思います。

これはよかったです。毎年、理事会がスイスであるのですが、レマン湖のほとりのベベエというところにネスレの本社があって、夫婦でファーストクラスで行けるのです。やはり世界企業はすごいですよ。五日か、長いときで一週間。その間、ずっとショーファー付きの車で、あそこに行きたいと言うと連れて行ってくれました。これはいい思いをさせてくれました。毎年クリスマスになると、ネスレのチョコレートが来るのですが、それが大きな箱にびっしり詰まっているのです（笑）。

理化学研究所ゲノム科学総合研究センター 所長

伊藤 平成一〇年から理化学研究所ですね。ゲノム科学総合研究センターの所長をなさいました。

和田 これは、ゲノムセンターをつくった時の写真です（図10）。

伊藤 場所はどこですか。

和田 横浜です。この時は、しゃちほこばるのはやめようと言って、足を組んだり腕を組んだり、自由な感じにしました。次の写真は、ゲノムセンターの建物です（図11）。

伊藤 お碗をひっくり返したみたいなものは何ですか。

和田 分子の構造を測る装置がこの中に入っています。磁場や電波の影響を受けないように外部から遮蔽しているのです。

伊藤 そうですか。

和田 ゲノムセンターの所長は、一〇年ぐらいやりました。そこでヒトのＤＮＡの解析をやらせていたわけです。五つの研究グループがありまして、その一つがゲノムの解析、もう一つはタンパク質の構造解析など、いろいろありました。五つの研究室がまとまって、ゲノム科学総合研究センターです。

伊藤 理化学研究所はどのくらい人数がいたのですか。

和田 人数は多いですよ。八〇〇人ぐらいです。

伊藤 ゲノムだけではなくて、他も含めてですか。

和田 ゲノムはその五分の一ぐらいだったと思います。

なぜ私がゲノムセンターの所長になったかというと、これまた人間関係です。東大の理学部物理学教

図10 理化学研究所ゲノム科学総合研究センター　辞令交付式

図11 理化学研究所ゲノム科学総合研究センター（横浜・鶴見）

室の四年上に小柴昌俊がいて、私と同年に東大総長をやって文部大臣をやった有馬朗人がいました。みんな親しかったわけです。そして、有馬さんが理研の理事長だった時、「和田さん、今度、研究所をつくるんだけど、まとめてよ」と言われて、それで行きました。

伊藤 理研の中の新しい研究所なのですね。

和田 そうです。有馬さんがなぜ私に頼んだかというと、五グループのうち、二つはわりに技術的だけど、他の三つは研究グループでした。この三つの研究グループの仲が悪かったのです。私が喧嘩をまとめるのがやり慣れているのを有馬さんは知っていたものだから、「和田さん、何とかしてくれ」と。それで「いいよ」と引き受けました。

伊藤 ゲノム科学総合研究センター所長の時は、毎日通っていたのですか。

和田 ほぼ毎日通っていました。

―― 三つの研究グループが喧嘩をしていたということですが、これは分野が違うわけですよね。

和田 分野は違うけれども、予算の取り合いですね。

上田 先生はそういうことをまとめるお力もおありだったのね。

和田 こんな調子でやっているから……。

伊藤 前からお話を伺っていたら、どちらかというと喧嘩をするほうじゃないかなと思ったのですが。

和田 喧嘩はやりますよ。

伊藤 喧嘩もするし、まとめもするということですか。

和田 お話したように、外国ではずいぶん喧嘩をしました。

―― 文科省のお役人と喧嘩はしないのですか。

和田 私は、大学の先生が文科省のお役人を敵対視するのは間違っていると言ったんです。大学の先生は文科省のお役人と組んで、財務省と喧嘩すべきだと。

伊藤　理研はかなり深くお付き合いになったわけですね。理研の所長にという声はかからなかったのですか。

和田　かからないです。私は全部ナンバー2です。東大の総長ではなくて学部長でしょう。理研の理事長ではなくて研究所長でしょう。でも、ナンバー2が一番いいですよ。

ノーベル賞受賞式に招待される

伊藤　平成一四年のノーベル賞授賞式に招待されていますね。

和田　これはノーベル賞委員会から、ノーベル賞授賞式にいらっしゃいという招待状です（図12）。賞をあげるというわけではないです（笑）。三〇年来の親友であるクルト・ビュートリッヒ氏（スイス連邦工科大学教授）がノーベル化学賞を受賞することになって、私たち夫婦を招待してくれたのです。ちょうど私の友達の小柴（昌俊）さんと田中（耕一）さんが受賞した時でした。

　晩餐会では、お膳を持った人がたくさん並んで配ります。

伊藤　王宮ですか。

和田　ストックホルムの王宮です。下が食事をする場所で、同じぐらいの広さの部屋が上にあってそこでダンスをするのです。写真のような格好で、ホワイトタイを初めてしました（図13）。

Professor Akioshi Wada

On behalf of the Royal Swedish Academy of Sciences we, as members of the Nobel Committee for Chemistry, have the honour of inviting you to submit proposals for the award of

The Nobel Prize in Chemistry for 2003.

According to the Rules of the Nobel Foundation the discovery or improvement should be indicated for which the award is proposed and reasons given for the suggestion. Work done in the past may be selected for the award only on the supposition that its significance has until recently not been fully appreciated.

A summary of the regulations governing awards is appended as well as a form which may be used for the proposal of candidate(s).

Proposals, which should be addressed to The Nobel Committee for Chemistry, Box 50405, S-104 05 Stockholm, Sweden, cannot be considered unless received by the Committee not later than 31 January 2003. The street address (for express mail delivery) is Lilla Frescativägen 4.

Stockholm, September 2002.

図12 ノーベル賞授賞式への招待状

図13 ノーベル賞授賞式に招待された和田昭允・幸子夫妻

順正学園　理事・相談役

伊藤　平成一六年から、順正学園の理事ですか。

和田　理事と相談役です。順正学園の理事長が加計孝太郎さんのお姉さんです。

伊藤　これは給料を貰うのですか。

和田　貰っています。

伊藤　順正学園には併設校があるのですか。

和田　はい。加計務さんという人が加計学園を設立されたのですが、この人は一介の教員からあれだけの学校法人を一人で立ち上げたすごい人なのです。加計務さんの長女が加計美也子さんといって、これが順正学園です。長男が加計孝太郎さんといって、これが加計学園です。私は五、六年前にお姉さんから聞いていましたが、弟とは学校の運営の仕方で意見があわなくて喧嘩をして口もきいていないということでした。同じことを美也子さんがテレビのインタビューで言っていましたが、私は前から聞いていたので間違いないです。

どうして行くようになったか、はっきり思い出せませんが、順正学園が九州の延岡に九州保健福祉大学という医科大学をつくりました。私の家内の里が延岡藩主だったので、それが一つです。もう一つは、加計美也子さんに息子さんがいまして、彼はまだ四〇代ですが、私のことを非常に信用してくれていろいろ相談に来たりして、そういう関係もあります。それが一番強いかな。

伊藤　ここでの役割はどういったものでしょう。

和田　最初は顧問で、いまは相談役です。

伊藤　ふつうは最後が顧問ですがね（笑）。相模中央化学研究所が終わったから顧問なのでしょうね。

和田　そこからは、いまでも一応年俸を貰っています。
伊藤　具体的にどういう仕事をなさるのですか。
和田　折に触れて、こういう学科をつくったほうが良いなどの相談です。
伊藤　岡山までわざわざおいでになるのですか。それとも向こうから来るのですか。
和田　東京オフィスというのがあって、そこでテレビ会議をします。近頃は便利です。田町駅のすぐ脇に東工大のオフィスビルがあって、その一室を借りています。

『Nature』メンター賞　審査委員長

伊藤　二〇〇九年『Nature』メンター賞の審査委員長をされていますね。
和田　これは『Nature』がサイエンスの指導者として良い働きをした人に出す賞です。
伊藤　それならご自分が受賞対象じゃないですか。
和田　いえいえ（笑）。私は『Nature』と非常に近い関係がありましたので。
伊藤　あれはイギリスの雑誌ですよね。
和田　研究者は一生に一度『Nature』に論文が出ればいいと言うけど、私は三〇ぐらい出しているのです。
上田　向こうがちゃんと審査するのでしょう。
和田　もちろんです。そういう意味で信用があったのと、もうひとつは『Nature』が日本にオフィスをつくったときに、私が相談を受けたのです。それだったら文部省と通産省には挨拶に行ったほうがいいとアドバイスしました。私がついて行くことになり、向こうから『Nature』の日本の代表として来た人と一緒に行ったら、これが面白かったのです。まず文部省に、「今度、『Nature』が日本にオフィスをつくるので、代表を連れて行くから会ってくれないか」と言ったら、『『Nature』って何ですか」と(笑)。そのことをその男に話したら、それから『Nature』のなかで文部省の評価が低くなったのです。通産省のほうは大喜びでした。それぐらい違います。あれはびっくりしましたよ。

伊藤　メンター賞は応募ですか。推薦ですか。

和田　推薦です。生物物理の先輩ですが、名古屋大学の大沢文夫さんが受賞しました。

ロッテ財団 評議員

伊藤　平成二四年からロッテ財団の評議員になっておられますね。

和田　面白いことに、ネスレ科学振興会が終わったら、すぐにロッテから話が来ました。今はロッテに関連しています。

ロッテには兄弟がいて、宏之が兄で、昭夫が弟です。両方とも私は親しいのです。

伊藤　なぜ知り合われたのですか。

和田　知り合ったのは、ロッテ財団に行ってからです。たぶん、ネスレにいたということを知って、引っ張ったのだと思います。

宏之と昭夫は喧嘩しているけれど、ロッテ財団は日本で一番大きな財団だと言われています。資本金が一二四〇億です。その財団の評議委員会で、昭夫は評議員だから私の脇に座っていました。宏之は理事でオブザーバー席にいました。そのとき私が「今、我々が一番大事にしないといけないのは、この一二四〇億で素晴らしいことをしている財団をつぶさないことだ。その中で兄弟二人が喧嘩をしていたら話にならん。解決方法は唯一だ。両方とも同時に辞めてくれ」と言ったのです。「そうだ、そうだ」という声もちょっとあったかもしれませんが、偉いことに、二人ともその場でパッと辞めました。

伊藤　この財団も研究助成なのですか。
和田　これは奨学金です。ロッテ財団の特徴として、生活が安定しなければ立派な勉強はできないということで、学費の他に生活費を一ヵ月に一八万円出しています。
上田　アルバイトをしなくても勉強ができるのですね。
和田　そうなんです。そのへんはちゃんと考えているのです。
伊藤　奨学金の対象は、日本人ですか。
和田　東南アジアの外国人が主です。二〇人ぐらいだと思います。それが五年間続きます。延べ一〇〇人ぐらいになります。
上田　どういう研究をしている人に出しているのですか。
和田　食品が主です。

多方面の活躍

〈かずさＤＮＡ研究所〉
伊藤　かずさＤＮＡ研究所の理事（平成三〜一四年）もやっておられますね。
和田　年に四回ほど理事会に出ます。
伊藤　何か面白いことをやっていたのですか。
和田　これは千葉県がバックアップしていて、非常にいい仕事をしています。
伊藤　いまも続いているのですか。
和田　活発にやっています。
〈東京倶楽部〉

伊藤　東京倶楽部の理事（平成九～二一年）をやっておられましたね。東京倶楽部は一番古い社交団体だと思います。今は日本倶楽部も会員が減って運営が大変だと聞いています。東京倶楽部はどうですか。

和田　東京倶楽部は入会申し込みをしても二年くらい待たされます。東京倶楽部が安定しているのは、東京倶楽部ビルを持っているからです。そこの上がりが年間で二億あります。その二億の内の一億を奨学金に出しているわけです。東京倶楽部は財産を持っているのです。

〈伊藤科学振興会〉

伊藤　伊藤科学振興会の理事（平成一〇～二三年）もされています。

和田　これは資生堂の社長に伊藤隆男さんという方がおられて、彼がつくった財団です。

伊藤　これも助成財団ですか。

和田　そうです。

伊藤　対象は何でしょう。

和田　研究です。食品が主ですね。

〈未踏科学技術協会〉

伊藤　未踏科学技術協会の生命をはかる研究会会長（平成一四～二四年）をされています。「生命をはかる」というのはどういう意味ですか。

和田　人間でしたら、たとえば血圧を測るとか脳波を測るとかです。生物が出すいろいろな信号を正確に測ることで、その生物がどういう状態にあるかが分かります。だからゲノムの遺伝子解析もその一つに入ります。非常に広い概念です。

〈東京理科大学・お茶の水女子大学〉

伊藤　東京理科大学の特別顧問（平成一六～二五年）もされていますね。

和田　理科大は私の友だちの関係です。
伊藤　個人的な関係ですか。お茶大は理事（平成一七〜二一年）ですけれども、それはお茶大に在籍されていたからですか。
和田　そうです。お茶大に八年おりましたから。学外理事を五年やりました。
〈日本禁煙科学会〉
伊藤　日本禁煙科学会の顧問（平成一八年）もやっておられます。
和田　これは亡くなられた日野原（重明）先生に引っ張り込まれたのです。最初のころは一、二回日野原さんと出たことがあるけど、今は何もやっていません。
伊藤　ご自分は煙草を吸ったことがないそうですね。
和田　吸ったことはないです。
〈高松宮妃癌研究基金〉
伊藤　高松宮妃癌研究基金にも関わっておいでですね。
和田　これは一年、審査員になっただけです（平成二一年）。
〈国際生物学オリンピック二〇二〇〉
伊藤　「国際生物学オリンピック二〇二〇」の組織委員もされています。
和田　それは意見を聞く手紙がくると返事をする程度です。
伊藤　いろいろなことに関わっておられるのでびっくりしました。
上田　お人柄ですね。
和田　役人に言わせると、「和田さんは使い勝手がいい」そうです（笑）。
上田　科学者だけでなく、幅広くおできになるんですよ。お役所と交渉したり、ネスレの会社の方々と話をしたりおできになるあたりは、商社マンとかそんな感じですね。

数々の受賞歴

伊藤　和田さんはいろいろな賞を受けておられます。
和田　小さなものばかりです。
伊藤　進歩賞（昭和三六年受賞、日本化学会）や松永賞（昭和四六年受賞、松永記念科学振興財団）などを受けられています。
和田　そのへんはゲノムの前です。ずっと若いころです。
伊藤　島津賞（昭和五八年受賞、島津科学技術振興財団）もそうですか。
和田　島津賞は計測器で受けました。
伊藤　ヘネシー・ルイヴィトン賞（平成五年受賞）というのは何でしょう。
和田　これは、ヘネシー・ルイヴィトンがサイエンスでいい仕事をした人に出す賞です。
上田　格好いい名前ですね。
伊藤　オミックス・サイエンスセンターよりOSCアワーズを受賞していますね（平成二三年受賞）。
和田　オミックスは理研の中のグループです。理研の中のグループがそういう賞を出していたのです。ゲノミックスという言葉があるのですが、ミックスとは〃その分野の学問〃という意味です。ゲノミックスのゲを取ったオミックスという小さな団体がありまして、そこが「ゲノムセンター」で私がいろいろやったということで出してくれたのです。
伊藤　ゲノム関係で賞を受けられたのはそれだけですか。
和田　ゲノムで賞を貰ったのはそれだけだと思います。

2　未来のサイエンティストを育てる

はまぎんこども宇宙科学館

伊藤　横浜市の青少年育成協会に関わっていますね。

和田　ええ。はまぎんこども宇宙科学館の館長をしました。

伊藤　きっかけは何でしょう。

和田　やはりゲノムセンターの所長をしていたから、引っ張られたのです。

伊藤　そこからずっと横浜に関わりがあるのですね。こども宇宙科学館の館長はどうでしたか。

和田　面白かったですよ。

伊藤　科学館は今でもありますね。

和田　あります。五階建ての建物です。これは横浜銀行がやっています。

伊藤　横浜ユースの顧問もされています。

和田　これは、こども宇宙科学館のスポンサー団体のひとつです。それで顧問になってくれということでした。

伊藤　これは横浜市の仕事ですか。

和田　そうです。

横浜市立横浜サイエンスフロンティア高等学校

伊藤　一番大きいのが、横浜市立横浜サイエンスフロンティア高等学校ですね。

和田　ええ。全力投球です。綺麗な新しい校舎です（図14）。
伊藤　もともと学校建設を考えたのは誰なのですか。
和田　これを考えたのは、前横浜市長の中田宏です。
伊藤　彼が独自に考えたのですか。
和田　いや、独自ではないです。
伊藤　誰かがアドバイスをしないと、こんなことは考えないでしょう。
和田　横浜市立の公立高校は一二校あります。一三番目にうちができました。そのときに横浜市が、「これまで日本になかったような高校をつくりたい。和田はよく突拍子もないことを考えるから」という感じで、私のところに話が来たのです。
伊藤　ご縁は何でしょう。
和田　理化学研究所ゲノム科学総合研究センターが鶴見にあったので、その関係です。ゲノムセンターの脇にサイエンスフロンティア地区というのがあって、そこにいろいろな工場ができて、今度はサイエンスフロンティア高校をつくろうということで、理研の所長をしている学識経験者だから関係してくれと頼まれたわけです。
上田　公立高校で、その規模の学校をつくられたのはすごいですよね。
和田　すごいですよ。土地代以外で最初に投入したのは九五億です。
上田　鶴見はむかしの京浜工業地帯でしたが、そういう土地を使ったんですね。
和田　だんだん工場が小さくなって、土地が余りだしたのです。
——　昔はあそこをフォードと言っていました。フォードが戦前に土地を持っていたのです。

図14　横浜サイエンスフロンティア高校

伊藤　フォードが進出するのを岸（信介）さんが止めたんです。岸が商工省の次官の時です。土地だけはあったのですね。

――終戦直後のことですか。

伊藤　終戦前です。フォードがアジアに進出する拠点として、鶴見に大工場をつくろうと思ったのです。当時、日本の車の大半はフォードでしょう。

和田　そうでしたね。

伊藤　大工場をつくらせたら日本車産業はどうにもならないと、シャットアウトしたのです。それで日産やトヨタを応援したわけです。

上田　それが成功したのですね。

和田　いま高校があるところは、前は月島機械という工場がありました。

――水処理とか、産業機械のメーカーですね。

和田　この構想が始まったのが平成一四年ぐらいで、高校ができたのが二一年です。私は最初から関係しています。私が強く言ったのは、日本に今までなかった高校をつくろう。それには「サイエンス」と「フロンティア」を付けよう。両方ともカタカナだ。そうしたらいろいろと足を引っ張る奴がいるのです。フロンティアというのはアメリカ西部の開拓民の感じがあるから良くないとか、そういう馬鹿なことを言う奴がいるわけです。フロンティアというのは「最前線」という意味なんですけれどもね。

もう一つは国際性を大いに出そうとしました。だから自慢させていただくと、一学年二四〇人で三学年七二〇人いるのですが、二学年の後期に全員がマレーシアに行って、一人ずつ英語を使ってポスターセッションで発表するのです。マレーシアの非常にレベルの高い高校との交流です。そういうことで国際的に非常に評価が高いものだから、平成二六年にアメリカのケネディ駐日大使が視察に来られました。

そのケネディ大使の助言があったからだと思いますが、オバマ大統領が日本に来られたときに、うちの高校から生徒が五人ぐらい呼ばれて直にお話をしてきたのです。

上田 いまの高校生というと、先生が七〇歳を過ぎてから生まれた人たちですよね。

和田 孫です。ですから可愛いですよ。私が廊下を歩くと、女の子が「和田先生、握手して」とか言ってね。握手してやると、女の子の一人が私のお腹をツンツンと突っつくんです。「へんなことするなよ。こっちだって気にしてるんだから」と言ったら、「愛情表現です」だって（笑）。

私は蝶の収集をやっていて、高校の私の部屋に標本をかけてあるのですが、廊下を歩いていた女の子のグループに、「私の部屋に綺麗な蝶の標本があるから見においでよ」と言ったら、「ワー、嬉しい。和田先生にナンパされちゃった」って（笑）。

伊藤 蝶の標本は自分でつくったのですか。

和田 初めはつくっていましたが、私が蝶を好きだということを知った人が贈ってくれるので、素晴らしい世界の蝶の標本があるのです。

伊藤 蝶の標本は若いころからですか。

和田 そうです。自分の実験室に標本を飾っていました。

伊藤 他にそういうご趣味はありますか。

和田 私はもともと鉱物の収集から始めたのです。

上田 どこで収集なさるのですか。

和田 大磯に行ったときに拾ったりしました。たいしたものではないです。

伊藤 この学校建設は、若い人たちの理科離れに対応する、ということをお考えになったのですか。

和田 結果的にはそうなってくれればいいと思いますが、理科離れの話はもっと話が大きいですからね。

ちょっとやそっと私なんかがジタバタしても、どうにもならないでしょう。
伊藤　実際にそうなのですか。
和田　私は、あまり心配していないですけれどもね。だって、昔だって理科に行くのはごく一部だったのです。人数ではなくて、本当に理科が好きで、これをやりたいという人に行ってほしいですね。そういう連中を推さなければいけない。
伊藤　入学希望者はどのくらいですか。
和田　一・五倍ぐらいかと思います。今度中学ができて、二クラスだから八〇人です。受験者は八倍です。
伊藤　中学から入った人は、他から来る学生と同じように高校を受験するわけですか。
和田　しません。そのまま上がります。高校からは受験して入ってきて、それで混ぜてしまいます。
伊藤　横浜市の住民でなければ入学出来ないのですか。
和田　中学は横浜市から、高校は神奈川県なら入れます。
伊藤　他の県からは入れないのですか。
和田　受け入れません。
——サイエンスフロンティア高校は、学力として他の市立高校と比べたときに、どうなのでしょう。
和田　賞の数からすると断トツです。ちょっと自慢させていただくと、平成二一年にできたから今年で七年目になりますが、国際的な賞を六つとっています。国内の賞は、生物オリンピックなどがありますが、これは八〇とっています。そちらのほうで素晴らしい業績をあげています。
高校からの進学先は、国公立大学にはだいたい三分の一が入っています。外国の大学は毎年三、四人ですね。これにはひとつ理由があって、横浜の公立高校は授業料が非常に安いのです。だからわりに経済的に恵まれない家庭だけど、よくできる子が来ているのです。やはり外国に行くというとお金がかかるでしょう。外国にはもっと行って欲しいと思うのですが。

学力に関して、かなり高いという評価はされていますが、東大に入るのは一、二人ぐらいです。

――東大は受験科目が多過ぎますからね。

上田 男女の数はどうですか。

和田 これが面白いのです。女子はいつも三分の一です。中学は男女とも半分半分で制限がありますが、高校は男女の制限をしていません。でも、もう九期目に入りましたが、いつも女子がだいたい三分の一です。入学後は、女子のほうが元気がいいです。

――パソコンは貸与するのですか。

和田 そうです。いたるところにパソコンが置いてあります。五〇〇台はあります。

伊藤 自由に使えるのですか。

和田 自由に使えます。廊下とコーナーに置いてあります。そういう雰囲気をつくっているのです。私は「雰囲気が大事」と言っています。

伊藤 一番力を入れているとおっしゃいましたね。

和田 全力投球です。

――実験設備はどうですか。

和田 これはすごいです。余所の大学から先生が来られると、皆さん「うちよりもすごいな」とおっしゃいます。

――自分たちで実験設備をつくるような、工作機械や計測機器もあるのですか。

和田 そうです。高級なすごいものがあるんですよ。計測機器は扱うのが難しいですから、計測機械の運転免許証を出します。そういうシステムがあります。検査員がいるのです。

上田　お父様も先生も山尾系でいらっしゃるんですね。でも、サイエンスの現場をリタイアなさった後でスクールをおつくりになるでしょう。あの辺りの政治力というのかな、違うパワーが働いていらっしゃる。不思議なＤＮＡとして、その辺が見えてきます。

サイエンスエッセイの執筆

和田　もう一つ力を入れているのが、エッセイの連載です。『日経産業新聞』の「テクノオンライン」という欄に毎週書いていたのですが、ありがたいことにファンがおられて、今度は『日経サイエンス』という月刊誌に一回一九〇〇字のエッセイを連載しています。

伊藤　『日経産業新聞』のほうは続くのですか。

和田　続きます。

伊藤　毎週新聞を書いて、それから月に一回月刊誌を書いているのですね。

和田　『日経産業新聞』のほうは、その前に日経の本紙の夕刊にも書いたことがあります。それをあわせると二五〇編ぐらい書きました。

伊藤　テーマはどうやって考えるのですか。

和田　何か自然に出てくるのです。

――そのうちに本になるんじゃないですか。

和田　横浜サイエンスフロンティア高校がホームページに全部出してくれています。それを皆さんが読んでくだされればいいので、本にするつもりはありません。

和田昭允氏に聞く
終戦前後の木戸幸一とその周辺について

聞き手　古川隆久（日本大学文理学部教授）
　　　　塚田安芸子（日本大学文理学部人文科学研究所研究員）
聞き取り日　二〇一六年（平成二八年）一〇月一八日

はじめに

木戸幸一は、昭和戦前・戦中期の内大臣として天皇を常侍輔弼する任にあり、また天皇に後継首相を奏薦する権限を有し、さらに、終戦に向けた時局収拾の意見具申を行うなど、その言動は昭和天皇の政治判断に大きな影響を及ぼした。戦後は極東国際軍事裁判の被告となり、判決によりA級戦犯として終身刑宣告を受け巣鴨プリズンに拘留された。一九五五（昭和三〇）年、仮釈放。以後、一九七七年四月六日に八七歳で亡くなるまで穏やかな余生を過ごした。本稿は、二〇一六（平成二八）年一〇月一八日に、木戸幸一の甥にあたる和田昭允氏（東京大学名誉教授）にインタビューした内容を中心に、木戸幸一の終戦前後の様子などについてまとめたものである。この時点で和田氏は米寿になられ、直接木戸を知る最高齢の身内である。

このインタビューを行うことになったきっかけは、同年九月、日本大学文理学部古川隆久教授が一般社団法人尚友倶楽部において近衛文麿について講演され、その際に参加されていた和田昭允氏との会話にはじまる。終戦間近い一九四五年五月から八月まで、空襲により焼け出された木戸幸一一家は、弟の和田小六一家と同居しており、昭允氏の身近に接した思い出話をお聞かせ願えることとなったものである。インタビューは、和田氏のご自宅で、ご子息昭久氏同席のもと、古川教授及び筆者（塚田）がお話を伺った。また、途中、尚友倶楽部上田和子氏も同席されている。筆者は数年来、木戸幸一の研究を行ってきた[*1]関係により、本稿のまとめをさせていただいた次第である。

これまでの木戸に関する研究動向については、①木戸の思想等に言及したもの[*2]、②

木戸の内大臣期に関するもの*3、③宮中体勢や宮中勢力の変容並びに内大臣の機能に関するもの*4、④伝記的な一般図書等*5が著されてきたが、近年では、⑤木戸の歴史上の役割や政治的人格構造を究明しようとするもの*6、が研究としてまとめられてきている。

木戸幸一は明治維新の元勲として知られる木戸孝允の養子である木戸孝正（来原良蔵と孝允の妹治子の長男）の長男であり、孝正の死により侯爵を襲爵した。一方、次男小六は後に孝允の生家にあたる和田家の養子となった*7。昭允氏は、この和田小六の長男にあたる*8。また、その近い姻戚関係には原田熊雄*9、都留重人*10などがみられる。既に戦後七〇年を優に超え、戦争体験者が少なくなっていく中で、こうした近現代史に名の残る人物について、身近に関わりを持った方々の記憶は、文献史料からは知り得ないその人物の現実味のある人となりを知ることができる。それとともに、様々な事実との関連性の発見へとつながる可能性があり、記憶の限りを記録として残すことは大変重要である。今回の昭允氏へのインタビューの実施は、これまでの研究等に加え、さらに木戸に関する研究の新たな視点や理解が深まることを期待するものである。

（塚田安芸子）

インタビュー「終戦前後の木戸幸一とその周辺について」

古川 まず、覚えていらっしゃる限りいろんな思い出される順番で結構ですので、お話しいただけることを一通りお話しいただければ。

和田 終戦の頃のことが一番ご興味がおありになるだろうし、私も鮮明に記憶に残っているのでそのあたりから始めましょう。その前に木戸幸一と私の関係をお話しておきます。私の家がここにありまして、木戸家が乃木神社からここまで、四千坪持っていました。幸一・小六の父親の時代からで、孝允の時代からではありません。明治二〇年から持っている土地だと聞きました。それで、木戸小六が、孝允の実家が長州藩の医師の和田といい、長男が木戸孝允でそれが桂家に養子に行ったものですから、跡継ぎがいないので、ちょうど木戸家に次男が生まれたというので木戸小六が和田小六になったわけです。ここは木戸家の土地の一番北側にあり、木戸家の馬小屋と馬場があった所です。しかし、自家用車になって車庫に入れれば良く、裏があいたので和田小六が相続した次第です。

　父は、工学部の先輩で、今の東大の校舎群をつくられた内田祥三《よしかず》先生*11にお願いして、震災（一九二三年）の翌年の一九二四年に、日本の鉄筋コンクリート個人住宅の第一号を建てました*12。そういうわけで木戸の家とは隣り合って居たので、しょっちゅう行き来する、非常に仲の良い兄弟でした。私が小学三年生のころ（一九三八年）から、夕食後などに「オイ昭、兄貴のところに行くから付いてこい」といわれて、木戸家が戦災で焼けるまで、私が中学四年生（一九四五年）になるまで、よく一緒に行きました。私が行くと、木戸幸一・小六兄弟は庭に面したベランダで話込みます。私は木戸の伯母が与えてくれる、小学生の頃は絵本、中学生になってからは雑誌などを、居間の椅子に座って読んでいました。伯父と父の会話が時々耳に入り、戦況がどうだとか、ペリリュー島で日本軍が善戦して「今度は非常にうまく行っているんだ」という話をしていたのを覚えています*13。そういう調子で幸一・小六は頻繁に連絡し合っていました。

　木戸の家は終戦の年（一九四五年）の四月一〇日の空襲で焼けました。木戸の伯父・伯母は、木戸家が持っていて焼けなかった貸家に住みました。

古川　それは同じ地所の中ですか。

和田　はい、外苑東通りから入ってすぐ右側です。しかし五月二五日の空襲でその家も焼けたので、焼けなかった和田の家に来て、和田の家族と同居しました。それが写真〔口絵5頁〕をお見せした家です。玄関を入って、この二階が私の部屋だった。その隣の二部屋を、木戸の伯父・伯母は居間と寝室にしていました。木戸日記を見ると五月二六日に和田の家に入ると書いてあります*14。それで終戦の少し前八月一二日に、木戸の伯父は宮中に入りました。それまではずっと一緒で、もう終戦間際のどさくさだから大変な騒ぎでしたが、でも毎日ではないが、かなり頻繁に木戸夫妻と、私と父・母と五人でよく一緒に食事をしました。

終戦の日の一五日の明くる日、一六日の明け方に右翼の連中が木戸の伯父を殺害に来ました*15。来るぞ、という話は前から聞いていました。ベルが鳴って、これは男が出ると危ないから女が出るということにして、私の上の姉が玄関に出ました。経済学者の都留重人に嫁いだ姉で、かなり気丈な人でした。玄関を開けたら、いきなりピストルを突き付けられ、その後ろに六、七人いて、一人が三方を持ってその上に短刀が置いてあって、木戸の伯父に自害を勧め、それを訊かなければ殺してしまおうという算段だったらしい。それで木戸を出せと言ってきまして、姉はいないと言い、押し問答がちょっと続いた。三方を持った男の後ろには石油缶を持ったのがいて、じゃあ家を焼くと言っていたそうです。幸い父の妹で、時乗というところに嫁いだ妹がおり、その次男が東部軍の陸軍参謀中佐で、終戦が分かったものだから伯父を訪ねてきて、居ないものだからヤケ酒を飲んで二階で寝ていたのです。それで姉は、軍人さんもいるからと言っていると、彼がキチンと軍服を着て、金色の参謀肩章を付けて降りてきて、木戸がいないということを説明しました。じゃあ参謀肩章に免じて今回は帰ると言い、その足で愛宕山に行き、全員自決しました。「尊攘同志会」の人たちで、いわゆる「愛宕山事件」です。その時、和田家の門の前でお巡りさん一人が切られたとか、いろいろなことがありました*16。

木戸の伯父と一緒に住んだのは、五月二五日に伯父・伯母が焼け出されてから、伯父が八月の一二日に宮中に入るまでの三ヶ月近くで、そのあと伯父夫妻は宮内庁の官舎に移りました。その後役所を退いてから伯父は、末娘で井上準之助の次男に嫁いだ和子が大磯にいて、その隣家に移り、ずっと大磯におりました。

私の父は昭和二七年に胃ガンで早くなくなりました。六二歳で、私が大学を卒業した年です。しかし、伯父はずっと生きて、ゴルフを楽しみとして晩年を幸福に過ごしました。昭和天皇陛下のご親任が非常に厚かったので、時々宮中に召され、ご陪食の栄に浴し、お話しなどしてきたようです*17。

古川　同居されていた頃の事で何か他に。

和田　父とは、ざっくばらんにいろいろな話をしていましたが、その内容は、私はあまり覚えておりません。同居していた頃はお米が無くて、石臼で大豆を挽いて代用食料にしていました。その作業が大変で、家族みんなで分担してやっていましたが、それを木戸内大臣も買って出て、結構面白がってやっていました。

あとは、私は理系でラジオの電子回路を作っていたので、宮内省のラジオが壊れたので直してくれといわれ、伯父の車で行ったこともある。

私は短波受信機を自作して、アメリカの西海岸からの対日宣伝放送を聞いていました。これは敵性放送といって、日本では傍受は厳禁で、短波の受信機など持ってはいけなかったのですが*18、私は作ってそれを聴いていました*19。もし見付かったら憲兵に逮捕されたでしょう。

まあ宣伝ですから、お前らはこんなに負けているぞ、いい加減に降参しろ、頑張っているのは軍部だけだぞ、というような放送だった。そうすると伯父が時々、「昭ちゃん、向こうはなんていっている？聞かせろよ」と言ってぼくの部屋に来て聞いていました。そういう点では、ざっくばらんなお付き合いでした。

古川　危ないからやめろと、お父さんも幸一さんも言わなかったのですか。

和田　言われませんでした。

古川　木戸幸一の人となりについて何か覚えていらっしゃることはありますか。

和田　とにかく真面目です。私の父は次男で、〔子どもの頃の写真を見ると〕すぐ分かるぐらいいたずらっ子でした。父は冗談をいろいろ言うし、ユーモアたっぷりでしたが、幸一の方は本当に真面目で几帳面でした。

　私のうちに同居している間、私の部屋の隣が木戸幸一の居間でした。私の部屋から父や母親のいる部屋に行くには、幸一の部屋の前を通って行くようになっていた。夏だから部屋のドアが開いているから、伯父が夕食後に、机に向って日記を書いているのが見えました。これは本当に毎日続いていました。その姿が今でも目に浮かびます。

古川　食べ物の好みとかで何か。

和田　それはなかったと思います。酒、たばこも覚えがない。父の方は、酒は飲めませんが、葉巻やパイプ煙草を吸い、自家用車は英国車のモーリス・オックスフォードを持って自分で運転して、所長をしていた航空研究所に通っていました。木戸家はベンツを持っていましたが。幸一伯父は全くの機械オンチなので、木戸家の自動車の選定は父に任され、喜んでやっていました。

古川　お父様が全部そういうのもやっていたということですが、趣味らしい趣味はゴルフですか。

和田　ゴルフはもう相当なもので、木戸日記はゴルフ日記だと言われています。

和田　開戦の昭和一六年、赤坂の「あかね」に行き、木戸一家と和田一家とで夕食を一緒にしました。それが木戸日記〔『木戸幸一日記』下巻、九二六頁〕にある一一月二八日です。この時に私の父に木戸の伯父が「どうもうまくないんだ」と言っていました。対米交渉がどうもうまくいっていない、と言うことです。具体的な話はしていませんでしたが、その言葉は、鮮明に覚えています*20。

近衛文麿さんについての想い出もあります。ソ連が参戦したときに、木戸幸一は和田の家に同居していたわけですが、そこに近衛さんが訪ねてこられた。私の姉の都留正子が玄関に出たのですが、後で呆れていました。近衛さんがオロオロしてあんなだらしない人だとは思わなかったと言っていた*21。いろいろ記録を見るとそういう評価はありますね。あれだけの大政治家ともあろう人があんなにうろたえますか、ということと、そんなに不意を撃たれたのですかと言うこと。ソ連参戦を予想していなかったのでしょうか？　伯父はそういうところは全然動じませんでした。

古川　幸一氏はあまり慌てたりとかないのですか。

和田　全く動じません。いつも平常心。それから、私の父によく「近衛が弱くってね、困るんだ」と言っていました。困っていたのだと思います。

古川　〔幸一氏は〕戦後戦犯となって巣鴨に入られたが、そのあとは面会とかは。

和田　父がよく行くので私も一緒について行きました。父が主に話して、私は「昭ちゃん大きくなったね」ぐらいしか言われてない。ただ判決の時は、父は完全に死刑だろうと思っていたようですが、終身刑になったというので、うちでは大喜びだった*22。それは鮮明に覚えてます。

古川　裁判に傍聴に行かれたりはされたのですか。

和田　私は一度だけ。父はもっと行っている。それから終戦のとき、伯父が父と話していたので覚えているのは、「"subject to"」です。以下に詳しく説明します。

ポツダム宣言関連の文書の中で、日本の降伏を受諾するというところに「降伏の時より、天皇及び日本国政府の国家統治の権限は降伏条項の実施の為其の必要と認むる処置を執る連合軍最高司令官に

"subject to"する」とあった。この"subject to"の訳については「制限の下に置かれる」と解釈する外務省と「隷属する」だと解釈する軍部の間の対立があり、その解釈は木戸内大臣にとって非常に重要なものでした。これに関して木戸幸一と父と、加えて姉の主人の都留重人は米国ハーバード大学出身で英語が非常に堪能だったから、随分議論していました。

古川 都留重人さんもその時期しょっちゅういらしていたのですか。

和田 都留夫妻は霞町の家を空襲で焼け出されて、終戦の時は私の家に同居していました。伯父は随分都留重人の意見は尊重していました。東京裁判の被告に指名されたとき、都留重人が「アメリカの裁判の方針は、内大臣が罪を被れば陛下は無罪というのではないですよ。内大臣が無罪なら陛下も無罪」だということを巣鴨に入る直前に伯父に話しました〔『木戸幸一日記』下巻一二五六頁〕＊23。内大臣が無罪なら陛下も無罪、なにか腹が決まりたる……このときから伯父は徹底的に自己弁護を始めました。それまではむしろ罪を被る感じだったから、都留重人がその考えは間違っていると言ったわけです。

古川 都留重人さんに関して何かご印象はおありですか。

和田 やっぱり真面目な人で、頭のよく切れる、立派なすばらしい人間でした。晩年は私が三階に住んでいるマンションの二階に都留夫妻が住んでいました。母が早く一人になり、私はまだ子どもだったので、都留の姉が私の母の面倒を見ていました。

古川 幸一さんは巣鴨を出たあとここに戻られたのですか。

和田 巣鴨を出てからは大磯です。

古川 ここは焼けてからは、どうなったのですか。

和田 木戸家の母屋が焼け、長男の木戸孝澄が家を作って、結局はそれを売って、木戸家の赤坂の土地はそれでなくなりました。明治の頃は、いま乃木神社の鳥居のある辺までは木戸家の地所で、神社を作るので木戸家が土地を寄附した。父から聴いたのですが、父も学習院の初等科でしたが、学習院院長の乃木〔希典〕さんとは家が近くて、あるときポケットに手を突っ込んで歩いていたら、乃木さんに「木戸、寒いか」と言われて、怖かったと言っていました*24。

古川　木戸孝正さんの日記が出版されて、幸一、小六二人を連れて大正天皇に面会させるという記事があります*25。小さい時ですが。

和田　そうですか、そういう話はきいたことはないが、孝正祖父は東宮侍従長をしていましたので、そのようなことはあったと思います。

塚田　終戦のための時局収拾対策試案を幸一氏が考えられて具申されましたが、御同居の時にお父様と話されたりはしていませんか。

和田　それは知りませんけれど、あるとき私が玄関で遊んでいたら近衛さんが車で来られました。伯父が玄関から出てきて、近衛さんが奉書みたいなものを手渡していたのは覚えています。後から考えると、近衛上奏文とかいう種類のものだったのかもしれません*26。

古川　近衛文麿は結構しょっちゅうお見かけになりましたか。

和田　いえ、私の家に同居していた間では、二回ぐらいです。

古川　当時配給の時代でしたが、内大臣で特別いろいろもらえたりというのはありましたか。

和田　そういう役得を感じたことは全くありません。私の家の庭はきれいな芝生でしたが、食糧難で耕してサツマイモや野菜を作っていました。

古川　写真で残っているのを見ると、木戸さんは大体洋服、モーニングですが、家では和服でしたか。

和田　和服でした。

古川　ここに同居されていたときは、ベッドで寝られたのですか。

和田　父と母が使っていたベッドをそのまま使っていました。父は日本間に移って布団を敷いて寝てました。

古川　和食洋食といってもしょうがないのですが、お食事はいかがでしたか。

和田　朝は別々だったかな。夜は一緒に食べる事が多かった。伯父のコネで特別に配給外のものが来たという覚えはありません。あの頃の政治家は大体潔白ですが、とくに伯父はそういうことが大嫌いな人間だったから。とにかく真面目なんですよ。

古川　宮中との通勤は車ですか。

和田　車でした。宮中に私がラジオを直しに行くのも車に乗せてもらって行きました。宮中へ行くのは戦時は宮内省の車だったと思います。平時は自分の車、ベンツでした。当時はここには、使用人の家が三軒もあったのですよ。運転手の家も。

古川　こちらの和田のお家は、木戸のお家ほどそんなに使用人とかはいらしたのですか。

和田　うちでも女中頭の下に女中が二人、書生が一人。木戸の家は書生が二、三人、女中は十人位いたのじゃないかな。木戸の伯父が笑って話してくれたのですが、熊本藩主の細川護立さんに、うちは建物は四百坪、土地は四千坪で、広すぎて困っているんだと言ったら、「木戸君、そんなのは良い方だよ。うちは家屋は四千坪、土地は四万坪だ」。華族の中でも木戸は新華族ですからそんなに財産はありませんでした。大名華族とは違います。

古川　木戸幸一について書かれた本もいろいろあるんですけど、侍従をやっていた方の書いたものにも出てきますが、中には批判的に見ている人もいて、いろいろ企んでいるような悪賢いようなことを言っている人もいますが*27。

和田　見ようによって、とくに単純な人から見ればそうでしょう。キチンと筋道を追って、高度に戦略的な考えをする人ですから。

古川　真面目で今のようなことでは、あまり饒舌なタイプというのではなかったですか。

和田　全く饒舌ではない。親戚の中で、ごく気軽に晩御飯を一緒にしているときでも、饒舌という感じはしませんでした。ただ今日あったことをきちんと話す。物事を論理だってきちんと話しました。うちの父もそういう人だった。論理性はあの兄弟の特徴で、木戸孝允の遺伝かな？

塚田　木戸さんのところに近衛さんがいらしたというお話がありましたが、他にも例えば軍服を着た方などもおみえになりましたか。

和田　同居し始めてからあまり覚えはありません。みんな役所で会っていたのではないですか。

古川　お父様は、戦争についてどういうふうにお話になっておられましたか。

和田　初めから負ける、負けると言っていましたよ。私の父は終戦の時は東京工業大学の学長だったのです。富塚清さん*28が私の父の親友で、彼と戦争のことを話していました。

古川　富塚さんはお弟子さんになるのですか。

和田　同僚で、父の三つぐらい下です。〔富塚氏の著書に〕この戦争は負けだと、陸軍もばかなことをしたもんだと、この点に関しては和田小六君とも百パーセント意見が一致していたという記述がありま す*29。

古川　お家でご家族にそういう話をしていなかったですか。

和田　負けるという話はしていましたが、たぶん戦争を始めたときから駄目だと思っていたのではないですか。だって工業力を一番知っているから。

古川　東大航空研究所のいわゆる航研機の無着陸飛行*30は太平洋戦争直前だったと思いますが、その頃のことで御記憶に残ることはございますか。

和田　昭和一三年、私は小学三年だったのであまりはっきり覚えていません。記録を作るという話は前から聞いており、飛行機も見に行きましたが、落ちないでほしいと思っていた程度で。

古川　晩年、木戸幸一の年を取ってからの一族の写真がありましたが、長生きをしていましたが、一族で会ったときには昔の話などはしていませんでしたか。

和田　あまりしませんでした。

古川　いままでいろいろお話を伺いましたが、振り返って木戸幸一について今の段階でどんな印象を持たれていますか。

和田　とにかく木戸幸一と和田小六兄弟はよく似ていましたが、違うところと言えば、木戸幸一の方は兎に角真面目、私の父はふざけたり、次男坊的な自由度がありました。たぶん木戸家の惣領として、それから宮内省をちゃんと持っていくための責任感を持っていたのではないでしょうか。それから、よくあれぐらいの政治家になると女性関係でおかしくなるのもいるけど、そういうことは全くありません。

古川　特に同居されている時は、あまりくつろいでいるという習慣はないような感じですか。いつも割とピリピリして。

和田　晩御飯を一緒に食べるようなときは、和服で出てきて割りにくつろいで。謹厳ですが、結構、冗談みたいなことも、真面目人間の冗談ですけど、いっていました。幸一・小六兄弟、原田熊雄も入れると、みんなお互いに面白い話をしていました。

塚田　お若いころによく三人〔木戸・和田・原田〕で出かけたり仲のよい様子が日記にありましたが*31、木戸さんが〔平沼騏一郎内閣の〕内務大臣になられると、原田熊雄さんの『西園寺公と政局』を拝見すると木戸さんに意見を言っていたりしていましたが*32。

和田　あの辺から少しずつ西園寺・原田の理想主義と、木戸の現実主義の摩擦が出てきます。

塚田　それは様子が見られましたか。

和田　それはわかりません。原田の書いたものを見ると相当昔の調子で、「木戸、駄目じゃないか」と言って、だんだん遠ざけられたという感じのことを熊雄は書いているところがあります。

古川　原田熊雄さんについてはどういう印象でしたか。

和田　とにかく面白い人で、電話を何時もかけまくっていました。幸一も言っていましたが、うちにいると原田の声が聞こえると思うともう電話をしているんだと。明るい、いい伯父でした、懐かしい。誰かが言ってたけれど、西園寺さんとの関係を全く私するところがなかった、それで西園寺さんも非常に信頼されたわけです。

それから、木戸幸一に言われたのですが、私の曾祖父の山尾庸三というのは工部卿で、東大の工学部を作って日本の工学の祖と言われますが＊33、山尾庸三の工学の血はみんな和田に行ったねと言われたことがある＊34。

古川　木戸孝允のことも慰霊祭が出てきますが、そういうのについては御記憶はありますか。

和田　慰霊祭には出たし、木戸孝允を偲ぶ大きいパーティーを霞ヶ関の華族会館でやったこともあります。

古川　孝允について意識させられたり、話を聞かされたということはありましたか。

和田　話題には割りに出てました。木戸・和田家を圧倒していたのは木戸孝允。折に触れて、何となく出てくるのですね。

古川　文書とか日記とかもちろん残されていて史料集になっていますが、それらを御覧になったことはありますか。

和田　あります。でも、資料の実物は和田家には何も残っていない。私のところにはちょっと書いたものが三点ぐらいはあるぐらいかな。

古川　それ以外の全資料は今は歴博〔国立歴史民俗博物館〕にありますが、戦時期まではこちらにあったのですか。

和田　蔵があってそこに入っていて、焼けなかった。木戸〔孝允・孝正〕日記は宮内庁、それ以外は全部歴博に行きました。

古川　子どものころにお父さんが見せてくれたりとかはありましたか。

和田　見たことはないが、蔵に入ってあることは知っていました。

塚田　稲荷社の御祭りというのが木戸さんの日記にあり、子どもたちにお菓子を配ったりとありましたが*35、そういうのに出られたりしたのですか。

和田　出ましたよ。でも木戸家の孫の中で私が一番年下。女官長をやった井上和子が三つ上で、あとのいとこたちはみんな大きいんですよ。私は一人子どもで、あとみんな大人。

塚田　お稲荷さんの御祭りは木戸家和田家のお子さんだけでなく近所のお子さんも呼んだりしていたのですか。

和田　それを機会に娘たちの同級生を呼んで運動会みたいなのをやったこともあります。お稲荷祭りはしょっちゅう、毎年行っていました。日支事変〔日中戦争〕が始まってからはなかったかもしれない。

塚田　お稲荷さんはこの地所にあったのですか。

和田　そう。

古川　この辺は第一師団の司令部があって、第三連隊がありました。例えば演習とかあると兵隊さんを泊めたというのはありますか。

和田　兵隊さんが三人ぐらい泊まりました。日支事変〔日中戦争〕で、上海の方に行くというので三人泊まって送って、一年ぐらいしてその中の二人が来られて、三人のうち一人は戦死しましたと言われショックでした。

古川　和田、木戸の関係者の中で出征された方はありますか。

和田　東部軍の参謀だった従兄弟や、木戸孝澄も行きました。ただちょうど戦争に行くジェネレーションが少ない時代だったので。うちの親戚で戦争に行ったのは、原田の長男も行っているけれど、戦死したのはいません。

古川　お小さい時のことになりますが、この辺は二・二六事件の舞台になっていますが。

和田　二・二六のときは流れ弾がくるといけないというので、ベッドじゃなくて壁際の床に布団を引いて寝かされたし、前の通りを討伐にいく戦車が通るというので見に行った覚えがあります。

古川　空襲で木戸さんのお家が焼けたときの記憶はありあますか。

和田　木戸の家は四百坪の木造で、和風の二階建てでした。燃えたときは北風だったので南側にあった私の家は助かった。私の家の裏の北側も大きな木造の西洋館で、三井の大番頭をしていた山本条太郎の家だったのですが、それが焼けたときは南風で和田の家は残った。ここだけポツンと。まさに鉄筋だから助かった、でも焼夷弾が落ちて一部屋焼けているんですよ＊36。

古川　焼け出されて木戸さんの表情などは覚えていますか。

和田　あまり変わった様子はありませんでした、物に動じない人だったから、特に際立った記憶はない。

塚田　木戸さんのご自分のおうちが焼けたのに、他の御親戚のお宅がどうだったか御見舞にいってらっしゃいますが＊37。

和田　それは几帳面なのと、木戸家の当主という責任感が強い人だったから。

古川　几帳面らしいというので他に思い出は何かありますか。

和田　毎晩日記をつけている姿で、その姿勢が非常に良かったのがまだ記憶にあります。

塚田　木戸幸一さんはお父様の孝正さんに日記をつけるようにと言われて、書き出したとあるのですが、和田さんのお父様の方はいかがでしたか。

和田　うちの父は、母が笑っていましたが、兎に角元旦と二日ぐらいはつけるけど、それで終わり。そこが長男と次男との違いなんですよ。日記は一切ありません。

古川　鉄筋のお宅はいつまで立っていたのでしょうか。

和田　一九八〇年ぐらいに壊したのではないかな。

塚田　小六先生は日記は書かれないということでしたが、幸一さんから獄中から手紙をもらったりはしませんでしたか。

和田　見ていません。木戸さんが出された手紙はなかなかないのですが。

和田　木戸の弁護団を組織し、ローガン＊38という一番有能な弁護士がついたので。その弁護団の集まりは、和田の家が焼残ったのでうちでやっていた。ローガンなんかはしょっちゅう来ていました。

塚田　孝彦さんが弁護士でしたね。

和田　兄の孝澄は日銀にいて、孝彦は弁護士で木戸の伯父の弁護をやったので、伯父との接点は非常に密でした。

塚田　都留重人さんもいろいろアドバイスをされていたのですか。

和田　弁護の方もいろいろやっていました。都留の兄がＧＨＱにパイプがありましたから、このパイプは大きかったと思います＊39。

古川　都留重人さんが同居されていたのはいつまでですか。

和田　都留の姉が亡くなったのが二〇〇七年、その一年前に都留重人が亡くなりました。終戦のときは古い鉄筋コンクリートの家に一緒に住んでいて。そこは戦後、動力炉核燃料事業団に貸していた。それが終わってから、その跡に外国人向けの住宅を三棟建てた。一九七五年ぐらいかな。

古川　その頃まで都留さんとは同居されていたのですか。

和田　うちと都留は家を一緒に作って、隣同士でした。

それから、父の後に東工大の学長をやった内田俊一先生*40は、木戸幸一と同じゴルフクラブだったのです。ある時、電車の中で和田小六先生の思い出話をしていたら、木戸幸一さんは目に一杯涙を貯めていたと言っていました。仲が良かったですからね。

塚田　長與善郎さんが和田小六さんの思い出を書いてらっしゃいましたね*41。

和田　そう、木戸についてはあまりよく書いていませんが。

古川　今日はいろいろなことを伺えて、ありがとうございました。

おわりに

和田昭允氏が終戦前後の木戸幸一に身近に接し、抱いていた印象は、言葉で表わせば「几帳面」、「真面目」、「謹厳」、「ものに動じない」ということであった。これらは、『木戸幸一日記』等を一読した人の多くが抱いている木戸に対するイメージと相違なく重なるであろう。しかし今回、昭允氏は戦時中に自ら組み立てた短波受信機で、サンフランシスコからの短波放送を聞いており、木戸もそれを聞いたというお話があった。当時は短波受信機を組み立てることは禁じられていたが、それを意に介せず、ともにラジオ放送を聞いたということからは、ただの謹厳実直な人柄というだけではなく、身近で便利なものを利用することは厭わない柔軟な思考を持ち合わせていたことがうかがえる。和田家に木戸が同居していたのと同時期、サンフランシスコから無条件降伏を説くザカライアス放送が全一四回、発せられていた。それを傍受した外務省、情報局等は首相や重臣等に配布していたという*42が、現時点で木戸にこの放送内容が渡されていたかどうかを史料上から確認はできていない。しかし、昭允氏作製の短波受信機で、木戸はアメリカの放送を聞くことを得、アメリカが発する放送内容に注意喚起した可能性は高い。

一方、今回のインタビューは木戸を中心に語っていただいたため、和田小六について多くはお聞きしていないが、「冗談をいろいろ言う」、「ユーモアがたっぷり」との人柄をうかがった。この家族だから知る、小六の人となりについては、長與善郎の思い出に「小六はピアノを習ったり、繪も好きだったり、いくらか才氣が目についた*43」と記し、小六が勉強一途ではない情操豊かな少年時代を過ごしたことに通じるのである。昭允氏は幸一・小六を「よく似ている」、「非常に仲の良い兄弟」と語った。戦前期・戦中期をとおして内大臣の要職にあった幸一は、一九四五年八月一五日を境に、戦後は「戦犯」として扱われた。戦前・戦中と戦後では木戸の立場は百八十度変わったが、昭允氏の数々のお話からは、彼ら二人が互いを気遣う情愛の念を持ち、仲の良い兄弟であり続けたことに疑いはない。

さらに、昭允氏のお話にあったとおり、木戸が巣鴨刑務所を退所した後、昭和天皇は度々木戸を葉山御用邸等に呼んだり、折にふれて記念品を贈っていた*44。戦時中の自分の苦悩を理解し、支えた側近を、慈しみ気遣い続けたといえよう。そしてまた、御用邸等では、木戸とともに小泉信三（元侍従職御用掛）や吉田茂（元首相）、田島道治（前宮内庁長官）などが同席した。戦後、天皇が信頼を寄せた人々であり、彼等は一九六四年四月に皇室の参与となった＊45。この時、木戸にも参与となるよう声が掛かったが辞退している＊46。刑期の短縮によって既にその刑は終えたものの、公式な立場に身を置くことは憚られたのであろう。しかし、昭和天皇から皇太子妃の相談を受けたり＊47、成婚後の皇太子一家とも交流を持つなど＊48、非公式ではあったが、いわゆる皇室の後見的立場であったのである。

以上のように筆者は、インタビューのお話が及ぶ木戸の巣鴨刑務所退所後の日記についても調査するに至った。近現代史研究で木戸の日記が多用されているのは、戦前・戦中期であり、戦後についてはほとんど注目されていない。しかし、公的な職から身を引いているとはいえ、戦後の木戸の日記の記述からは、陰ながら戦後の皇室、さらに政局に関わっている内容が見受けられ＊49、今後、戦後政治を見る上で多少なりとも役立つ面があることが、示唆されたのである。

（塚田安芸子）

註

＊1　塚田安芸子「木戸幸一の思想と行動」（令和元年度日本大学博士（文学）学位論文）。

＊2　三谷太一郎「宮廷政治家の論理と行動―『木戸幸一日記』に見る重臣イデオロギー―」（『近代日本の戦争と政治』岩波書店、一九九七年）二六三～二八〇頁。茶谷誠一「日中戦争期の対外問題と宮中勢力の対応」（『昭和戦前期の宮中勢力と政治』吉川弘文館、二〇〇九年）二五六～三〇三頁。後藤致人「華族社会の変容と大正デモクラシー」（同『昭和天皇と近現代日本』吉川弘文館、二〇〇三年）四五～九〇頁、同「大正・昭和戦前期華族革新派の思想と行動」（『鷹陵史学』第四三号、二〇一七年九月、三一～六一頁）。塚田安芸子「木戸幸一の思想形成過程について―青年期の日記を中心に―」（『史叢』第九一号、二〇一四年九月、二一～三八頁）。

＊3　柴田紳一「内大臣木戸幸一の辞職」（『國學院大學日本文化研究所紀要』第八八号、二〇〇一年九月、一〜一二頁）。後藤致人「太平洋戦争における内大臣木戸幸一の位置と役割」（前掲後藤書）一二五〜一五二頁。茶谷誠一「木戸内大臣体制の確立とアジア太平洋戦争期の宮中勢力」（前掲茶谷）三〇四〜三三七頁。手嶋泰伸「ポツダム宣言受諾前後の米内光政」（同『昭和戦前期の海軍と政治』吉川弘文館、二〇一三年）二二四〜二五五頁。松田好史「「常侍輔弼」の制度化と木戸幸一」（同『内大臣の研究』吉川弘文館、二〇一四年）一五二〜一八六頁。

＊4　第一に、宮中グループの戦前日本政治史における役割とその実態・評価について、藤原彰「宮中グループの政治的役割」（同『天皇制と軍隊』青木書店、一九七八年）の研究がある。

第二に、宮中勢力の政治的変容についての研究としては、前掲茶谷書がある。

第三に、木戸の日記を基に内大臣秘書官長、内大臣等の政治的位置づけを行うなど、天皇政治への宮中の役割に関し、デイビット・タイタス『日本の天皇政治　宮中の役割の研究』（サイマル出版、一九七九年）の研究がある。また、内大臣の機能に関する研究として、川口暁弘「内大臣の基礎研究」（『日本史研究』第四四二号、一九九九年六月、一〜二三頁）、同「『元老』以降の首相奏薦」（『学習院史学』第三八号、二〇〇〇年三月、八三〜九九頁）がある。さらに、内大臣の常侍輔弼等の変遷の研究として前掲松田書がある。なお、後藤致人は『宮中新体制』における皇族集団の位置」（前掲後藤書、九二〜一二四頁）で、首相奏薦方式への木戸の関わりと問題点を指摘している。これに対して松田好史は、木戸の首相奏薦方式の妥当性を指摘している（前掲松田、一五三〜一五五頁）。

＊5　大平進一『最後の内大臣木戸幸一』（恒文社、一九八四年）、多田井喜生が『決断した男　木戸幸一の昭和』（文藝春秋、二〇〇〇年）の二作品は、存命中の木戸へのインタビューを試みている。また、鳥居民の『近衛文麿「黙」して死す—すりかえられた戦争責任』（草思社、二〇〇七年）は、木戸と近衛文麿との確執を扱う。勝田龍男『重臣たちの昭和史』上・下（文藝春秋、一九八一年）は、近衛文麿、原田熊雄、木戸幸一彼らの証言も

含めた昭和史を描く作品である。

＊6　川田稔『木戸幸一　内大臣の太平洋戦争』（文藝春秋、二〇二〇年）。竹田勇吉「木戸幸一の認知構造の把握―認知科学による戦争責任の検証―」（『日本大学大学院総合社会情報研究科紀要』第一〇号、二〇一〇年二月、二七五～二八六頁）、同「二・二六事件における木戸幸一の政策決定過程―認知科学による戦争責任の検証2―」（『同』第一一号、二〇一一年二月、一五～二六頁）、同「木戸幸一による齋藤実推薦の政策決定過程―認知科学による戦争責任の検証3―」（『同』同号、一四九～一六〇頁）、同「木戸幸一による東条英機奏請の政策決定過程―認知科学による戦争責任の検証4―」（『同』同号、一六一～一七二頁）。角田竹男「木戸幸一研究：その政治的人格形成と構造」（『北大法政ジャーナル』第二三号、二〇一六年一二月、一一五～一四六頁）。

＊7　和田小六（一八九〇～一九五二）　航空工学者。侯爵木戸孝正次男。後に木戸孝允の生家和田家を継ぐ。一九一五年七月、東京帝国大学工科大学造船学科卒業、同大学大学院において航空学を専攻、一九一八年七月、同大学工科大学助教授。一九二〇年二月～一九二二年五月、航空学研究のためにイギリス、アメリカ、フランス及びドイツに留学。一九二三年一一月～一九三二年一月、東京帝国大学航空研究所兼工学部教授。一九三二年一〇月、同研究所所長。一九四二年一月、技術院次長。一九四三年六月、理化学研究所理事・評議員を兼務。一九四四年一二月～一九五二年六月、東京工業大学学長。同職在任中、大学設置審議会会長、私立大学審議会委員等を兼任（東京工業大学編『東京工業大学百年史　通史』〈東京工業大学、一九八五年〉七七八～七七九頁、秦郁彦編『日本近現代人物履歴事典』〈東京大学出版会、二〇〇二年〉五七一頁参照）。

＊8　和田昭允（一九二九～）　一九五二年、東京大学理学部化学科卒業、理学博士。同大理学部助手、お茶の水女子大学助教授などを経て、東京大学理学部物理学科教授。一九八一年より、国家プロジェクトのリーダーとして、世界初の高速自動ゲノム解読機開発を推進。一九九八（平成一〇）年～二〇〇三年、理化学研究所ゲノム科学総合研究センター長。東京大学名誉教授、理化学研究所名誉研究員、お茶の水女子大学名誉学友、前横浜サイエンスフロンティア高等学校常任スーパーアドバイザー、学校法人順正学園相談役理事（和田昭允『物理学は越境する』岩波書店、二〇〇五年等参照）。

＊9　原田熊雄（一八八八〜一九四六）　元老秘書。地質学者・理学博士原田豊吉の長男、男爵・原田一道の孫。一九一一（明治四四）年一月、男爵襲爵。一九一五年二月、京都帝国大学法科大学政治学科卒業、一九一六（大正五）年九月、日本銀行入行、一九二二年一月、同行退職。一九二二年四月〜一九二四年六月、宮内省事務嘱託、一九二三五月〜一九二三年一二月、イギリス出張。一九二四年六月〜一九二六年六月、第一次・第二次加藤高明内閣、若槻礼次郎内閣の首相秘書官。一九二六年七月、住友合資会社事務取扱嘱託、同年九月、元老西園寺公望の秘書となり、一九四〇年、西園寺が没するまで続いた。一九三一年一月〜一九四六年二月、貴族院議員（原田熊雄述『西園寺公と政局　別巻』〈岩波書店、一九五六年初版〉三八九〜三九〇頁、前掲秦編、四二二頁参照）。

＊10　都留重人（一九一二〜二〇〇六）　経済学者。一九三五年六月、ハーバード大学経済学部卒業、同年九月、同大学大学院入学。一九三七年、同大学助手、一九四〇年九月、同大学経済学部講師。一九四二（昭和一七）年六月、辞職、同年八月、交換船で帰朝。一九四三年、外務省嘱託、一九四四年大使館二等書記官、二〇年三月〜五月ソ連出張。一九四六年総務局資料課臨時勤務。同年四月ＧＨＱ経済科学局経済顧問。一九四七年六月〜一九四八年四月、経済安定本部総合調整委員会副委員長、一九四七年第一回「経済白書」を執筆。一九四八年、東京商科大学教授、一九七二〜一九七五年、一橋大学学長。以後、朝日新聞論説顧問、明治学院大学教授を歴任（都留重人『都留重人自伝　いくつもの岐路を回顧して』〈岩波書店、二〇〇一年〉、前掲秦編、三三九〜三四〇頁参照）。

＊11　内田祥三（一八八五〜一九七二）　建築家、建築学者。一九〇七年二月、東京帝国大学工科大学建築学科を卒業、同年、三菱合資会社に入社。一九一〇年に同社を退社、東京帝国大学大学院に入学、コンクリートを原料とする研究を開始。一九一一年、同大学工科大学講師、一九一六年、同大学助教授、一九二一年、同大学教授、一九三五年、日本建築学会会長、一九四一年工学部長、一九四三年、東京帝国大学学長。東京大学本郷キャンパスの校舎群に代表される「内田ゴシック」と称される作品によって知られるとともに、防火・耐震を考慮した鉄筋コンクリートの普及に尽力した（『コンクリートテクノ』〈第三巻第一一号、二〇一五年一一月〉六七〜六九頁参照）。

＊12　和田小六邸は、総床面積三二〇㎡の二階建てで、離れの間と使用人部屋意外は、すべてじゅうたんが敷かれた洋室だったという（「関東大震災の教訓を生かした耐震構造設計に　鉄筋コンクリート造住宅第1号和田小六邸」〈前掲『コンクリートテクノ』六七頁〉。

＊13　マリアナ沖海戦に敗退し後退を余儀なくされた日本軍は、パラオ方面への連合軍の足掛かりを阻止し持久戦を行うこととした。そして、その兵站基地であったペリリュー島には、一九四四（昭和一四）年四月二六日、第一四師団歩兵第二連隊を、同年六月三〇日、混成第五三旅団独立歩兵第三百四六大隊、計歩兵兵力として歩兵五個大隊が送り込まれた。同年九月六日、米第三八機動部隊の艦上機による空襲、砲艦射撃が行われ、一五日、米第一海兵師団の上陸開始。日本軍は持久戦を続けた後、一一月二四日に玉砕し、生存者はその後も戦ったが、二七日までに全滅した（防衛庁防衛研究所『戦史叢書　中部太平洋陸軍作戦〈2〉―ペリリュー・アンガウル・硫黄島―』〈朝雲新聞社、一九六八年〉一五五〜二一一頁）。

＊14　木戸幸一『木戸幸一日記』下巻（東京大学出版会、一九六六年）一二〇三頁、一九四五年五月二五日条及び同月二六日条。

＊15　「今暁三時頃、六七名の者、和田宅へ来れりと、中々不穏なり」（同右、一二二七頁、同年八月一六日条）。

＊16　右翼の木戸・和田邸襲撃については、次の記録がある。「極秘　戦争終結ニ関スル廟議決定前後ニ於ケル治安状況　昭和二十年八月二十六日　警保局保安課（中略）（3）木戸内府邸襲撃事件ト右翼分子ノ動静（イ）八月十六日午前四時二十分頃憲兵特攻隊ト自称スル約七名ハ拳銃、日本刀、手榴弾等ヲ携行シ、木戸内府邸ヲ襲撃セルガ、警備ノ警察官、憲兵等ト衝突アリタルモ内府ノ不在ナルヲ確カメタル後退去セリ。（ロ）翌十七日午前三時頃氏名等不詳ノ壮漢四名ハ家族一同不在ナル木戸内府邸ヲ襲撃セルガ、内府不在ナル為、同所付近ノ和田小六ヲ叩キ起シ、女中ニ其ノ不在ナル事ヲ確カメタル後退去セリ」（「資料7　戦争終結に関する廟議決定前後に於ける治安状況（一九四五・八・二六）」（粟屋憲太郎編『資料　日本現代史』2〈大月書店、一九八〇年〉二五〜二八頁）。

なお、都留重人の記憶によると、前記資料とは日にちのずれや応対者がやや異なるが、彼らに初めに応対したのは都留正子（都留の妻、和田小六の長女、昭允氏の姉）である。さらに居合わせた東部軍参謀時乗武雄陸軍少佐（木戸・和田小六の甥、妹治子の二男）が応対。一同の指導者らしい人物が時乗少佐の肩の飾緒を見て、「家を焼く計画だったが、この参謀肩章に免じて焼打はやめる」と言い、石油缶を引きずりながら引き上げていったという（前掲都留、二〇九～二一〇頁）。

＊17 例えば、「今日ハ御召ニヨリ葉山ノ御用邸ニ伺候スルコトニナツタノデ十一時吉田茂氏ノ車ニ同乗出発ス　正午前ニ御用邸ニ参入、両陛下ニ拝謁ノ後　天皇陛下再ビ出御アラセラレ御陪食ス　田島道治　小泉信三　石坂泰三ノ諸氏ト同席ナリ」と木戸の日記に記載がある（「木戸幸一日記」一九六六年二月一〇日条、国立国会図書館憲政資料室蔵「木戸家文書」〈ＭＦ１国立歴史民俗博物館蔵〉Ｒ23）。

＊18「逓信省ではかゝる敵国側の意圖を豫測して昭和十四年無線通信機器取締規則を制定し、敵國の宣傳放送を受信する機械即ち短波受信機や全波受信機の使用を禁止してゐるが、この取締規則を未だ知らず、不用意にもこの種の受信機を所有してゐるむきもあるが、これらは来る三月二十日までに所轄の逓信局か郵便局に届出て國内放送のみを聞き得る中波受信機に改修すること、萬一届出を怠りこの種の受信機を所有しているものは容赦なく厳罰に處すると当局では厳重注意を喚起してゐる。」（『放送研究』〈第三巻第四号、一九四三年四月〉五一頁）。「無線通信機器取締規則」は一九三九年一一月一日制定（『官報』第三八四八号、昭和一四年一一月一日付、一一頁）。

＊19 当時のことについて昭允氏は、「私は戦時中の中学1年のころ、真空管を10本も使った高感度の短波受信機を自作し、米ハワイやサンフランシスコから送られてくる『ボイス・オブ・アメリカ』を聞いていた。戦時中の短波傍受はもちろん厳禁で、違法行為だ。先輩から『憲兵が探知して家宅捜索するんだ。検挙されるぞ』と脅かされてスリル満点だった。」と述懐している（和田昭允「名案浮かぶ時　問題から離れ、頭遊ばす」〈「**Techno Online**」『日経産業新聞』二〇一六年一二月一三日〉）。

＊20 前掲木戸、『木戸幸一日記』下巻、九二六頁、一九四一年一一月二八日条。この前々日の二六日、米国務省長官ハルによるハル・ノートが野村吉三郎駐米大使、来栖三郎特使に手交され、それは日米の外交交渉の実質上最

後通告となった。その一方、同日、昭和天皇は開戦の最後の決意をするに際し、重臣の意見を徴したい旨木戸に相談し、二九日に重臣との懇談が実施された（日本国際政治学会太平洋戦争原因研究部『太平洋戦争への道 開戦外交史7日米開戦』〈朝日新聞社、一九八七年初版〉三五六～三五八頁、前掲木戸、『木戸幸一日記』下巻、九二五～九二七頁、同年一一月二六～二九日条）。

＊21 近衛のうろたえた様子については、都留重人も次のように記述している。「当事者にとってのこのソ連参戦の意外性を象徴したのは、翌八月九日の夕方、近衛公が、私どもが木戸内大臣と同居していた和田邸に、突然内大臣との面会を求めて来られた時の様子である。公は、玄関に出た正子には目もくれず、あたふたと玄関ホールから客室に駆け込まれるほどの興奮状態で、それは、わずか二週間前まで訪ソ特使の使命を果たせるかに考えていた人物の動転意識の表出だったのであろう。」（前掲都留、二〇四頁）。

＊22 木戸は死刑を免れ得ないと小六が思っていた理由として、起訴時点での訴因の圧倒的な多さがあったと考えられる。一九四六年四月二九日、極東国際軍事裁判所には二八人が起訴され、その訴因は第一類「平和に対する罪」（訴因一―三六）、第二類「殺人」（訴因三七―五二）、第三類「通例の戦争犯罪および人道に対する罪」（訴因五三―五五）の三部に分類され、計五五項目であった。木戸は五五項目中、五四項目という被告人のうち最多の訴因により起訴された。一九四八年一一月一二日の判決では、木戸の有罪認定訴因は五項目（「一九二八年～四五年における侵略戦争の共同謀議」、「一九三一年九月一八日乃至一九四五年九月二日の中華民国に対する侵略戦争の遂行（満州事変）」、「一九四一年一二月七日乃至一九四五年九月二日の合衆国に対する侵略戦争の遂行」、「一九四一年一二月七日乃至一九四五年九月二日の英連邦諸国に対する侵略戦争の遂行」、「一九四一年一二月七日乃至一九四五年九月二日のオランダに対する侵略戦争の遂行」）となり、終身禁錮刑が言い渡された（粟屋憲太郎『東京裁判への道』〈講談社、二〇一三年〉三〇四～三〇六頁、日暮吉延『東京裁判の国際関係―国際政治における権力と規範―』〈木鐸社、二〇〇二年〉四五二～四五四頁）。

＊23 前掲木戸、『木戸幸一日記』下巻、一二五六頁、一九四五年一二月一〇日条。

＊24 乃木希典（一八四九～一九一二） 陸軍大将。一九〇七年一月～一九一二年九月に殉死するまで学習院院長の

職にあった。「知育偏重の教育を排し、高尚なる人格を陶冶して、知徳相俟った純忠至誠の人物を養成することを教育の主眼」とし、剣道・柔道を正科としたり、行軍演習に代えて陸軍の大演習の見学行軍を実施するなど、武課教育の改正を行った。また、院長自ら率先して寄宿舎で起居し、一挙一動を範として示し指導を行った（学習院百年史編纂委員会編『学習院百年史』第一編〈学習院、一九八一年〉五七四～五八一頁）。木戸幸一は中等学科の最終学年と高等学科三年間の計四年間、和田小六は学習院中等学科卒業後第一高等学校に進んだので、最終学年の一年間、乃木院長の指導を受けた。

＊25「午前十時半頃寿栄子・小児等四名同伴ニて参殿。迪宮ニ拝謁シ、次て五月端午之御人形を拝見す。又両宮より御人形二台を頂戴シ、且ツ御昼食を賜ハり午後一時頃退出す。」（「木戸孝正日記」一九〇五〈明治三八〉年五月四日条〈『書陵部紀要』第五四号、二〇〇二年三月、八七頁〉）。

＊26 近衛上奏文の内容については、木戸日記研究会編『木戸幸一関係文書』（東京大学出版会、一九六六年）四九五～四九八頁に所収。

＊27 例えば、入江相政『入江相政日記』第一巻（朝日新聞社、一九九〇年）、一九四三年四月七日条に「かくすれば内大臣桂小五郎は悪賢いから悪知恵のかたまりだから形成不利と見て変節するだらうといふのが我々の見透しである」という記述がある。木戸幸一内大臣の祖父孝允が桂小五郎を名乗っていたのに引っ掛けて書いている（同、三四四頁）。

＊28 富塚清（一八九三～一九八八）航空工学者。一九一四年九月、東京帝国大学工科大学機械工学科卒業、一九一七年七月、同大学航空学調査嘱託。一九一八年、航空研究所業務嘱託、同年一一月、東京帝国大学助教授。一九二〇年六月から一九二三年一月まで欧米各国出張。一九三二年、同大学教授。一九三八年四月、機械試験所技師兼任。一九四六年、免本官。以後、消防研究所技官、法政大学・明治大学・白梅短期大学等教授を歴任（富塚清『航研機—世界記録樹立への軌跡—』〈三樹書房、一九九八年〉参照）。

＊29「第一は満州事変の折。『軍人連中、勢に乗ってやりすぎるなあ、これはきっと、やりそこなうぞ。今は、鼻息があらいが、こんなことつゞくわけはないよ』というのも同意見。〔中略〕また、日本の航空の勝てる期間は

せいぜい緒戦から、半年間。それ以上になったら必敗。これもやはり航空研究所の輿論。和田所長も私たちも全くこの意見に従ったのである。こうした諸点で、私は、和田氏と意見のくいちがいを持ったことがない。先ずは微細な点にまで一致と申せるのである。」（富塚清『卆寿随想』〈一九八三年〉二二一〜二二二頁）。

＊30　当時の東京帝国大学航空研究所で設計された、いわゆる航研機（航空研究所長距離機― Kōken Long Range Mono-plane）が、一九三八年五月一三日から一五日にかけて国際航空連盟（ＦＡＩ）規定の周回航続距離世界記録と一万キロメートルコース上の速度の国際記録を樹立して、歴史上初めて日本がＦＡＩの最も栄誉ある二つの記録に名を止める偉業を成し遂げた（前掲富塚、『航研機―世界記録樹立の軌跡―』一頁）。この試みは一九三七年三月から始められたが、失敗を繰り返し、第二三回目の飛行により達成した。その後も飛行は続けられ、一九三九年一一月の第九二回飛行を最後に、一九三九年一一月に航研機は羽田の格納庫に収容され、以後、発動機や計器盤、車輪制動用圧力計などが取り外された。なお、第二〇回飛行では、当時航空研究所所長であった和田小六も搭乗した（北澤一郎編『写真集「航研機」』〈星林社、二〇〇三〉一五六〜一六一頁）。

＊31　例えば、「午後三時頃織田君来訪、五時過原田君来訪。今日ハ熊さんノ文官試験筆記試験ノ済ンダ日故、連日ノ労ヲネギラハント小六トモ四人ニテ出カケルツモリナリシカ〔中略〕、新橋、芳町ノ藝奴ヲ呼ンデ十二時迄大ニ飲ム、熊さん盛ニ踊出シタ、同君ノ飾ラナイ態度ハ何時モナガラ気持ガイヽ」（前掲「木戸幸一日記」一九一五年九月四日条、「木戸家文書」Ｒ９）。

＊32　例えば原田は、「この前自分は反英運動があまりひどい―と思つて心配になつたから、君にいろ〳〵話さうと思つたところが、頭ごなしに『親英などといふのはやられた方がよい』とか、さも餘計な心配を自分がしてゐるかのやうに君は言つたから、その時は何も自分は言はなかつたのだが、一體どうする氣なんだ」と苦言を呈している（原田熊雄述『西園寺公と政局』第八巻〈岩波書店、一九五二年〉二〇頁）。

＊33　山尾庸三（一八三七〜一九一七）　初期官僚。一八六七（慶應三）年五月〜一八七〇一月、英国留学（スコットランド造船局徒弟、アンダーソン・カレッジ）。同年四月、民部権大丞・横須賀製鉄所事務取扱、同年閏一〇月以後、工部権大丞、工部大丞、工学頭兼測量正、元老院技官等を経て、一八八〇年二月、工部卿。工学頭の時

の一八七三年に外国からのお雇い教師を採用。一八七七年、工学寮を廃止し、工部大学校とした。一八七〇以後、宮中顧問官、法制局長官、宮家別当、臨時建築局総裁等を歴任（松尾宗次「高等工業教育を導いた山尾庸三と和田小六―専門と非専門（一般教養）を巡って―」〈『金属』第八五巻第六号・通巻一一四五号〉二五頁、前掲秦編、五三八頁参照）。

＊34 山尾の孫にあたる和田小六は航空工学者。和田の長男昭允氏は生物物理学者。昭允氏のご子息二人も理工系の技術者、研究者である。

＊35 例えば、「稲荷祭を執行す。十時、乃木神社の祭官の手により式を執行し、午後早々より親類、子供等の友人等二百数十名を招き、小園遊会を催す」（木戸幸一『木戸幸一日記』上巻〈東京大学出版会、一九六六年〉七五頁、一九三一年五月三日条）。

＊36 一九四五年五月の空襲では、部屋の一つに焼夷弾を受け、その内部は丸焼けになったが、各部屋を隔てるコンクリート壁がほかの部屋の延焼を防いだという（前掲『コンクリートテクノ』六七頁）。

＊37 「甘露寺伯邸の焼け跡を見舞ひ、児玉常雄の許に赴く。幸い同邸は難を免れ居りたり。〔中略〕樋口・廣瀬両家の焼跡を訪ねて帰宅す。」（一九四五年五月二六日条。前掲木戸、『木戸幸一日記』下巻、一二〇三頁）。

＊38 **William Logan Jr.**（一九〇一～没年不詳）スコットランド州グラスゴーに生まれる。ラッヂャーズ大学、ニューヨーク大学法科卒、ニューヨークで弁護士を開業（北博昭「東京裁判アメリカ人弁護士の略歴」〈『史』第九八号、一九九八年一一月〉三八頁参照）。

＊39 一九四五年、「連合国軍総司令部（ＧＨＱ）が東京日比谷の第一生命相互ビルを本部としたのは九月十五日のことであったが、早くもその数日前にノーマンは顔を出した」のを皮切りに、都留の「滞米中に親しかった友人が矢継早に我が家の門戸をたたい」ている。ハーバート・ノーマンは、カナダ政府から総司令部の情報対策局（ＣＩＳ）の専門職員として出向。Ｊ・Ｋ・エマソンは米国国務省から政治顧問として総司令部に在籍。ハーバード時代の知友の人たち、デール・ポンティアス、ガルブレイス、ポール・バラン、トマス・ビッソン等は戦略爆撃調査団の団員として。オーエン・ラティモアは賠償問題担当。そして、「私までが調査団の一員として動員

され、団員一同と一緒にＢ29に乗って爆撃対象だった名古屋、阪神地区等の空陸両面からの視察に携わった」という。さらに、都留は一九四六年四月〜九四七年四月、ＧＨＱの経済科学局（ＥＳＳ）統計課に勤めた（前掲都留、二一六〜二一七頁）。

一方、ＧＨＱから戦犯指名における逮捕命令を受けた木戸に関しては、ポール・バランの仲介により一九四五年一二月二一日に国際検察局捜査課長Ｂ・Ｅ・サケット中佐、キーナン検事との都留の通訳による木戸の予審訊問が行われることとなった。訊問終了間際、検察側の説得に応じ、木戸は「木戸日記」の提出について同意した（同右、二一八〜二二〇頁）。

＊40　内田俊一（一八九五〜一九八七）化学工業学者。一九二〇年、東京帝国大学工学部応用化学科卒業。工学博士。東京工業試験所等を経て、一九二九年、東京工業大学化学工学科主任教授、一九五二年から一九五八年まで同大学学長。以後、電力中央研究所理事、同技術研究所所長、資源調査会会長、中央職業訓練審議会会長等を歴任（内田俊一・酒井忠二三『資源とエネルギー』〈日刊工業新聞社、一九六〇年〉参照）。

＊41　幸一・小六と学習院中等学科まで同級だった作家長與善郎は、「［幸一は］少年時代には學校の教科書以外の本は殆んど讀まず、ひたすら教師に教はる通りを几帳面にカッチリやるといふだけの平凡な模範學生だつた。そこへ行くと小六はピアノを習つたり、繪も多少好きだつたり、いくらか才氣が目についた。」、「［小六は］幸一よりも頭が鋭く、きかぬ氣性であつたにしても、小六ももし長男に生れて、内大臣を推しつけられでもしたら、果してどこまで闘つたか。その點、次男坊の彼はよすぎた境遇の犠牲にならず、好きなことだけやれて、幸運であつたといはねばならない」と二人について記し、さらに「二人きりの男の兄弟として、相愛し、未曾有の国難を偕にして、未だ令囿の内に在る幸一は、この弟の訃をいかに寂しく聞いたことかを察すれば、同情を禁じ得ない。他人の僕ですら生きてゐればさう繁々會ひたいとも別に思はないのが、死なれて見ると、妙に寂しく、『亡くてぞ人は戀しかりける』といふのは本當だ、なぞと思はされるのである」と小六の死を悼んだ（長與善郎「和田小六の思ひ出」〈『図書』八月号、一九五二年八月〉二〜四頁）。

＊42　読売新聞社編『昭和史の天皇３』（読売新聞社、一九六八年）一九八〜二一七頁。

＊43 前掲長輿、「和田小六の思ひ出」。

＊44 例えば、木戸と妻鶴子との金婚式の祝いに蒔絵硯箱とお菓子が贈られたり（前掲「木戸幸一日記」一九六四年一二月一五日条、「木戸家文書」R23）、木戸の八〇歳の祝いに御紋章入りの杖を宮内長官から伝達された（宮内庁『昭和天皇実録』第十五〈東京書籍、二〇一七年〉二一頁）。

＊45 宮内庁『昭和天皇実録』第十三（東京書籍、二〇一七年）六二四～六二五頁、一九六四年四月六日条。

＊46 同右。

＊47 前掲「木戸幸一日記」一九五八年六月一三日条、「木戸家文書」R22。

＊48 同右、一九七二年六月六日条、「木戸家文書」R24。

＊49 一九六四年一一月七日、木戸に自民党代議士石井光次郎の面会の申し込みがあり、赤坂プリンスホテルで面会した。石井から自民党後継首相に佐藤栄作を指名したいが、池田派が鍵を握っているとのこと。木戸は吉田茂から池田に善処方話してもらうことを提案し、帰宅後吉田にそれを話す。吉田は同意し池田に話すと、その模様を木戸に電話で伝えた。石井から木戸に電話があり、経緯を伝えた。すると翌八日朝、テレビ速報で池田が佐藤を推薦したと報じられた。間もなく吉田から電話があり、吉田とそのことを互いに喜びあった（前掲「木戸幸一日記」一九六四年一一月七日条及び八日条、「木戸家文書」R23）。なお、木戸と妻鶴子の金婚式が同年一二月一九日、パレスホテルで行われ、その際、冒頭、佐藤首相が祝辞を述べている（佐藤栄作『佐藤栄作日記』第二巻〈朝日新聞社、一九九八年、二〇九頁〉同年一二月一九日条、及び前掲「木戸幸一日記」同日条、「木戸家文書」R23）。

革新の気風と広い視野を持って
―和田昭允氏に受け継がれるもの

塚田安芸子

和田昭允氏に繋がる系譜については、概ね「木戸家・和田家関係系図」（282～283頁）のとおりである。その中でも氏は、父方の曽祖父、維新の三傑といわれた木戸孝允が圧倒的な存在感を示していると語っている。しかし、それればかりでなく、父方、母方、また姻族も含めて昭允氏の関係には、幕末維新にはじまり、昭和戦前から戦後にかけて活躍した著名な方々が多くいることに驚かされる。本稿では、昭允氏のお話にも登場した系譜上の主な人々についてふれていく。

一　木戸家・和田家の主だった人々

（一）曽祖父、維新の三傑・木戸孝允と工学の父・山尾庸三

家系図の中でもひときわ知名度が高いのは、維新の三傑と呼ばれた木戸孝允（一八三三～一八七七）であり、昭允氏の父方の曽祖父にあたる。孝允は、一八三三（天保四）年六月二六日、萩の呉服町江戸屋横丁（現・萩市呉服町）で、父・長州藩医和田正直（昌景）、母は正直の後添え、長州藩士平岡氏の臣、猪口平馬の娘清子のもとに誕生した*1。正直と前妻との間には孝允の異母姉二人がおり、長姉の夫を後嗣としており、隣家の長州藩士桂九郎兵衛（孝古）に嗣子がないことから、一八四〇（天保一一）年、

孝允は八歳のときに桂家の養子となった。それから間もなく九郎兵衛が病没し、養母も翌年に亡くなったため、孝允は生家の和田家で成長することとなった*2。

実父和田正直が病没した翌年の一八五二(嘉永五)年、孝允は関東遊歴を藩庁に願い出て、三ヶ年の賜暇を得て*3、江戸の斎藤弥九郎の練兵館への入門、藩命による大森警衛、江川太郎左衛門についての西洋兵術の習得、水戸藩志士との交友と提携、尊攘運動、薩長同盟による討幕に向けた活動、さらに維新後は明治政府において参議を務め、日本の近代化に向けて明治天皇に憲法制定の建言を行うなど、先進的文物の導入に尽力したことは広く知られるところである。

木戸孝允(桂小五郎)の名は、歴史の教科書で幕末維新を学習する際には必ず登場する。それればかりでなく、現在にいたるまで、幕末維新を扱った映画・演劇・ドラマ・小説などでも孝允は欠かせない登場人物である。民権運動家、政治家で講談師の伊藤痴遊(本名・仁太郎)は、大正期に『維新三傑　木戸孝允』を創作したが、大阪毎日新聞連載後に書籍化されるなど*4、人気を博した。

孝允に関する史料は、書簡や日記が木戸家の寄贈により宮内庁書陵部や国立歴史民俗博物館等に多く所蔵され、一部は活字化されている。また、詳細な伝記の『松菊木戸公伝』(木戸公伝記編纂所)全二巻が一九二七(昭和二)年に刊行されている*5。

そして、昭允氏の父方のもう一人の曽祖父には、「日本の工学の父」といわれる山尾庸三(一八三七〜一九一七)がいる。庸三は一八三七(天保八)年一〇月、瀬戸内海に面する二島村長浜(現・山口市秋穂二島)の有力者、父忠治郎、母末子のもとに生まれた*6。幼少期は歩きながら書物を読んでいたほどの勉強家であり、一八四九(嘉永二)年の一三歳の頃、繁沢石見という上級武士に才能を見込まれて萩に呼ばれる。武家屋敷に勤務するかたわらで、文武の稽古に励み、剣は内藤作兵衛に学ぶ。一八五六(安政三)年に江戸へ遊学し、四歳上の木戸孝允に弟のように可愛がられ、また大村益次郎の知遇を得る*7。

さらに、高杉晋作に誘発され、尊王攘夷運動に加わり、一八六二（文久二）年一二月一二日の品川英国公使館焼打ちで行動を共にした*8。

そして、藩の重役、周布政之助は海外派遣による人材育成の必要を藩主に働きかけ、それにより、庸三は一八六三（文久三）年、伊藤博文、井上馨、井上勝、遠藤謹助とともに幕府の海外渡航禁止令を破り、西洋の海軍術修行を目的として、イギリスへの密航を果たす。帰国後、彼等は日本の近代化・工業化に貢献し、のちに「長州ファイブ」と呼ばれる。滞英中の庸三は、スコットランド地方グラスゴーで、昼間は造船所で働き、夜間は学校に通い、専門的な知識と技術を獲得していった*9。

庸三は一八六八（明治元）年に帰国し、山口藩（長州藩）で藩士の海軍教育に当たる。一九七一年には新政府出仕となるや、同年、庸三は工部省設置を強く働き掛ける。そして一八七〇年、工部省が設置され、庸三は一八七三年一〇月に工部大輔（次官）、一八八六年には工部卿（長官）となる。この間、一八六四年四月、工部学校設置の意見書を提出し、「人を育てれば工業は興る」との信念を持ち、日本になかった工業を興すための人材育成に着手し、工学寮及び工部大学校（のちの東京大学工学部）の創設に関わる*10。また、グラスゴーの造船所で聴覚障害者が熟練工として活躍している姿に感銘を受け、「聾唖教育」の必要性も唱えた。

一方、孝允を兄のように慕っていた庸三は、一八七七年に病のため京都に赴いていた孝允の容態悪化を伊藤から知らされ、急ぎ京都に入る。庸三の姿を見た孝允は再起困難であることを告げ、後事を託す。五月二六日、妻松子や庸三、伊藤らが看取る中、孝允は永眠した*11。孝允亡き後、庸三、伊藤らは後見として木戸家を支えていく。このの ち、庸三は長女寿栄子を木戸孝正に嫁がせ、両家の固い絆を築いた。さらに庸三の次女は廣沢真臣の長男金次郎、七女は前島密の長男彌に嫁がせ、明治政府における長州出身者の繋がりを強固なものとしていったことが系図から読み取れるのである。

（二）来原良蔵と木戸家を継承した祖父孝正

孝允の妹治子は、一八五六（安政三）年、長州藩士来原良蔵（一八二九〜一八六二）に嫁いだ。良蔵は一八二九（文政一二）年一二月二日、長州藩士福原市左衛門光茂とお伊代の三男として生まれたが、嗣子のなかった同藩士来原良右衛門の養子となった＊12。良蔵は一八五一（嘉永四）年二月、養父良右衛門に代わり江戸御番手として参府し、それより儒学を安積艮斎に学び、また江戸藩邸の陸軍先鋒隊に選ばれ、幕臣中島三郎助らに小銃の操縦を学んだ。さらに御手当御用掛、明倫館助教兼兵学科総督、軍制詮議御用掛、軍制五科教練御用掛などを歴任する一方、藩士の西洋銃陣習得のため長崎に滞留するなど、もっぱら西洋銃陣の教練と三兵編成に関わり、長州藩の軍制改革で活躍したといわれる＊13。

良蔵・治子夫妻には、一八五七（安政四）年七月二六日に長男彦太郎（後の木戸孝正、一八五七〜一九一七年）、一八六一（文久元）年八月二日に次男正二郎が誕生する。長州藩ではこのころ、長井雅楽の提唱する「航海遠略策」による開国論を藩是とされたが、攘夷派志士・廷臣の反発、藩内尊攘派による弾劾を受け長井は失脚する。良蔵の生家福原家は長井と縁戚関係にあり、良蔵は雅楽の「航海遠略策」に賛同していた。しかし、良蔵は藩論が尊王攘夷へと転換したことに懊悩し、憤激の余り、攘夷の挙に出ようとして、慰撫、抑止された。しかし、一八六二（文久二）年八月二九日、妻治子らへの遺書を残し、良蔵は江戸桜田の長州藩邸において切腹した＊14。

後に明治政府の中心となった伊藤博文を見出したのが、この来原良蔵である＊15。伊藤は一八五七（安政四）年二月に相模国宮田御備場出役を命じられ、同地に駐屯した際、作事吟味役であった来原に出会い、彼から才能を見込まれて勤番小屋で読書を教わる。そして、翌年勤番を終えて萩に帰る伊藤に、来原は吉田松陰の下で勉学を進めるように紹介状を認め、伊藤は松下村塾門下となった。また、来原の紹介により、孝允から目をかけられるようになり、伊藤の可能性が開かれていったのである*16。

さて、良蔵亡きあと、孝允は遺児、正二郎を養子とする旨藩庁に請願し、一八六六（慶応二）年五月一八日に許可を受けた*17。次いで、一八七〇（明治三年）六月には彦太郎を東京に呼び寄せる。同年一〇月、彦太郎は政府太政官弁官より開拓使派遣の官費留学生として黒田清隆（当時、開拓使次官）、山川健次郎、二木彦七、山尾常太郎（山尾庸三の弟）らに帯同してアメリカに留学し、一八七四年七月下旬に帰朝した*18。一方、木戸正二郎は、彦太郎の出発後の一八七一年二月二三日、大蔵省に出仕し、イギリスへの官費留学生となり*19、同年六月二日に出発、ロンドンにおいて、英語習得、地理・文法・歴史等を学び、一八七五年五月に帰朝した*20。兄弟の留学中、孝允は岩倉使節団の一員として同年一一月一二日より一八七三年七月までの間、欧米諸国を歴訪し、一八七二年一月にワシントンで彦太郎と、同年七月にリバプールで正二郎と再会している*21。

正二郎は一八八〇年から再びドイツに留学するが*22、留学先で病気になり、一八八四年一〇月二八日、帰朝途中の船中において病死した*23。彦太郎は帰国後、開成学校予備門に入学、一八七八年に卒業し、東京大学理学部に入学するが退学し、山口県師範学校と山口中学兼任の御雇訓導等を経て一八八三年六月には駅逓局勤務となっていた*24。この間、一八七七年五月二六日に孝允は病没している。正二郎は生前、一八八一年五月に亡き孝允の勲功により華族に列せられ、加えて一八八七年七月には華族令制定により侯爵を授けられていたが、正二郎逝去後、彦太郎が木戸孝正として改名し、木戸侯爵家を相続し、一八八四年一二月一七日、宮中において明治天皇より天盃を下賜された*25。

さらに孝正は、孝允の実の長女好子（芳子）との婚姻を宮内卿伊藤博文に申し出、一八八五年七月一八日に裁可された。しかし、好子は一八八七年八月二〇日に急逝*26。その後、孝允没後の後見人であった山尾庸三の長女寿栄子と、一八八九年一月一〇日、再婚する。また、同時期、孝正は宮内大臣土方久元より主猟官に任命され、主猟局事務兼勤を命じられた*27。孝正は米国留学中に銃猟を身につけ得意としており、また、英語にも通じていたため、外国からの賓客の接待でも高い評価を得た*28。一八九七年の大英帝国ヴィクトリア女王の即位六〇年の祝典に参列するために有栖川威仁親王が差遣わされた際には、孝正を含めた六名が随行している*29。

そして、一九〇二年五月五日、孝正は東宮侍従長兼式部官に任命された*30。その前年四月二九日に嘉仁皇太子と節子皇太子妃の第一子男児、迪宮裕仁（のちの昭和天皇）が誕生、続いて一九〇二年六月二五日に淳宮雍仁（のちの秩父宮）が誕生し、明治天皇の意向により両親王は生後間もなく川村純義伯爵邸に預けられたが、川村が一九〇五年に病没したため、二人は東宮御所と同じ敷地内の皇孫仮御所で養育されることとなり、次の養育担当（丸尾錦作）が決定するまでの暫くの間、孝正が養育を担った*31。その後、一九〇七年六月、孝正は免官願を宮内大臣田中光顕に提出した。その理由は、嘉仁皇太子が度々孝正を無視するような態度を取っていたことに対する不満があったことが指摘されている*32。免官された一九〇八年一月二〇日の孝正の日記には、年来の願いがようやく達せられ、「大ニ安心せり」と書かれている*33。その後、孝正は宮中顧問官、閑院宮附別当と式部官を兼任した。そして、一九一七年八月一〇日、六一歳の生涯を閉じたが、病没直前の七月二五日まで日記を書き続けていた*34。

ここで次男木戸小六が和田家を相続（一九一八年一〇月）した事情について、若干ふれておきたい。長男幸一がまだ京都帝国大学に在学中の一九一四年一月一一日、父孝正は遺言を口述し、それを幸一が文書として作成している*35。全一七項目から成り、孝正の口述は、孝允をはじめとする祖先の艱難辛苦を思い、幸一ら子どもたちが己の義務と分際を忘れないこと、忠君愛国、一族親睦、朋友間の信義について、さらに、具体的な財産分与や孝正の葬儀に関することに触れている。そして、「第五項　木戸家子孫ノ中ヲ以テ和田家々名ヲ相続セシムルコト、但シ其場合ニハ相当ノ分与金ヲ与フルコト、」の一項目が語られていたのである。この遺言どおりに、小六が和田家を相続している。孝允の生家の和田家は前述のとおり義兄和田正寛（文譲）が相続し、正寛没後はその長男芳助（文景）が相続した。一八五四（安政元）年九月二七日の芳助没後、途絶えて久しかった、偉大なる孝允の生家である和田家を再興することが、孝正にとって遺言とすべき重要な懸案事項だったことがうかがえる。孝正は、この遺言から三年の後に逝去した。

（三）伯父木戸幸一と父和田小六

木戸孝正の長男木戸幸一は京都帝国大学卒業後、農商務省、商工省を経て内大臣秘書官長となり、その後、第一次近衛文麿内閣の文部大臣・厚生大臣、平沼騏一郎内閣の内務大臣の要職を務める。そして、昭和戦前から戦中期には、昭和天皇に仕えた最後の内大臣として終戦工作にも奔走した。幸一については、本編インタビュー中で研究状況なども含めてふれているので、詳細は省略するが、若干、彼の近辺の系譜を見ていきたい。

幸一の世代の婚姻は、彼をはじめ、弟妹は皆、山口県（長州藩）出身者と縁を結んでいる。幸一は児玉源太郎の四女鶴子、小六は長州支藩の吉川重吉次女の春子、妹治子は同県出身の陸軍軍人時乗壽、妹八重子は児玉源太郎四男で陸軍軍人の常雄である。これは、木戸家を見ただけなので一般化はし難いが、華族第二世代の父孝正は、第一世代の孝允や山尾と同じく、依然として山口県（長州藩）出身者との絆を重視していたものと考えられる。

ところが、幸一の子どもたちの世代になると、結婚相手に対する木戸家の出身地との関わりは考慮されなくなってくる。系図を見てわかるとおり、長男孝澄は、北白川宮能久親王の第四王子で臣籍降下した小松輝久の長女舒子、長女由喜子は陸軍軍人阿部信行の長男信男、次男孝彦は銀行家林田敏義の長女美枝子、三女和子は井上準之助次男の五郎、といったように元皇族、陸軍軍人、銀行家、政治家など、縁組による木戸家の結びつきは各界に広がっている。かつて婚姻により藩閥の結びつきを強めて政治的基盤とした父祖の時代を経て、既に天皇最側近という内大臣の確固とした地位にあった幸一は、より広い分野の名家と姻戚となることで木戸家の、そして子どもらの将来活躍する可能性を広げようとしたことがうかがえる。

一方、昭允氏の父である次男和田小六（一八九〇～一九五二）は、東京帝国大学卒業後、同大教授を経て同大航空研究所所長となる。この間航空力学研究のためイギリス・ドイツに留学、「飛行機翼ノ最大揚力ニ最小抗力ノ比ヲ増加セシムル装置」を発明し、帝国発明協会恩賜賞を受けている*36。一九三八年五月一三日から一五日にかけて当時の東京帝国大学航空研究所で設計された、いわゆる航研機（航空研究所長距離機― Kōken Long Range Mono-plane）が、国際航空連盟（ＦＡＩ）規定の周回航続距離世界記録と一万キロメートルコース上の速度の国際記録を樹立して、歴史上初めて日本がＦＡＩの最も栄誉ある二つの記録に名を止める偉業を成し遂げた*37。第二〇回飛行では、当時航空研究所所長であった小六も搭乗している*38。小六はこの後、技術院次長を歴任した。

こうした研究者としての面に加えて、小六は、一九四四年一二月、東京工業大学学長に就任し、戦後、同大において科学技術者養成を担う大学教育を刷新している*39。文部省は一九四五年八月二八日付で学校教育の再開を指令し、九月一五日付で「新日本建設の教育方針」を発表した。さらに連合国総司令部により、「軍国主義的、極端な国家主義的な思想および教育の排除」の政策徹底のために一〇月二二日には「日本教育制度の管理政策」等の指令が出された。こうした指令の如何にかかわらず、戦前から「大学らしい大学」を思い描いていた小六は、九月二八日より同大の刷新の検討に着手した*40。学内で多くの議論を重ね、一九四六年四月から同大は、人文科学・社会科学の講義の開始、学科制の廃止に伴うコース別課程制の発足、系（理学系、応用化学系等）の組織化および運営委員会による大学の管理運営を導入した*41。

小六の大学における教育観については、山尾が尽力した近代化に向けた工業教育と第二次大戦敗戦後の状況とを対比して考えていたことが指摘されている*42。小六は、日本に工部大学等が創設された時期の教育が、欧米先進国の制度・機関をまねて技術者の養成を単一目的としてきたことは当時の状況から当然の結果といえる、としている*43。しかし、敗戦となった今後は、欧米をまねることは何もなく、技術者が「職業的知識の使用を指導すべき知識」を持つことこそ、技術者に必要な才能であり、「そういった才能を具備した技術者をどうして養成するか」が新しい時代の工業教育の課題であると認識した*44。そして、新制大学の目的を「広い意味において人間をつくる」ものと捉え、アメリカのハーバード大学の研究報告を引用し、「専門の知識は、より広い一般的の知識との関連において始めてその主要な目的を達成することができるのであって、両者の間の有機的な関係を断つことはできない」としている*45。

一九四六年七月、小六は「大学設立基準設定に関する協議会」のカリキュラム検討の委員となり、さらに一九四七年七月には、新制大学設立のための基準を検討する「大学基準協会」の初代会長に選出された。東京工業大学の改革内容も新制大学の基準に盛り込まれるなど、小六の大学改革は、同大だけに止まらず、日本全体の戦後大学改革にも影響を与えたのである*46。

二　母方の系譜をたどる

（一）吉川家と吉川重吉

昭允氏の母春子は、和田小六と一九一七年一月に婚姻した。このきっかけは、木戸幸一や小六と学習院時代からの親しい友人であった原田熊雄が、妻英子の妹である春子を小六に紹介したものである。英子・春子姉妹は、ともに周防国岩国領主吉川経幹の三男吉川重吉（一八五九〜一九一五）の長女、次女である。

吉川家は鎌倉時代初期、駿河国吉河荘の御家人吉川経義より興ったといわれ、戦国期には毛利元就の妹が一三代元経に嫁ぎ、毛利家と姻戚関係となる*47。さらに元就の次男元春が吉川家十四代興経の養子となり、吉川家を継いでからは、小早川隆景（元春の弟）とともに、毛利宗家を助けてその名を顕した*48。明治維新の際には、当主であった経幹は諸侯に列せられ、経幹の跡を継いだ長男経健は戊辰戦争などの功績により、賞典禄五千石を与えられ、一八八四年七月の華族令により男爵を授けられ、一八九一年四月には子爵に陞爵している*49。

一方、重吉は一八七一年、一三歳にして岩倉遣欧使節団に同行し、アメリカに留学する。一八七六年に一時帰国したほかは、一八八三年七月にハーバード大学を卒業するまでアメリカで暮らし、卒業後にヨーロッパを歴訪した後、同年一二月に帰国した。翌一八八四年九月に、外務卿井上馨の熱心な勧めにより、外務省に入省。国内勤務を経て、ドイツのベルリン公使館の書記官として赴任する*50。重吉の自叙伝によると、この赴任に際しては、ベルリン駐剳公使として赴任する西園寺公望らと同船し、その途次、ローマで法王レオ一三世に謁見したことが記されている*51。一八八九年に公使館書記官を辞した後、一八九〇年、ハイデルベルク大学で学んだが、本家の家政補佐のために同年一二月に帰国する。翌一八九一年十一月、重吉は分家を創立し、父経幹の維新の勲功により男爵を授けられた*52。

そして一八九三年六月、重吉は貴族院の有力団体である研究会から推されて、男爵議員補欠選挙で当選を果たし、貴族院議員としての活動が始まった。研究会は政府との関係については是々非々を主義として標榜していたが、第四次伊藤博文内閣時、研究会は伊藤の政党偏重に反発し、また藩閥政権の横暴を阻止しようとする態度を表した。それが如実に表れたのは、第一五議会、一九〇一年二月二三日に上程された酒税法中改正法律案外七件について、特別委員会に付託となり、二五日、特別委員会は法案を否決し、二七日の本会議に報告された。すると政府は、直ちに帝国議会を停会とする。そして伊藤首相は貴族院に明治天皇からの勅語を賜り、再び特別委員会の審議が行われると、満場一致で可決せざるを得ず、増税案は成立した。しかし、議会終了後に閣内不一致により伊藤は退陣した＊53。政府と貴族院との関係の軋轢が強まった時期に、重吉はこの特別委員会委員として審議に加わっており、またこの事件により、研究会内部に財政調査会が設置されると、重吉はその委員になる＊54。重吉は当時の研究会の最高幹部であった三島弥太郎に近く、また重吉自身の政策的能力が評価されていたことがうかがえる。

加えて、一九〇四年四月に華族会館が社団法人化された際には、第一回の役員として三島とともに監事の一人に選出されるなど＊55、貴族院議員としての活躍を通じて、華族社会における名望家として位置づけられたものといえよう。

一方、重吉の長男元光は、一九〇九年に吉川本家の養子となり、分家である重吉の跡は重吉の没後（一九一五年一二月）、次男重國が継いだ。その間、重吉は本家の「家憲」制定（一八九三年四月）に尽力するとともに、子どもらに向けて「自叙伝」（一九〇五年執筆と想定される）を著している＊56。「家憲」は家の存続のために家政の基本的な仕組みを記したもので、当主の婚姻や家督相続のあり方、旧藩出身の有力者による家の重要案件の審議を行なう家政会などの規則を定めている＊57。重吉は、「家憲」により本家を中心に持続可能な吉川家のあり方を具体化し、その一方で、子どもらには自らの体験から得た人生訓を「自叙伝」として理解させることで、彼等の自立心や広い見識等を育み、「家憲」の裏付けとなる吉川家に生まれたものとしての自覚を促したものと捉えられる。

（二）木戸家・和田家と吉川家を繋いだ原田熊雄

原田熊雄（一八八八～一九四六）は、元老西園寺公望の秘書を務め、西園寺の意を呈して各界の要人との連絡役を務めたことでその名を知られている。西園寺の言動を中心に、政財界、軍部上層部の各種情報を口述筆記したものが、『西園寺公と政局』として刊行されている*58。田中義一内閣期の一九三〇年から西園寺が逝去する一九四〇年まで、激動の昭和戦前期の状況が著され、その情報収集力は他に例を見ず、昭和天皇や直宮の発言までも原田の口述に上っている。刊行前には、「原田日記」として極東国際軍事裁判の検察側資料として用いられ、被告の木戸幸一にとっては頭の痛い場面に遭遇した。しかし、木戸は公判の中で、原田は「非常な活動家」であり、「政治的なカンは非常にいい男」であったと評し、「その能力を、西園寺公は最後まで使った」と発言していたのである*59。本項は木戸家・和田家との繋がりがテーマであり、ここで原田の政治的活動を記すことは避け、原田の人物的なことやエピソードの記載に止める。

原田熊雄は、陸軍少将・貴族院議員の原田一道を祖父とし、その長男で理学博士の豊吉と高田愼蔵養女、照子の長男として生まれたが、一八九四年、熊雄が六歳の時に父は三三歳の若さで亡くなっている*60。父を亡くした翌年一八九五年、熊雄は東京高等師範学校附属小学校に入学、同附属中学校に進んだ。卒業後、学習院中等科六年に編入し、ここで木戸幸一と同じクラスとなり、長與善郎、織田信恒、実吉吉郎らと同級生となる*61。同高等学科三年在学中に祖父一道が亡くなり、熊雄は二三歳で男爵を襲爵した。そして熊雄は、木戸、織田らとともに京都帝国大学法科大学政治学科に入学し、北白川に下宿した*62。彼等の学習院高等学科時代にドイツ語の講義を受け持っていた西田幾多郎が、一年前に京大に移っていた。熊雄らより一年後に京大に入学した近衛文麿や上田操らも加わり、西田を囲んだ学習院出身者の勉強会やピクニックなどが度々催され、彼等は和やかな青春時代を謳歌している＊63。熊雄は一九一五年二月に京大を卒業し、一年半後の一九一六年九月に日銀総裁三島弥太郎と叔父中村雄次郎のツテを頼み日銀に就職する＊64。

　その前年の一九一五年一二月に、熊雄は吉川英子と結婚した。この結婚は、熊雄の母照子と英子の母壽賀子が跡見女学校からの友人であったため、この縁談話がきた、と妹有島信子は回想している＊65。また、熊雄の孫である宍戸旦氏（二女知恵子・宍戸廣慶の長男）は、熊雄の祖父一道と吉川重吉は、ともに岩倉遣欧使節団に随行しており、その縁であろう、と推察する＊66。こうした複合する縁によって原田・吉川の縁組がなされたと考えられる。そして原田夫妻が新婚旅行に出掛けたそのあくる日、吉川重吉が亡くなった。このため、熊雄は残された弟妹のために、自らを聟頭《むこがしら》と称して面倒をよく見たという＊67。なお、英子の母で重吉の妻壽賀子は、伊予大洲の加藤泰秋の次女で、泰秋の妻福子（壽賀子の母）は、徳大寺公純の次女、西園寺公望の妹にあたる。吉川家と姻戚となったために、原田は西園寺とも縁続きとなったのである。

　一九二二年一月、熊雄は日銀を依願退職し、同年五月、西園寺の勧めにより宮内省嘱託として渡欧した。帰国後、加藤高明が内閣を組織するにあたり、一九二四年六月、首相秘書官に就任した。第二次加藤内閣時、加藤首相が一九二六年一月二八日に没し、その後の身の振り方を熊雄は西園寺に相談すると、西園寺が面倒を見てくれるという話であった。そして、熊雄は同年七月二日付で住友合資会社事務嘱託となり、西園寺の秘書を務めることとなった＊68。この時から一四年半、大正末期から昭和戦前の激動期、西園寺の「政治向きの御用」を務めたのである。

　西園寺の秘書としての原田は、頻繁に政府・政党・財界・軍部等と接触し、情報収集するなど、その行動から、電話にまつわる話が有名である。原田の平河町の自宅には、声が洩れないようにグリーンのラシャを張った電話室があり、ほかにも二階の寝室、トイレにまで切り替えの電話が置いてあったという*69。木戸は、原田の声がしたと思って出てみると、もう電話室に入り込んで盛んにあちこちに電話していたことを話している*70。一九四六年二月二六日に原田は亡くなった。原田の生前、和田小六は「熊さんが死んだらお棺に電話機を入れてやろう」とよく言っていたという*71。木戸は、原田の訃報を巣鴨プリズンの獄中で二八日に伝え聞き、「感慨筆にする不能、既往を追憶、万感交々至る。」と日記に記した*72。

三　和田昭允氏の探求するもの

(一) 全ゲノム解読への道を開く

和田昭允氏は「略歴」(279～281頁)に記載があるように、化学の基礎または応用に関する優秀な研究業績をあげた若手研究者に贈られる日本化学会進歩賞受賞を皮切りに、数々の研究業績を重ねるとともに、後進の育成を行ってきた。その中でも、日本及び世界の科学技術史に昭允氏がその名前を止めるのは、「和田プロジェクト」と呼ばれたヒトゲノム全解読を目指した国家的プロジェクトのリーダーとしての活躍である*73。

人間は約三七兆個の細胞の集合体であり、細胞は特定の細胞(例えば、精子と卵子、赤血球)を除き、その核には二三対、合計で四六本の染色体を包含している。そして染色体は、それぞれ長い二重らせんに橋渡しするように、A(アデニン)、T(チミン)、グアニン(G)、C(シトシン)という四種類の塩基が配列されて繋がるDNA(デオキシリボ核酸)を包含している。この塩基は約三〇億個の対となっている。これら塩基を文字に例えると、DNAは記録テープ、そして遺伝子は一連の文章ということになる。この文章には、親から子へと代々引き継がれ、生命を維持するのに必要な情報が書き込まれている*[74]。この情報全体をゲノムという。一九五三年、ジェームズ・ワトソンとフランシス・クリックによるDNAの二重らせん構造発見以来、ゲノムに関する基礎研究をはじめ、医療、農産・畜産等の様々な分野に関わる生命科学の研究が進められてきた。一九七七年、ゲノム解読法*[75]があみ出されたものの、人手による解読は途方もない時間との戦いだった。約三〇億対の人間の全ゲノムを理解するには、当時、年間一〇〇万個程度解読できて三〇〇〇年かかると考えられていた*[76]。そこで、この全ゲノムを自動解析機を使って解読するというアイデアを、一九八〇年、世界で初めて提唱したのが和田昭允氏である。

昭允氏は東京大学理学部化学科を一九五二年三月に卒業後、森野米三研究室の助手を経て一九五四年にハーバード大学に留学すると、同大のポール・ドーティーの化学教室に所属した*[77]。帰国後、一九五六年一一月にお茶の水女子大学理学部化学科講師、一九六〇年五月に助教授となる。昭允氏は、化学から物理学、さらに生物学という学問領域の枠に止まらず、同年一一月、日本生物物理学会設立に参加し、「生命の本質は物理学の正攻法で解明できる」という確信のもとに、「生命の神秘という同じ源泉を持ちながらも分かれていた流れが大河になった」と実感している*[78]。そして一九六二年四月に東京大学に移り、物理学教室に所属し、生命科学を研究することとなった*[79]。

昭允氏は物理学教室で生命現象を探求するにあたり、「生物は生体高分子*[80]を使って、物理法則を生命活動に利用する巧妙な戦略を確立した。これが、生命王国が物質帝国の中に特区を確保できた理由」であり、「この特区形成の戦略つまり物質帝国内での王国存続の智恵の解明こそ、生命科学の究極の目標」とした。そして、「遺伝現象での自己複製メカニズムは、DNAの二重らせん構造と塩基対の性質が演出した。であれば〈生命活動からの要請〉と〈物理法則の巧妙な利用〉が生体高分子に同居して、どのように注文を出し合っているか」という関心を持つ*81。さらに、両者の関係を見るためには塩基配列データが多ければ多いほどよいと考えていた。その一九七九年ころ、学習院中等科からの親友、当時セイコー電子工業の社長服部一郎氏により、腕時計の自動生産ラインの工程を見せられたことから、ゲノム解読の高速自動化を発想したという*82。

この昭允氏の構想を基にして、一九八一年一〇月、当時の科学技術庁の振興調整費による「DNAの抽出・解析・合成技術の開発に関する研究」というプロジェクトが発足し、昭允氏は委員長となる（いわゆる「和田プロジェクト」）。のちに国際ヒトゲノム計画を主導したアメリカに先立つこと五年、企業からも参加を得た産学共同のプロジェクトであった*83。昭允氏は一九八七年二月、『Nature』に、「自動化された高速の解読」と題した論文を発表し、この解読に掛かるコストを示しつつ、全世界の科学者に開かれた国際センターを目指したい旨を表明している*84。しかし、日米貿易摩擦を背景に、アメリカのヒトゲノムの全塩基配列解読を進めるワトソンは、この論文をきっかけに、このままではバイオテクノロジーでも日本に後れを取ると議会に働き掛け、大型予算を獲得し、一九九一年、アメリカ主導の国際ヒトゲノム計画の準備が進められた*85。その一方、日本の「和田プロジェクト」は、科学技術庁の方針転換、また学界の考え方の相違等により推進力を失し、昭允氏は委員長から降りることとなったのである*86。

しかし、昭允氏は一九九八年一〇月、理化学研究所にゲノム科学総合センター所長として、再びゲノム研究に携わることとなる。生命科学の新局面に対処するべく、ヒトゲノム完全解読、マウスの完全長cDNA〔相補的DNA〕百科事典、たんぱく質基本構造百科事典、モデル動物・植物（マウスとシロイヌナズナ）の大規模変異解析、統合データベース構築など世界に先駆けた研究の推進を統括した*87。そうした中で、日本もメンバーである国際ヒトゲノム計画は、二〇〇〇年六月、ドラフト配列を発表し、二〇〇三年四月には、さらに精度の高い完全配列を発表し、「ヒトゲノム解読完了」を宣言した*88。このプロジェクトに参加した各国の解読への貢献度は、アメリカ五九%、イギリス三一%、日本六%、フランス三%、ドイツ一%、中国一%という結果となった。先行していた日本の貢献度はあまりにも低い*89。

こうした生物物理学の道を歩んだ昭允氏は、日本で自身の構想が理解されなかったことについて残念だとしつつも、日本発のアイデア「DNA高速自動解析」が起爆剤となり、「ゲノムの大量解読」という爆発が起こり、さらには生物学を「data driven science」に変えたことには満足だとしている*90。昭允氏の構想が「とにかく人類の知の発展に寄与したこと」は間違いないところである。

今や日本人は一生のうちに、二人に一人は何らかのがんに罹るといわれている*91。がんは、ゲノムの変化に伴って塩基配列の違いなどが生じ、遺伝子が正常に機能しなくなった結果、起こる病気である。二〇一九年六月から、ゲノムの一部を解析した「がん遺伝子パネル検査」が医療保険適用となった。これは生体検査や手術などで採取したがんの組織を用い、高速で大量のゲノムの情報を読み取る解析装置「次世代シーケンサー」により、一〇〇以上の遺伝子を同時に調べて、遺伝子変異を見つけ、その遺伝子変異に対して効果が期待できる薬がある場合には、臨床試験などでその薬の使用を検討する*92。近い将来、個々人の全ゲノム情報に基づくオーダーメイド医療が行われる可能性も見えつつある。

これを促進するように、全ゲノム解析に関する政府の方針として、二〇一九年六月二一日、「経済財政運営と改革の基本方針２０１９〜『令和』新時代：『Society 5.0』への挑戦〜」(骨太方針２０１９)が閣議決定され、その中で、ゲノム情報を国内に蓄積する仕組みを整備することが取り上げられた*93。それに基づき、厚生労働省は「全ゲノム等解析実行計画」を決定し(同年一二月二〇日)、一〇万人にのぼる日本人のがん患者等の全ゲノム情報等を網羅的に収集し、質の高い臨床情報を統合したがん等の全ゲノム配列データベースを作成、がんや難病等の本態解明を進めることとしている*94。

二〇一九年一二月に中国武漢から広まったといわれる新型コロナウイルスによる感染症は、世界中で猛威を振るい、これまでに膨大な感染者、死亡者が続出している。依然として収束が見えない中、二〇二〇年五月二一日、国内七大学の科学者を中心としたプロジェクト「コロナ制圧タスクフォース」が立ち上げられた（研究統括責任者：慶應大義塾大学医学部内科〈消化器科〉教授金井隆典）*95。同プロジェクトでは、「日本人集団感染者の重症化因子を解明し、重症度予測法を構築することで医療リソースの最適化を図り、医療崩壊を防ぐ」ことを目指す。そこで、新型コロナウイルス感染症の重症化因子解明の過程では全ゲノム解析などが実施される。こうした取り組みが重症化防止やワクチン開発に寄与し、一日でも早くこの感染症が克服されることを願って止まない。

こうしたがんや難病等に加え、未知の感染症解明にも、全ゲノム解析が不可欠なものとなっている。今から四〇年前には、だれもが全ゲノム解読など到底不可能だと思っていた。そのころ、機器によってゲノムを自動的に解読するという昭允氏の発想が生まれなかったら、そしてその研究が進められなかったら、現在の全ゲノム解析による医療への活用は行われようはずもなかったのである。

（二）世界に通用する科学技術者の育成を目指す

日本の近代化の礎となった山尾庸三の工業教育、戦後の大学教育における和田小六の教育観と改革については先に触れたが、昭允氏の横浜市立高校との深い関わりと実践に、父祖から受け継がれたものが示されている。横浜市は、開港一五〇周年、市政一二〇周年を迎える二〇〇九年、「先端科学技術の知識を活用して、世界で幅広く活躍する人間」の育成を目標とする全日制理数科の高校開設を計画し、同市教育委員会において二〇〇四年、「科学技術先端都市横浜」の新たな人づくりの拠点「横浜市立科学技術高校（仮称）」の基本構想を、翌二〇〇五年一二月には基本計画を策定した。同校は「生命科学」「ナノテク・材料」「環境化学」「情報」など、先端科学技術分野の実験・実習を行い、世界の舞台で活躍できる人材の育成を目指すものとした。そこで、教育の特色の一つとして、先端科学技術分野における優れた功績を有するスーパーアドバイザー、技術顧問の参画を得るものとした。四人のスーパーアドバイザーには、当時、ノーベル物理学賞を受賞した東京大学名誉教授の小柴昌俊氏、元東京大学総長・日本科学技術振興財団会長の有馬朗人氏、ノーベル化学賞を受賞した横浜市立大学名誉博士のハロルド・クロトー氏、そして、横浜こども科学館館長であった東大名誉教授の昭允氏の就任が発表された＊96。

これに基づき、二〇〇九年四月、横浜市立横浜サイエンスフロンティア高等学校が開設され、開設当初より、昭允氏は常任スーパーアドバイザーに就任した。同校は開校早々にイギリスの総合学術雑誌『Nature』により、日本で初めて創設された、科学技術を学ぶ高校として紹介されている＊97。同校は、電子顕微鏡、ゲノムシーケンサー、天体観測ドームなど他に例のない設備を備え、そこで学ぶ未来の科学者が大いに刺激を受けるだろうことを伝えている。例えば一五歳の生徒の時間割を見ると、単層カーボンナノチューブ（直径０・４～50㎜、長さ数 μm程度の円筒構造炭素結晶）を電子顕微鏡で解析したり、**polymerase chain reactions**（ＰＣＲ、ポメラーゼ連鎖反応。二本鎖ＤＮＡの特定部位のみを酵素的に増幅する反応）などを学ぶことになる。「理科離れ」が進む日本では、政府が「スーパーサイエンスハイスクール（ＳＳＨ）」を指定し、サイエンス教育に対する重点的な予算配分を行なっている＊98。記事は、もしナノファブリケーション（nanofabrication ナノ材料の製作）やＰＣＲが横浜の青少年にサイエンスに対する情熱を与えられれば、サイエンス高校における日本の多大なる取組みは成功といえるだろうと結んでいる。そして記事中で昭允氏は、「日本におけるサイエンス教育の将来は、この学校の成功にかかっているだろう。」と述べている。

昭允氏は二〇一九年に常任スーパーアドバイザーを退任するまで、同校の長年の名物となった「和田サロン」を主宰し、生徒と触れ合う中でサイエンスとの仲介役を果たし、将来の先端科学技術を担う人材育成に努めた。同校は理数科を学ぶ全日制の高校だが、氏は「偏狭な理系人間は育てない」との考えから、国語と歴史、英語と国際交流に力を入れ、全人教育を目指すとしてきた＊99。かつて父小六が東京工業大学の改革で、一般教育と専門教育を融合させた人材教育を目指したことと相通じるものがある。

昭允氏は、全ゲノム解読への道筋をとおして、研究者として生命と物理の分水嶺に立ち、分断された科学の有り様を眺め、ゲノム解読が将来、統合された生命科学研究の基礎となり得るものであることを予想した。そしてまた、その過程で日本の科学技術の課題を見、最先端を担う人材育成の必要性を強く認識し、実際の教育現場において実践した。氏のそうした思考と行動は、前近代から近代へ、戦中から戦後への変革期に立って、これからの日本の将来を広い視野と高い視点から見渡し、あるべき姿を予想し、それに向かって実行した父祖の姿を常に念頭に置いてきた結果といえる。そしてまた、彼等の系譜を引き継ぐもの―ＤＮＡのなせる業―といえるのだろう。

註
＊1　田中正弘「木戸侯爵家の成立と木戸家資料」(『国立歴史民俗博物館目録［10］旧侯爵木戸家資料目録』〈国立歴史民俗博物館、二〇一一年〉五八六頁。なお、田中氏の論考は、木戸孝允、正二郎、孝正に関して原史料から読み解いた優れたものである。また、青年期の正二郎及び孝正に関する研究は、管見の限り見当たらないため、本稿「一」においては、主として田中氏の研究を活用させていただくものとする。
＊2　同右、五八七頁。

＊3　同右。
＊4　伊藤仁太郎『維新三傑　木戸孝允』（文京堂書店、一九一二年）。
＊5　研究者による伝記的研究としては、大江志乃夫『木戸孝允─幕末維新の群像　第4』（中央公論社、一九六八年）、松尾正人『木戸孝允─幕末維新の個性8』（吉川弘文館、二〇〇七年）などがある。
＊6　萩博物館編『没後一〇〇年記念企画展日本の工学の父山尾庸三』（同、二〇一七年）一一頁。
＊7　同右、二〇～二三頁。
＊8　同右、二四～二五頁。
＊9　同右、二六～二七頁。
＊10　同右、三七～四二頁。
＊11　同右、五六～五七頁。
＊12　前掲田中、五八八頁。
＊13　同右。
＊14　同右、五八九頁。
＊15　伊藤之雄『伊藤博文　近代日本を創った男』（講談社、二〇〇九年）二六頁。
＊16　同右、二九頁。
＊17　前掲田中、五九〇頁。
＊18　同右、五九四～六〇四頁。
＊19　同右、五九六頁。
＊20　同右、五九八～五九九頁、六〇四頁。
＊21　同右、六〇〇、六〇三頁。
＊22　同右、六一三～六一四頁。
＊23　同右、六二〇頁。

＊24 同右、六〇五、六一三頁。
＊25 同右、六二四頁。
＊26 同右、六二七頁。
＊27 同右、六二八頁。
＊28 同右、六二九頁。
＊29 同右、六三一頁。
＊30 同右。
＊31 古川隆久『大正天皇』（吉川弘文館、二〇〇七年）七四～七六頁。
＊32 同右、八五～八六頁。
＊33 同右、八六頁。
＊34 前掲田中、六三二頁。
＊35 同右、六三二～六三三頁。
＊36 臼井勝美ほか編『日本近現代人名辞典』（吉川弘文館、二〇〇一年）一一七三頁。
＊37 富塚清『航研機―世界記録樹立の軌跡―』（三樹書房、一九九八年）一頁。
＊38 北澤一郎編『写真集「航研機」』（星林社、二〇〇三）一五六～一六一頁。
＊39 東京工業大学編『東京工業大学130年史』（同、二〇一一年）一〇〇頁。和田小六の東京工業大学改革や新制大学に与えた影響等に関する研究として、杉谷祐美子「和田小六―大学教育論の再検討」（『大学教育学会誌』第二〇巻二号、一九九八年一一月、一一四～一一八頁）、鳥居朋子「戦後教育改革期における東京工業大学のアドミニストレーション」（『名古屋高等教育研究』第三号、二〇〇三年一月、一三七～一五八頁）、岡田大士による「東京工業大学における戦後大学改革に関する歴史的研究」（東京工業大学、二〇〇五年博士（学術）学位取得論文、甲第六二〇九）ほか一連の研究、松尾宗次「高等工業を導いた山尾庸三と和田小六―専門と非専門（一般教養）を巡って―」（『金属』第八五巻第六号、二〇一五年六月）などがある。

＊40 同右、東京工業大学編、九六～九七頁。
＊41 同右、一〇一～一〇三頁。
＊42 前掲松尾、二七頁。
＊43 和田小六「大学における工業教育」（『科学』第二二巻第四号、一九五二年四月）七頁。
＊44 同右、八頁。
＊45 和田小六「一般教育と専門教育―新制大学の性格―」（『文部時報』第八九三号、一九五二年一月）一〇～一三頁
＊46 岡田大士「航研機と新制大学―和田小六が残したもの」（『材料技術』第二四巻第四号、二〇〇六年七月）八頁。
＊47 吉川史料館「吉川家について」（吉川史料館ホームページ https://www.kikkawa7.or.jp/family 二〇二〇年六月二八日一一時四〇分アクセス）。
＊48 内山一幸「【解説】『故男爵吉川重吉卿自叙伝』」（尚友倶楽部史料調査室・内山一幸編『尚友ブックレット25 吉川重吉自叙伝』一般財団法人尚友倶楽部、二〇一三年）一二一頁。
＊49 同右、一二一～一二二頁。
＊50 同右、一二二～一二三頁。
＊51 前掲尚友倶楽部・内山、三三頁。
＊52 同右、五二、一二三頁。
＊53 一般財団法人尚友倶楽部『尚友叢書20―1 貴族院の会派研究会史 明治大正篇〔復刻版〕』（同、二〇一九年）一二四～一二七頁。内藤一成『貴族院』（同成社、二〇〇八年）九二～九六頁。
＊54 同右尚友倶楽部。
＊55 同右、二二八～二二九頁。
＊56 「家憲」（前掲尚友倶楽部・内山編、九三～一〇五頁）。「故男爵吉川重吉卿自叙伝」（同、五～四五頁）。

＊57　前掲内山【解説】、一三二頁。
＊58　原田熊雄述『西園寺公と政局』第一〜八、別巻（岩波書店、一九五〇〜一九五六年）。
＊59　「極東国際軍事裁判速記録第二九八号」一〇頁。
＊60　勝田龍夫『重臣たちの昭和史』上（文藝春秋、一九八一年）一四頁。
＊61　同右、一九頁。
＊62　同右、三〇頁。
＊63　塚田安芸子「木戸幸一の思想形成過程について―青年期の日記を中心に―」（『史叢』第九一号、二〇一四年九月）三二一〜三二三頁。
＊64　前掲勝田、四六〜四七頁。
＊65　同右、四九頁。
＊66　二〇二〇年三月五日、尚友倶楽部において宍戸氏よりお話をうかがった。
＊67　岩田幸子『笛ふき天女』（筑摩書房、二〇一八年。初出は講談社、一九八六年）四五頁。
＊68　前掲勝田、六〇〜六一頁。
＊69　同右、六二頁。
＊70　同右。これと同じ話を、昭允氏も木戸から聞いている。
＊71　勝田龍夫『重臣たちの昭和史』下（文藝春秋、一九八一年）四一五頁。
＊72　木戸日記研究会編『木戸幸一日記』東京裁判期（東京大学出版会、一九八〇年）五四頁、一九四六年二月二八日条。
＊73　吉岡斉編集代表『〔新通史〕日本の科学技術』第三巻（原書房、二〇一一年）二七二〜二七三頁。
＊74　岸宣仁『ゲノム敗北―知財立国日本が危ない！』（ダイヤモンド社、二〇〇四年）二三〜二四頁。
＊75　一九七七年、フレッド・サンガーによる「サンガー法」、アラン・マクサムとウォルター・ギルバートによる「マクサム‐ギルバート法」が開発された（同右、三七〇頁）。

＊76 同右、一五六頁。
＊77 和田昭允『物理学は越境する―ゲノムへの道―』（二〇〇五年、岩波書店）三四～三五、四五～四六頁。
＊78 同右、六六頁。
＊79 同右、七七～八二頁。
＊80 高分子とは分子量が約一万以上の分子のことで、有機高分子と無機高分子がある。生体高分子は有機高分子に属し、代表例としては核酸やタンパク質、多糖類などがあり、核酸の中でも有名なＤＮＡは、生物の遺伝情報が詰まった重要なものである（芹澤武「生体高分子の可能性」http://www.serizawa.polymer.titech.ac.jp/image/LANDFALL.pdf 二〇二〇年三月五日〇時二五分アクセス）。
＊81 前掲和田、一〇九頁。
＊82 同右、一三一～一三四頁。
＊83 同右、一四〇～一四一頁。
＊84 同右、一五一～一五二頁。前掲岸、七五～七六頁。
＊85 榊佳之『ゲノムサイエンス　ゲノム解読から生命システムの解明へ』（講談社、二〇〇七年）四八～五九頁。
＊86 同右、五五頁。
＊87 前掲和田、一八五～一八六頁。
＊88 前掲岸、一四七頁。
＊89 同右、五～六頁。
＊90 前掲和田、一五〇頁。
＊91 「累積罹患リスク」（二〇一七年データに基づく）によるもの（国立がん研究センターがん情報サービス「最新がん統計」〈二〇二〇年七月六日更新・確認日〉、https://ganjoho.jp/reg_stat/statistics/stat/summary.html 二〇二〇年八月五日一〇時一五分アクセス）。
＊92 「がんゲノム医療　もっと詳しく知りたい方へ」（同右、

https://ganjoho.jp/public/dia_tre/treatment/genomic_medicine/genmed02.html 二〇二〇年七月一六日一五時四五分アクセス）。

＊93 令和元年六月二一日閣議決定「経済財政運営と改革の基本方針２０１９」五七頁（内閣府ホームページ、https://www5.cao.go.jp/keizai-shimon/kaigi/cabinet/2019/decision0621.html 二〇二〇年七月一五日一五時三〇分アクセス）。

＊94「全ゲノム解析等実行計画について」四～五頁（厚生労働省ホームページ、https://www.mhlw.go.jp/stf/newpage_08564.html 二〇二〇年七月一六日一五時五〇分アクセス）。

＊95「コロナ制圧タスクフォースホームページ」https://www.covid19-taskforce.jp/ 二〇二〇年七月一六日一六時二四分アクセス）。

＊96「市立科学技術高校創設、アドバイザーに小柴昌俊氏ら」（二〇〇四年一二月一三日付、ヨコハマ経済新聞ホームページ https://www.hamakei.com/headline/460/ 二〇二〇年六月一九日一〇時三〇分アクセス）、「横浜市立科学技術高等学校（仮称）基本計画」（横浜市教育委員会、平成一七年一二月、https://www.city.yokohama.lg.jp/kurashi/kosodate-kyoiku/kyoiku/sesaku/hischool/sidou2.files/0003_20180814.pdf 二〇二〇年六月一九日一〇時三三分アクセス）。

＊97 David Cyranoski 'READING, WRITING AND NANOFABRICATION.（"Nature"Volume 460 Number 7252, 9 Jul 2009,171-172）。同記事は、横浜市立横浜サイエンスフロンティア高等学校ホームページで閲覧が可能である（https://www.edu.city.yokohama.lg.jp/school/hs/sfh/index.cfm/24,1704,c,html/1704/nature.pdf 二〇二〇年六月二〇日一六時三五分アクセス）。

＊98 国立研究開発法人科学技術振興機構ホームページ（https://www.jst.go.jp/cpse/ssh/ssh/public/about.html 二〇二〇年六月二一日一二時二一分アクセス）。

＊99 和田昭允「サイエンス高等学校」（「あすへの話題」二〇一一年一月五日付『日本経済新聞』夕刊、一頁）。同

記事は、横浜市立横浜サイエンスフロンティア高等学校ホームページで閲覧が可能である（https://www.edu.city.yokohama.lg.jp/school/hs/sfh/index.cfm/1,4992,c,html/4992/20180427-175646.pdf 二〇二〇年六月二一日一一時三五分アクセス）。

和田春子日記（抄録）

大正６年（１９１７）〜昭和29年（１９５４）

本日記抄録は、和田（旧姓吉川）春子（一九〇三～一九八九）が和田小六に嫁いだ大正六年一月一二日から戦後の昭和二九年までを収録する。結婚当時、既に第一次世界大戦が始まっており、国内は、大戦景気後の不況、米騒動、労働争議の勃発、社会主義思想の台頭など、社会不安が高まる時期にあった。大正一二年九月一日、首都東京は関東大震災により壊滅的な被害を受ける。大正から昭和となり、一九二九年からの世界恐慌は日本にも例外なく波及した。昭和六年九月に満州事変が勃発、以降日本の中国への進攻が開始され、昭和一二年七月、日中戦争へと拡大する。さらに昭和一六年一二月八日、米英蘭との太平洋戦争の開戦、そして敗戦により、日本全体がかつて無い戦禍に打ちのめされた。

こうした時代背景を念頭に置いて春子の日記をみると、近現代史のいくつかの事件は散見されるが、ほぼ暗鬱な世相との関係は感じられない。日記は、日々の出来事、感想や料理を記して備忘録的だが、和田家の主婦として子どもたちの成長を喜び、多くの縁者、友人との付き合いを丁寧に行う様子に、春子が子どもや夫との生活をはじめ、日常を楽しんでいたことがうかがえる。一方、昭和二二年一二月に母吉川寿賀子を亡くし、昭和二七年六月には夫小六を亡くし、その前後には自身の体調不良に苦しむなど、彼女にとって辛い時期があった。その後は和田家当主となった長男昭允氏の成長を拠り所とし、氏を支える責任感が読み取れる。昭允氏は母春子について、「ものにこだわらない、前向きの明るい性格」と評するが、本日記抄録を一読いただくと、大正、昭和の激動の時代を乗り越えた、輝くような一女性像が見出せるとともに、当時の生活文化の一端が読み取れるものと思う。

なお、和田春子の記した全日記の原本は、春子によって焼却されて現存しないが、春子は原本の一部を写し、昭允氏に授けており、これが和田家に所蔵されている。本日記抄録はこの和田家所蔵のものを元にしている。

（塚田安芸子）

吸入薬　口頭カタル、重　茶匙半、リスリン　三、湯
　鼻カタル、食塩　茶匙一、リスリン　茶匙三、湯
50倍ホーサン水、ホーサン　大匙二山盛、アルコール
ビン一杯、湯
エンボツ軽く茶匙二杯湯でとかす
重曹茶匙二杯水でとかす

■大正六年
一月十二日　結婚。麻布区狸穴二十一番地に住む。
九月十九日　喜代、田永と結婚する。
十月十八日　午前四時頃よりおなかいたむ。午後久嶋さん来る。榊病院。
十月十九日　午前三時三十七分正子誕生（体重八百三十八匁）。
十月二十三日　へそのをがすべる。
十月二十五日　正子と命名。
十一月一日　体重九百十匁。
十一月八日　午前十一時退院。
十一月十九日　神田吉川様から、初着とき色、しごき、おきんちゃ頂く。
十一月二十日　御宮詣り。鈴木を御代拝に出す。
十一月二十日　神田より長田つぎが来る。
十二月十七日　吉川兄上、芳子様と御婚礼。
十二月十九日　右御婚礼につき、御土産品として白ちりめんと羽二重頂。
十二月二十一日　山尾祖父上御急逝。
当用日記補遺
黒豆　合、数子二升、ご豆百〆、伊達巻一本、白焼かまぼこ、のしもち、みかん　とそ、味醂、酒一升五合、大磯酒五合、鴨七十〆、ガランデン、ポテトサラド　蛤、たら、平目おなます、松葉こんぶ、大根　人参　れん草
　小梅、御次煮〆、レモン、ワサビ　伊勢忠　三重、文明堂カステラ、夜の梅、パウンドケーキ、紅白梅最中15、ビスケット、チョコレート、お次菓子　おぞう煮ばし及袋、みかんゼリー　三合に五枚半、菊のおつまみ
おむつのこうり、支那かばん、ドレスケース、手さげかばん
タヲル子供用二　自分用タオル、着物子供用三、着物三、シーツ二、こしひもねまき帯、ふとん、ネル長じばん二、枕　綿、そばがら二、タビ、ふた物二、かけぶとん、おむつ十五組、ようじ、はらまき、茶ワン、パウダー（シッカロール）手拭五本、石けん、おかね　祝儀袋、かみ道具、桜紙、半紙、食事道具、サラシ、ガーゼ、一反づゝ

■大正七年

一月一日　原田ちゑ子様御誕生。
二月二十一日　正子種痘右手に四つ。
二月二十七日　種痘四つともつく。紅茶少しづゝやる。
三月二日　正子初節句。
赤坂母上、姉上、澄ちゃん、武雄さん、児玉八重子、ちづこさん、広沢厚、直、富士、
鋼四郎さん、伊藤博精、琴子、愛子さん、寿、経、幸ちゃんお茶に御まねき。
東洋軒サンドウヰッチ　スウヰートポテト　桜餅　草餅　えびせん　若藤　まきせん　きはらだな　豆入りみかん　苺シロップ　御白酒御土産に御菓子差上げる。
四月二十一日　駿河台皆様御まねきして、一日染井に遊ぶ。
四月二十八日　正子をつれ、森川で三人写真をうつす。
六月十日　正子にお乳許りでは少したりなくなったので、おぢや少々やる事にする。
六月二十九日　吉川兄上、芳子姉上の御披露帝国ホテル。銀の御さかづき頂く。
八月二十五日　正子鵞倉になる。
八月二十八日　柳病院で見て頂く。
九月三日　山野よりピアノとゞく。
九月十七日　御料理の先生が入らっしゃるので、赤坂に伺ふ。
九月二十三日　榊病院へ行く。三ヶ月位とのこと。
十月九日　正子けふより返事をしたりおじぎをしたりする。
十月十二日　柳壮一さんと福子さんと御婚約なさる。
十月十四日　伊藤貞おひま頂き、かへる。
十月十五日　正子下歯二本はえる。
十月十七日　伊予文にて孝友会。小早川、大村五郎、奥様てる様、原田兄上、大岡、武者小路様、新歌叔母様家二人。茶□があって、面白かった。
十月十九日　正子初誕生。駿河台より大鯛、海老数匹、きす、銀手箱頂く。片言まぢりにかあいゝ事を話す様になった。
十月二十三日　柳、高畠様御披露。欠席。
十一月三日　土方久元様御悪いので、御見舞に入らっしゃる。
十一月九日　土方様御葬式。
十一月十二日　榊病院行。五ヶ月初め。
十一月二十一日　世界大戦休戦。町はわきかへる様なにぎわひ。
十一月二十三日　帯の祝。
久嶋さん午後来る。おみきを上げ、紅白木綿（とき六尺　さらし六尺）奉書で包み、寿の字をかく。御金五円（寿とし）、二円（御酒肴料として）久島さんに。

伊勢忠お寿し、もなか出す。車夫に一円。駿河台に御寿し差し上げる。赤坂母上、姉上、時乗御二人末広に御まねきする(夕食)。
十一月二十七日　駿河台御父上様の御三年祭。朝八時谷中。十時御霊前祭。お昼　日本料理、午後二時より御客様、夜　東洋軒
十一月二十九日　正子に牛乳きのまゝ日に三合、リンゴ煮たの　バナゝ薄切等、御許しが出る。
十二月二十一日　山尾祖父上御一年祭。　心政院満窻晙日大姉
和田政子様　大正七年十月三日

■大正八年

一月一日　四時半正子、次もつれ新坂に伺ふ。
一月十二日　松ばあなくなる。
二月三日　由喜子さん御誕生
二月六日　はまながく手つだってもらふ。今日いよ〳〵駿河台にかへる。
二月十五日　正子につぎ、池田さんついて大磯に立つ。
二月十六日　池田さん大磯より帰る。十八日におかへしすることになる。
二月二十六日　和田家のことをきめる
三月三日　国葬で御休み。
三月八日　喜代から香り高い老梅一鉢もらふ。
三月十二日　庭のサフラン、水仙、梅等花盛り。
三月十六日　伊藤貞より真綿、梅ようかん、ぶどうようかん、牛肉、おもちゃもらふ。母上、兄上、姉上、福原さん、牛鍋でおまねきする。
三月十八日　貞に五円、海苔十六帖、ぞうりやる。
三月十九日　喜代甘栗くれる。
四月二日　サファイヤ帯留ひもつける。
四月三日　由喜子さん御初節句。一、三州味そ一、さしみ、うど薄切玉子まぶし一、竹の子薄切若布一、てり焼一、ごった煮
四月四日　兄上支那御土産に御茶わん十人前。由喜子さん御祝返しに、巻紙封筒乱かご入。
四月五日　夜九時榊病院に入院。
四月六日　大磯から母上、正子御かへり。
四月十日　急に駿河台に行、宿らせて頂く。
四月十三日　国、経、幸ちゃん浮間ヶ原にいらっしゃる。午後九時頃からおなかいたみ、午後十一時三十一分綾子誕生。
四月十八日　母上京都から御帰り。
四月十九日　綾子と命名。御母上、兄上、姉上新坂より御祝に御出になる。
四月二十日　染井にてみいやの御祝。
四月二十一日　おへそがすべった。

四月二十三日　床の上に起る。
四月二十三日　土方叔母上清月御菓子。喜代より水飴。広沢叔母上、渡辺寿子、温子様御祝にお出下さる。
四月二十七日　綾子目方九百二十匁。
四月二十八日　京都にて芳子様御安産遊す。前島叔父上御逝去。
五月三日　枕直し。
五月五日　午前十一時狸穴の家へ帰る。
五月七日　立太子の御祝にて、朝三時半起床御出かけになる。駿河台より初衣、御かつをの御切手五円頂く。
五月八日　正子けふから靴をはいて外を歩く様になる。
五月十二日　四十度発熱。乳腺炎。西限に来てもらふ。冷やす。
五月十三日　六度台に下がる。
五月十五日　喜代御宮詣りに行ってくれる（女の子は三十二日目）。お祝返しけふまでにすますこと。
五月十七日　観世都之氏に初めて謡を習ふ。　吉野夫人。
五月二十五日　京吉川美都子様御逝去。
六月一日　浅沼と云ふ書生初めて来る。　綾子種痘する。熊野神社祭礼で賑やか。
六月十三日　紅葉狩習ふ。
七月九日　原田姉上駿河台にて御男子御誕生（敬ちゃま）。
七月十日　午後三時御父上様御三回忌にて、赤坂に伺ふ。四時より六時まで御客様。晩大広間で御食事。
七月十六日　赤坂新坂《ママ》町五拾番地に引越す。
七月二十一日上野西洋軒で本多猶一郎様と御見合遊す。
七月二十五日　新坂皆様伊香保へ御立ち。京兄上御耳の為御悪く、小六様御見舞に立たれる。原田兄上も、国ちゃん御同道御出かけになる。
八月五日御誕生日。冷しうどん　焼鮎　福包み　ビーフトマト　海老胡瓜酢物　鳥洗ひ　枝豆。
八月九日　栄初めて来る。
八月十五日　午前四時起床。五時半上野発高崎に向ふ。それより電車にて、約二時間半後伊香保木暮旅館別館に入る。正子、綾子、次、若い女中、六人にて行く。
八月十六日　朝雨で大変涼しい。午後御湯から出て姉上と二人で八千代公園に行き、あべ川、おしるこ等食べる。帰りベラちゃんに会ふ。帰って母上、小六様とで湯本へ行き、色々買物する。綾子おなか悪くする。
八月十七日　皆様と七重の滝に行く。
八月十八日　午後大滝に行き、夜ベラサンの処で百人一首をして、十時半帰る。
八月十九日　午後五時小六様御帰京。
八月二十日　午前湯本へ行く。　午後小早川様御着。島崎先生御帰京。

八月二十二日　小早川様の御宿へ伺ふ。
八月二十三日　御兄上様夕八時御着。
八月二十四日　午前八時綾子だけつれ榛名山へ登る。一ノ茶屋迄かごで、後湖畔亭迄行く。神社に詣で、亭にて御昼食。しじみの御汁がおいしかった。帰り二の茶屋迄歩く。道々秋草が風になびき、美しかった。
八月二十五日　午後八千代公園に行く。午後五時にて兄上御帰京。
八月二十六日　夕方町へ買物に行。大雨とかみなりに会ひ、小早川様にて休ませて頂く。
九月四日　午前四時起床。八時半伊香保発。午後一時半上野着帰京。
九月六日　綾子お乳不足で、牛乳百五十瓦、水五十瓦、滋養糖二杯（サジ）。加藤先生粉薬頂く。駿河台母上京都より御帰京。
九月十三日　本多御父上様、猶一郎様駿河台に御出になり、小食堂にて御賑やかに御夕食頂く。
九月三十日　〇
十月一日　時乗様にて、静子様御誕生。
十月十日　午後二時クラス会。尾田けい子先生御七回忌。
十月十二日　駿河台皆様と、午前十時上野発にて帝釈様に御詣りする。金町にて下車。川甚にて御昼。うなぎかばやき　こいこく　玉子焼　新栗金とん。園、喜和、りき御供すゝきが沢山あって、実に美しかった。
十月十三日　偕楽園にて孝友会。
十月十五日　星野御夫妻に御食事差し上げる。三州味そ　鯛洗ひ　こふじめ胡瓜酢物　支那料理　鮭フライ　とうもろこし　おしたし　鯛の子　松茸どびんむし
十月三十日　鎌倉原田様に伺ふ。
十一月十二日　駿河台より、正子三つの御祝に御紋付御召と御切手拾円頂く。
十一月十三日　母上寿ちゃんを御つれになって、お別れに御出になる。
十一月十九日　紅葉館にて寿ちゃん御里開。
十一月二十二日　築地西洋軒にて、本多様御披露。
十一月三十日　綾子種痘《（アキ）》する。
十二月五日　御料理の□状頂く。

■大正九年

一月一日　大磯にて駿河台皆様と楽しい新年を迎ふ。
一月二日　新歌叔母様、御子様方入らして、とし子様だけ御泊りになる。
一月三日　原田兄姉上、博道さん御出になる。自動車で皆で鎌倉原田邸に伺ふ。御夕食。岡部、二荒、近衛、園田御夫妻。十時頃帰られる。
一月四日　朝食後原田御二方、園田御二方、博道さん、

私共二人、三浦三崎をドライブする。お天気はよし。何とも云へぬよいけしき。午後御いとまして大磯へ帰る。夜は福引。
一月十日　午後一時より進様にて謡会。小袖曽我　鶴子　御後室　春子。　二人静　河村令夫人　松本令夫人　進利子。　熊野　斯波限子　横河令夫人　河村。　羽衣　木戸　和田。女郎花　箕作光子　得能淑子
一月十日　午前一時西園寺新子様御逝去。
一月十四日　原田御母上様流感にて御逝去。
一月十六日　白菊会新年会。小六様送別会。やをかん。
一月十七日　原田母上告別式、二時―四時。
一月二十日　榊病院へ渡辺寿子様の御祝に伺ふ。
二月二十三日　午前中御親類廻り。夜来原、福原、鈴木、鵜沢、園、喜和、喜代よび、八百甚の御料理。あげはやをよぶ。大雪となる。
二月二十四日　午前十時駿河台に伺ふ。お昼を頂き二時半帰宅。午後七時半東京駅発にていよ／＼外遊の途に出られる。
二月二十六日　神戸出帆。
［欄外］〇外遊
三月一日　原田様母上の四十九日で御まねき頂く（夕食）。
三月二十一日　けふより綾子やっと一足位歩ける様になった。
四月十一日　染井別邸に駿河台皆様御まねきする。桜丁度よし。
四月十三日　綾子の初誕生で、母上、兄上、姉上お昼およびする。四時マヽ様方と銀ぶらする。久ちゃんに御会ひする。
四月十九日　力と静御花見に出。午後三時半久ちゃん来。桜が花ふゞきの様。
五月九日　歌舞伎、加藤祖母上、マヽ様、土方皆様と行く。
五月十六日　一時頃久ちゃん大磯へ来る。幸ちゃんつれて、村井さんの松原へ散歩に行く。幸ちゃん三時頃御帰京。
五月十七日　三島御夫妻や御友達とふみ切りたんご食べに行き、かへり千畳敷へのぼり、六時半頃帰る。楽しい一日。
五月十八日　すわ丸にて常雄様御立ち。二万一千頓。御見送りに行く。
五月二十三日　本多御二方様、国、経、幸ちゃん、喜和昨夜から宿られ、午前皆様と千畳に登る。午後久ちゃん来られ、暫く話して後海へ行く。四時で皆様御帰京。
五月三十日　国府津から御祖父上様大磯へ御遊びに入らっしゃる。お昼、一、お汁。きすのやいたの　鳥　三

ツ葉　しめじ。一、おさしみ。一、おうま煮　竹の子さや豆　魚つくね　しひ茸一、空豆　半ぺんつけ焼
六月十日　大磯より帰京。
七月二十一日　午後の汽車で大磯へむかふ。
七月二十八日　午前大磯を出て、兄様、国ちゃんと三人で浦和本多様に伺ふ。ひどい雷にあふ。夕食新橋にてすませる。
八月三日　久ちゃん東京から来る。
八月四日　朝久ちゃんと三島様に伺ひ、千畳敷のふもとまで散歩に行き雨に会ふ。
八月七日　亀井崇子様エンプレス・エシヤにて米国に立たれる。
八月十六日　久ちゃん午後早々来る。
九月二十一日　榊病院に梅子様の御見舞に行く。
十月十日　夕原田様に伺ふ。徳川、近衛、西尾、土方様御出になる。
十月二十七日　大野、広沢御両家御披露。
十一月四日　正子三貫、綾子二貫二百匁。
十一月六日　森川へ写真をうつしに行く。
十一月十六日　ピアノ御稽古日（中村先生）。
十一月二十七日　吉川父上五年祭。
十二月二日　立花様へ御悔みに伺ふ。

■大正十年

一月一日　午前九時御祝膳。正子、綾子、おばゞ様からお箱せこ、鳥おもちゃ頂く。午後国、幸、しいちゃんとこよろぎの浜を散歩する。
一月七日　七草がゆ。おそなへ、御かざり取りのぞく。
一月十五日　小豆がゆ。
一月十七日　正子人の絵を書き始める。
一月二十二日　原田姉上、御子様方大阪へ御立ちになる。
二月三日　みかんまき。豆まき。
二月九日　紅葉館にて広沢叔父上送別会、五時半より。
三月三日　皇太子殿下御外遊の旅に立たれる。
三月四日　広沢叔父上御立ち。
三月九日　赤坂にて笑子ちゃん御誕生、午前十一時。
三月二十九日　佐藤やす子様御披露。
四月二十日　ミス・ブラックに編物習ふ。ベビー・フート初める。
四月二十八日　謡会で富士太鼓のワキをする。
四月二十九日　毛利様へ御祝に伺ふ。桜クッション、切手二円。
四月三十日　御兄上様送別会、おとなりである。
五月二日　駿河台御本家で御花見におよばれ。御兄上様サガレンに御立ち。午後十時上野発。
五月七日　井上公園遊会。おしいことに雨はげし。

五月十六日　松井御兄上御婚礼。
五月十七日　毛利敬親公五十年祭。夜シューマンハインク。
五月十八日　シューマンハインクの歌を聞きに帝劇に行く。
五月二十五日　松井様御披露。
六月一日　大野温子様の処で御昼頂く。一、御汁、そうめん　むきえび　一、煮物、豆腐　ねぎ　肉　一、焼物、玉子焼　おた福豆　一、酢の物、胡瓜　白州　パイナップル
六月八日　力にながのおひまをやる。
六月九日　渡辺様にてお昼頂く。一、御汁　三州　きすうど。一、チシャ　魚　酢味そ。一、空豆塩ゆで。一、ビーフ・コロッケ　ヂャガイモ。一、玉子白ソースあへ
六月十一日　学習院の幼稚園を見に行く。
六月十五日　編物、広沢様にて。一、御汁　ねぎ玉子とじ。一、肉コロッケ　ヂャガイモ千六本　キャ別白ソース。一、胡瓜　あげ　酢の物
七月二日　加藤ふさ（兄様おつき）午後六時死去。
七月二十八日　松本清堂先生来られ、下絵だけ書く。
七月三十日　静の舞をかきはじめる。
八月三日　絵やっと出来上る。
八月十四日　幸ちゃん、正子、力と四人で興津へ行く。
八月十五日　つぎ、綾子と興津へくる。
八月十八日　朝かそう行列して伊藤様へねり込む。
八月十九日　夜正ちゃんなど入らして、アップ・ヂャンケン等して遊ぶ。
八月二十七日　興津は大荒れ。午前十時の汽車で伊藤皆々様と帰京。午后四時無事東京に着く。
八月二十八日　御兄様午前七時上野着、サガレンより御帰り。
九月一日　井上世外公七回忌につき、御拝に伺ふ。
九月三日　皇太子殿下御帰朝遊す。
九月七日　皇太子様の御船で銀器とゞく。西園寺八郎様御持ちかへり被下る。
九月九日　二荒様ロンドンから御言づけの毛布御持ち被下る。水色とゝき色。
九月十八日　おとなりで慶子さんの御見合がある。力を貸して上げる。
十月四日　鵜沢の家で力と徳久の見合。
十月五日　久々で小春日和のよい御天気となる。正子にローズ色の洋服を着せ、十時に幼稚園の試験につれてゆく。はじめに年、次に色、数、はめ絵、人の顔で口のないの、目のないの、見せて下さる。最後身体検査。
十月六日　学習院幼稚園より入園許可。

十月十一日　毛糸細1と1／2、太1と1／2　十二円（三ポンド）。
十月十二日　英国より色々な毛糸沢山とゞく。
十月十三日　謡陽貴妃。
十月二十日　毛利五郎様銀婚式の御祝。
十月二十四日　学習院幼稚園始じまる。ヒゴに麦わら通し、後、ハトポッポ、ヒライタ〳〵、汽笛一声等うたふ。御庭で少し遊び、帰りに御話。
十一月三日　力の婚礼。
十一月四日　午後七時東京駅で原首相暗殺される。
十一月十五日　綾子三才御祝。
十二月三日　土方様の御誘ひで、出家とその弟子有楽座に見に行く。岡田よし子がよくやった。
十二月五日　幼稚園に皇后の宮行啓。
十二月八日　生れてはじめてひどい地震がある。夜九時。
十二月二十日　今戸吉川叔母様の処に伺ふ。
十二月二十七日　大磯へ立つ。大学から年末賞与百円頂く。

■大正十一年（犬年）

一月二日　大磯十時二十七分発で興津に行く。博、春、通ちゃん等とごいっしょ。ゆひから正ちゃん、げんちゃん御乗りになる。二時半頃着。夜かるた。
一月三日　午前海岸にゆき、玉つきに入る。午後正ちゃん、元ちゃんなどゝピンポンして遊ぶ。
一月四日　十二時十七分にて、きくをつれ興津を立ち大磯にかへる。原田兄上、本多様方もいらして、御賑やか。
一月十六日　花がるた子供達の為めにかく。
二月五日　国府津より御祖父母上様御揃ひで御出になる。暖かな春の様な日。
二月九日　山県公国葬。正様から御便り頂く。
二月十二日　喜和の母が悪るく、喜和急に帰京する。
二月二十五日　大磯から皆かへる。
三月七日　綾子中耳炎。
三月十九日　母上、兄上の御ともして、九段の御能にゆく。夕相馬、伊達御両家の御披露に行く。
三月二十八日　今戸吉川様素謡会、午後一時―十時半。
蟻通　シテ大村　ワキ二宮
　　ツレ田島
忠度　シテ木戸後室　ワキ二宮
二人静　シテ春子　ツレ五郎夫人　ワキ田島
角田川　シテ吉川御後室　ワキ五郎　支方五郎夫人
鞍馬天狗　シテ五郎　ワキ小早川　大村
四月十五日　正子九時迄に登校。小学一年生となる。英皇太子五時六本木御通り拝する。

四月二十三日　土方梅子様御誘ひにて、有楽座にキーサンの舞を見る。
五月一日　朝六時半家を出、横浜へ御迎へに行く。二年二ヶ月の御留守。
五月二十四日　午後から赤坂の澄宮御殿に正子と御まねき頂く。活動等拝見し、ちまきを頂いてかへる。
六月十八日　箱根福住に行き、午後帰京。
七月三日　東伏見宮御葬儀の為め御休み。
七月四日　正子けふよりおくりむかへにする。
七月二十三日　伊藤忠ちゃんせきりでおかくれになる。
七月二十四日　琴子さん御発病。
七月二十八日　伊藤博忠様御葬式。
八月二日　琴子さん午後一時おかくれになる。
八月六日　琴子様御葬式。
八月二十日　御兄上様カムチャッカより御帰りになる。
八月二十一日　午後三時児玉達雄様おかくれになる。
九月三日　午後九時から三井集会所でダンスの会がある。午後十二時帰宅。
九月六日　今戸吉川様より夕御まねき頂き、食後御庭先よりモーターボートを浮かべ遊ふ。帰り仲見世による。
九月十一日　けふより幼稚園。久米さんが御受け持ち被下る。
九月十三日　朝力の処で男の子生れる。
九月十七日　前嶋道子様告別式。
九月二十七日　下谷へ伺ひ、御祖母様に帯地、敬叔母様に銀胡椒入差し上げる。
九月二十八日　母上の御ともして鎌倉の本多様に伺ふ。きく、吉田御供する。

■**大正十二年**

一月一日　興津にて、御母上様、博春、博通様等と賑やかに過す。小六様御頭痛でおしづまる。
一月二日　御兄上様東京より御出になる。
一月三日　小六様インフルエンザ。子供達はつぎ、さきつけて大磯に御願ひする。午後から私も八度八分。床につく。
一月八日　静岡大東ホテルに伊藤叔父様の御ともでゆく。
一月九日　興津から大磯へ行く。母上御風でおしづまる。
一月十五日　光喜様御宮詣り。およばれしたが、お断りする。
一月二十一日　小六様大阪へ御立ち。
一月二十三日　大磯より帰り仕度くで、一日ごた〳〵する。
一月二十四日　小六様京都から大磯へ御かへりになる。
一月二十五日　朝より雪がはげしく、二時の帰り頃には大分つもる。喜和が悪いので、大磯に心残りがする。

二月二日　喜和午後八時とう〳〵なくなる。小さい時より可愛がってもらったのに、ほんとうにかあいそうな事をした。午後八時ウイゼルスベルグ来られる。
二月十四日　ダイヤモンドとルビーの指輪こしらへて頂く。
二月十七日　みいや午後十一時なくなる。
二月二十一日　本多様牛込より龍土に御引越遊ばす。
二月二十三日　御姉上様御男子御誕生。
二月二十五日　ウイゼルさんと上野に行き、久野さん告別演送《（ママ）》会聞く。
三月四日　神田七番地。おひな様で御まねき頂く。　大阪寿し　ごった汁（クワヰ　八ケ頭　コウヤ豆腐　鳥ギンナン）　シュークリーム　桜もち　草もち　お土産に御人形頂く。
三月二十八日　午後大村様告別式。
四月十九日　正子始めて幸田先生の処に稽古に伺ふ。早速見て下さる。
五月七日　アリスさんに来て頂く。
七月九日　御父上御七回忌。
八月二十日　寿ちゃんと横浜三影《（ママ）》園に行。
八月二十八日　加藤首相の御葬式。
九月一日　午前十一時五十分強震。瓦斯、水道皆止る。
九月二日　昨夜より方々火事でまっかになる。朝荷物をもって冨ヶ谷児玉さんににげ、午後赤坂に帰り、夜は鍋島農園で一夜を明かす。
九月七日　幸子ちゃん入らっしゃる。
九月十二日　幸田先生御稽古。
九月十九日　幸ちゃん御つれして学校に行く。正子の願書頂いてかへる。

■大正十三年

一月二日　渋谷に御年始に伺ふ。　紅白かまぼこ　鳥つくね　金とん　黄身寿し　ゴマメ　カズノコ　黒豆　おなます（人参、大根、御魚）　お汁　ふきのとう　たら　こぶ
おとそのおさかづき　おちょこ［図解］
一月十五日　強震ある（朝六時）。
一月十九日　御夕食、ウイゼルさん御よびする。
一月二十日　広沢お千代様二十年祭。
一月二十一日　重武様御十年。
一月二十六日　東宮御成婚式。
一月二十七日　東宮、同妃沼津へ御出発。
一月二十八日　午後三時沼津より御帰り。
二月六日　午前九時正子小学入学試験。
二月十一日　入学許可の通知が来て、皆大喜び。
三月四日　幼稚園のおひなまつりに綾子をつれて行く。

歌や御ゆうぎ。正子のピアノもある。
三月十八日　夕方奥田氏来られ、今年十二月二十五日家が出来上る筈。
三月二十四日　幼稚園送別会。正子ピアノに出る。
四月一日　保証人会で学校にゆく。帰り赤心社に本をかひに行く。
四月十四日　正子入学式に行く。
四月十五日　学校見に行き、十一時かへる。
四月二十五日　パービス明朝御帰国の由。銀の煙草入差上る。
四月二十九日　母上の御ともして京都へ立。園がおとも。
四月三十日　午前京都ホテルにウイゼルを尋ね、後芳子様御誘ひで平野屋に行。後加藤様に伺ひ。夜皆様御誘ひして、おきすきに行く。
五月一日　よいお天気なので、皆様と嵐山に行。ちどりにてお昼頂く。夜木戸母上、忠太郎様を駅迄御むかへにゆく。
五月二日　朝お墓詣り。午後芳子様と四条通に買物。田舎亭にて夕食。
五月三日　朝の汽車で帰る。車中園が苦しみ出し、大心配する。
五月九日　小六様母上の御供して京から御帰り。
六月五日　ウイゼルに誘はれ独乙クラブにゆく。食後ダンス等あり、面白かった。
六月六日　小学の運動会に行く。正子一等になる。
六月二十四日　正子十四日頃から熱高く、今日中耳炎ときまる。
六月二十七日　園とう〳〵なくなる。気の毒な事をした。
六月三十日　正子の耳全快。
八月十七日　夕食後博春さんと、アルト・ハイデルベルヒを見に行く。
八月二十五日　午後七時よりドイツクラブにゆき、歌、ダンス等あり。午後十二時帰宅。ウイゼル二階に宿る。
九月一日　あの恐ろしい地震があってから早やくも一年立ってしまった。今日は何としづかな日であったろう。無事に静かに暮れて行く空を見て居ると、去年の事等想出されて悲しくなる。なつかしい神田の御家の焼たのも、一年前の今日である。喜和は地震のあのおそろしさを知らずに死んで、仕合せであった。
九月四日　朝原田様で御男子御生れ遊。
九月五日　夕食にウイさん来て、宿る。
九月七日　中御門様に伺ふ。テニス等。
九月十一日　始業式。小学校へ行く。九時半御となりで孝信さん御誕生。
九月十八日　大きな地震。庭に出る。
九月二十二日　小学校へ美智子さまと智恵子様御つれす

る。

九月二十四日　夜りきのお産があって、次行く。

九月二十八日　ウィさん宿る。お鳥ソーセージ頂く。

十月十二日　上野の音楽会にゆく。幸田　安藤　ショルツ　ウエルクマイスター出演。

十月二十一日　夕五時から《ママ》伊達、前島御披露。

十一月十六日　桜友会園友会西郷侯邸にてある。水谷八重子のおどり等。

十二月二十四日　幸田先生にておさらへがあった。

いつの年か子供達クリスマスに原田様に五時頃より御まねき頂、おいしい弁松のお弁当、シトロンやプディング、おみかん、バナヽ等頂き、クリスマスツリーに豆電気、今林さんがサンタクロースになって、袋より品物を渡して下さる。正子も綾子も大喜び。紅茶々わんとチョコレート頂く。ピアノに合わせてクル〳〵廻る。御つまみ、石ごろも、ドロップ、キャンデー等でお茶頂き、十時御いとまする。

■大正十四年

一月一日　正子午前十一時半学校御式。十二時帰宅。御となりへ御年始。かるた等する。

一月三日　午前九時半原田御兄上、美智、智恵子様、今林さん自動車でおむかへに来て下さる。家は四人。賑やかに東京をはなれ、玉川に行く。用意のお弁当食べ、二時半頃井の頭公園に行。かけ茶屋にておしるこ等食べ、正子、綾子も大喜び。夜はおとなりへ時乗、児玉様入らして、御賑やか。

一月二十七日　六本木までソナチネ・アルバム買に行く。

二月五日　菱田先生御葬式。

三月三日　綾子、林先生にピアノ願ふ。

三月十八日　朝ドルニエ立たれる。

四月一日　正子総代ときまる。

四月三日　伊藤博精、博春、博通様、古谷正一様、高橋福子、元子様等と三里塚へ自動車をつらねて。一日楽しく遊ぶ。

四月五日　ふしん場にゆく。食堂に色々なものが入る。

四月七日　朝の汽車で四人で京都に立つ。浅沼、福井、栄留守番。

四月八日　午後買物。夜おきすき。後、京おどり見にゆく。

四月九日　朝御墓詣。後清水にゆき、夜は田舎亭。

四月十日　宇治にゆく。

四月十一日　真如堂に伺ひ、吉川様にてお昼頂き、午後大丸等に行き、夕方ウエルボンを尋ねいっしょにひょう亭にゆく。

四月十二日　朝の汽車で京都を立ち、帰京の途につく。

四月十九日　御花がほんとに美しい。何年か前の今日は、よい想出の日。
四月二十六日　いよ〳〵御引越しの日。朝から雨がしと〳〵と降って、運ぶのに困る。人手多く、割に早く片付く。
引越の日頂く。　御本邸　御寿し二十人前、渋谷様果物　さらしな切手、原田様　御菓子、本多様　おそば、吉川様　銀製花盛器　切手、御がく二枚　原田様、子供がく、幸子様、時計　木戸様、しき紙かけ　次弟、観世水煙草入　西原様、ガラス花瓶二つ　原田学様、うけじおさへはいちょう目ざまし　京木戸様、飛行機航研、ナイトラッチ　原田軌一、御切手十円、喜代、御切手二円、吉岡、黒外国製花さし　中御門様
四月三十日　朝五時本多様で御女子御誕生。しげ子ちゃん。
五月五日　原田興造様の御節句に御まねき頂く。
五月八日　朝信ちゃん御かくれになる。御手つだひに伺ふ。
五月十一日　信ちゃん御葬式。
五月二十一日　伊藤、永富様御披露。
五月二十二日　夕六時芝紅葉館に御祖父母様から御まねき頂く。皆で二十四人。楽しい夕べ。
六月一日　綾子ピアノへ始めて上がる。
六月九日　小学運動会。正子ランニングで三等になる。
六月二十二日　京姉上辻病院で御次男御誕生。
六月二十三日　正、綾の机、ダディが二つ買っていらっしゃる。二人とも大喜び。
六月二十六日　大磯に貸別荘見にゆく。
六月三十日　米沢伊藤貞が子供つれて来る。
七月六日　庭に芝がしけた。
八月四日。大磯にゆく。あわびの家に入る。
十月八日　綾子入学許可の通知来る。
十月二十二日　広家公三百年御まつり、雑司ケ谷にて。
十一月七日　ジルマル・シェックスのピアノ聞きに行く。
十一月十五日　綾子七つの御祝。御宮詣りする。
十一月二十六日　ガーディナー御主人なくなる。
十二月一日　ガーディナー日光にゆかれる。
十二月三日　次や御いとまする。
十二月六日　成子内親王御誕生。
十二月二十五　幸ばゝ、みち、ちえ、由喜、戸沢、酉、松平、柳沢、永山、宮下御よびする。
お昼　伊世忠御弁当　御汁　人参、ヂャカイモ、鳥、青豆
おやつ　のり巻　玉子寿し　サンドウヰッチ　西洋菓子　みかん　ふまんぢゅう
クリスマスツリーを立て、福引をする。

■大正十五年

一月二日　午後原田御兄上の御誘ひで川崎大師に詣うで、蛤鍋を食べ、道が余りひどいので気持悪くなり、帰って少し休む。午後六時忠太郎様御着、御宿りになる。

一月九日　笄町の御祖母様（吉川母上様）の処へ、正、綾学校かへり御年始に伺ふ。

一月十日　演舞場へ中御門御夫婦と五郎見にゆく。あちらで井上千代子様に御目にかゝる。

一月十三日　原田御母上照子様御七周忌、五時より御待夜。

一月十七日　伊藤様へ御年始に伺ふ。愛子ちゃんの御むこ様に始めて御目もじする。中御門様御夕食差上る。末広鳥鍋　鯛うしを　かに、うど酢の物　海老、竹の子、唐なすうま煮

一月二十一日　原田軌一様御結婚式。乃木神社にて。正、綾見物にゆく。中央亭で御披露。晩翠軒花瓶、切手御祝に上げる。

一月二十二日　けふはとても寒い。久ちゃん四時頃御尋ね被下る。

二月二日　原田敬策様を初等科入学式に御つれする。加藤首相御葬式。

二月六日　綾子水痘で休学。熱八度。（七日七度代）

二月九日　綾子もう起きる。

二月十八日　正子水痘。八度熱を出す。（十九日七度代）

二月二十日　正子起きる。進さんのおとしさん御かくれになる。

二月二十二日　綾子水痘すっかりよくなったので、学校へつれて行く。

三月九日　議会を井上お千代さんと見にゆく。

三月十四日　夕食後築地小劇場にセント・ジョージを見にゆく。

三月十九日　朝から雪が降り出す。

三月二十二日　永富新御夫婦御尋ね下さる。

三月二十六日　笄町吉川母上と銀座に行く。雪が降り出して困る。

三月二十七日　成績渡る。正子全甲。綾子唱歌だけ乙、後は全甲。

三月二十九日　三島、越たかる様御婚礼。御披露御ことわりする。

四月二日　八時五十分の汽車で京都へ立つ。母上、国、経、幸様方と。

四月三日　木戸母上、兄上、澄ちゃん、由喜子さん京都へ朝御着。お昼、夷閑戸様。午後動物園。さくら井屋。夜俵屋で　お食事　頂く。

四月四日　西本願寺にて御まいり。お昼俵屋。夕都おど

り見て、平野屋にて皆様御馳走差上る。
四月五日　綾子つれ真如堂に伺ふ。吉川母上と清州へゆく　午後木戸皆々様と桃山、稲荷、雀の御宿等へ行く。夜は吉川様御誘ひにてひょう亭にゆく。
四月六日　木戸皆々様いよ〳〵御帰京。国、経、幸ちゃんと奈良へゆく。ホテルで御食事し、春日神社、大仏等見物する。夕食は夷川で頂く。
四月七日　幸ちゃん御誘ひして、五人で石山へ行く。柳屋で昼食して、船でかへる。御夕食夷川で頂く。
四月八日　夷川のお家の桜ちらほら咲出す。御いとまするには余りよいお天気。九時五十分の特急にて帰途につく。興津の桜、原の桃、なたね等美し。
四月十日　夕方より綾子熱を出す。
四月十二日　三時頃九度熱を出す。
五月十二日　宮内看護婦かへる。丸一ヶ月寝てしまった。
五月十三日　久しぶりで起きる。
五月十五日　正子徳川様に伺ふ。
五月十七日　吉川様に病中の御礼に伺ふ。
五月十九日　夕方から又急に熱が出る。
五月二十一日　杉崎看護婦来る。
五月二十六日　御祖父孝允公五十年。病中故伺がはれず。
五月二十八日　正子学校からかへってから発熱。
六月四日　今日から起きる。十七日間寝てしまふ。
六月六日　しげ子ちゃん御見舞に、瀬川病院にゆく。
六月十日　正子熱高く、三輪、加藤両先生御来診下さる。
六月十一日　杉崎看護婦帰へり、田辺看護婦来て下さる。
六月十七日　国府津にて御祖父様午前二時十七分御かくれ遊す。夕東京駅に御むかへに行く。又夜南町に伺ふ。
六月十八日　御つやに伺ふ。
六月二十日　午後一時から三時迄南町にて告別式。四時御出棺。
六月二十四日　綾子だゝをこねてピアノを休む。ほんとに困る。
六月三十日　正子病気大変よくなり、斉藤看護婦かへす。
七月十六日　原田様官邸より新坂の貸家に御引越。正、綾大喜び。
七月十九日　加藤先生今日で正子診察終。色々御許しが出る。
七月二十五日　渋谷吉川様の御親築《ママ》拝見に行く。
七月三十一日　田辺さん帰る。
八月一日　明治神宮御池にかめをはなしにゆく。
八月二日　皆で大磯にゆく。
八月二十日　箱根に吉川、原田恭子様家四人で行。お昼ふじ屋。後元箱根でモーターボートに乗り、一日楽しく遊ぶ。
九月十四日　久敬様支那からの御土産にマーチョン持っ

て来て下さる。

十二月二十五日　天皇陛下午前一時二十五分崩御。

コラム　新劇と従兄土方与志（久敬）について

「土方梅子様御誘ひにて、有楽座にキーサンの舞を見る」（大正一一年四月二三日条）、「明治座へ小六様と二人でゆく」（昭和七年三月二二日条）など、春子は親戚・友人や夫と時々観劇を楽しむ。その中には、新劇界の先駆者、演劇人の土方与志（久敬）演出による新劇の鑑賞がある（大正一五年三月一四日条ほか）。土方は春子の母方の従兄で、当時既に伯爵の爵位にあった。

明治以降日本演劇は、歌舞伎の近代化と西洋演劇を範とした新しい演劇の確立を目指す演劇改良運動が行われ、「新劇」の語が使われ始めた。大正一三年、小山内薫、土方与志を中心に築地小劇場が創設され、専用劇場、専属スタッフ、養成所が一体となった画期的な新劇運動の拠点となり、新劇界をリードし、多くの俳優、演出家、劇作家を輩出した。しかし、土方の演劇活動は警察当局から目を付けられていた。昭和八年四月、彼は妻梅子、長男・次男とともにフランス・ドイツ経由でソ連に渡る。日本政府の旅券交付条件違反、ソ連での言動、治安維持法違反が判明したため、宮内省は、ソ連に滞在する土方の爵位を剥奪する。土方らはソ連に亡命したが、その四年後、彼等はソ連政府から国外退去を命じられ、パリへと移る。昭和一六年に帰国、土方は特高警察に逮捕され、昭和二一年一〇月まで獄中にあったが、戦後は再び演劇人として復活した。

土方一行が旅立つ際に、春子は見送りに出ている（昭和八年四月四日条）。そしてこのとき華族を管理する宮内省宗秩寮総裁は木戸幸一であり、土方の爵位剥奪の厳しい処分に徹せざるを得なかった。

【参考文献】大笹吉雄『日本新劇全史』第一巻（白水社、二〇一七年）。津上忠『評伝　演出家　土方与志』（新日本出版社、二〇一四年）。

（塚田）

■**昭和二年**

一月八日　始業式（土）。

一月二十七日　フィアットが来たので、皆で外苑にゆく。

二月七日　御大喪儀。十一時過まで起きてラヂオを聞く。

二月十七日　正子けふより幸田先生になったので、大よろこび。

三月三日　綾子アメリカの人形をむかへに、学校より青年会館に行く。

三月五日　習辞会で、正子は雪の御話、綾子はシャボン玉の御話する。
三月六日　美智、智恵子様御誘ひして、久地の梅林にドライブする。
三月七日　十時ウイゼルさん御着。
三月二十三日　夕食にウイゼル、カルマン、ラハマンおよびする。
三月二十四日　渋谷へお昼御まねき頂く。
長亭御弁当　うにかまぼこ　鯛うしをわらび　胡瓜平目酢
三月二十六日　伊藤玉子様急に御かくれ遊す。
三月二十九日　伊藤様告別式、青山にて。
四月一日　平河町原田様に御花見のお茶におよばれ。正子遊んでいてけがをして、急ぎ上野病院へつれてゆく。留守に内山先生より御電話かゝる。
四月三日　本多皆々様、澄ちゃん御誘ひして、大宮迄ドライブして、かへりに三河屋にて牛鍋を食べる。
四月五日　原田、本多、児玉御子様、永山、酉、柳澤、瀬下、島村様方二十人ほど御招きする。
昼　鳥ケチャップ御飯　はんぺんの御汁　玉子コーンビーフ　金とん
おやつ　苺ショートケーキ　サンドウヰッチ　みかん
御かしわ　かきもち　甘うり
四月六日　小石川小立様にて級会御催し下さる。午後一時十人集。
四月十二日　ゆすら、ぐみ、小手まり、あぢさい、木蓮植る。
四月二十一日　浅見さん貞をつれて来て下さる。
四月二十四日　雑司ケ谷御別荘へ筍掘りに御まねき下さる。子供達も大人も一日楽しく遊び、お土産にまで頂く。
五月十七日　博士に御成りになった御祝に、来原、福原、高野、山口来る。
五月二十日　重国様の送別会で星ヶ岡に御まねき頂く。
五月二十三日　午後八時四十分で重国様京都へ立たれる。
五月二十四日　神戸から英国へ立たれる。
六月十四日　アルウィンの愛ちゃん御婚礼。
九月十日　御月見に吉川様に皆々御まねき頂く。
十月十一日　広岡八重子様に英話を習はせる事にし、初めての御稽古。
十月十四日　同級会。赤司、関、阿久津、広田、井上、岩佐様方御出席。
十月二十九日　婦人画報写しに来る。帝劇で小劇場の御芝居がある。本多様、幸ちゃん等とゆく。
十一月十三日　小林様、博子様方御誘ひして、練馬の先の冨塚先生のお家へ行く。

十一月十七日　広沢直子様、池田勇人様との御披露。三時より工業クラブ。
十一月二十二日　ストーブたき初める。
十一月二十五日　大正天皇御一年。夜小林御夫妻御尋ね被下る。

コラム　婦人雑誌を飾る名士夫人

『婦人画報』の昭和三年新春号は、「趣味の名流婦人（三）和田春子夫人」として、着物姿で洋間のテーブルの前に座る春子の写真が掲載され、趣味が園芸であることが紹介された（取材は昭和二年一〇月二九日条）。

『婦人画報』は明治三八年七月に創刊。当初、作家国木田独歩が編集長であった。同誌は、都会のインテリ女性をターゲットに、グラビアで、皇族、華族、政財界の名士夫人・令嬢の写真を掲載。彼女らの先端を行く洋装、華やぐ着物姿、ハイレベルな趣味・生活を紹介した。太平洋戦争中は『戦時女性』と改名したが、戦後即座に『婦人画報』に戻し、創刊以来の編集方針、おしゃれでハイ・クラスの生活様式を誌面に展開する。

明治、大正から昭和にかけて、このほか『婦人之友』、『婦人倶楽部』、『婦人界』、『淑女画報』、『主婦の友』、『婦人公論』などが刊行され、多くは既に終刊した。名士夫人・令嬢たちは、誌面に登場するばかりでなく、読者側でもあった。

【参考文献】『婦人画報』（第二六九号、一九二八年一月）。塩澤実信『雑誌１００年の歩み』（グリーンアロー出版社、一九九四年）。

（塚田）

■昭和三年

一月一日　日曜日。晴。
一月八日　ラハマンの御茶におよばれ。
一月九日　広沢様御まねきにて、花の茶屋に行く。十六人。
一月十三日　加藤とし子様御祝に、西大久保に伺ふ。
一月十六日　とし子様御披露。華族会館にて。
一月二十一日　西様告別式。
一月二十五日　西尾叔父上ダックスをもって来て下さる。
二月二十八日　正子習辞会。数学と御習字に出、大変よく出来たとおほめ頂く。
三月八日　久宮御薨去。
三月十八日　本多皆様、幸、経と久地の梅林に行く。丁度見頃。香よし。
三月十九日　サルビヤ、ショーブ、コスモス、葉毛糸《ママ》まく。
三月二十日　大分暖かになったので、ストーブたくのやめる。
三月二十四日　正子をつれ九時迄に学校に行く。総代の御話がある。
三月三十日　卒業式。正子前期総代として出る。
四月一日　田永二人、次、浅沼、福井、一郎、一枝もよぶ。弁松御弁当。次やに御祝、大島やる。
四月五日　葉山木戸様に伺ふ。つみ草、あさり堀等。御夕食逗子ホテル。帰りの汽車でおなかゞいたみ、八度熱を出す。
お昼　鯛切身　柚子　御汁　空豆塩ゆで　とこぶし
まぐろ御さしみ　竹の子こぶ煮　つくし　おむすび青海苔かけ　苺
四月六日　おなかいたみ、一日苦しむ。正子御祝に、木戸御祖母様より美しい電気スタンド、吉川御祖母様よりかあいゝ御本箱、澄ちゃんより犬置物頂く。
四月十二日　博春様御披露。私は御ことわりする。
四月十五日　幸田先生から正子普通科修予のおめん状頂く。
四月十六日　五月人形本多康張様に差上る。貞始めて仕事に出す。
四月二十一日　御夕食にラハマン、ウイゼル、西井様御まねきする。
四月二十九日　午前十一時から雑司ケ谷。竹の子ほり。沢山頂いてかへる。
五月六日　張ちゃまの御初節句で、御まねき頂く。
五月八日　西なさんにおきゅうを下して頂く。喜之さんに花がたみのきりを教へて頂く。
五月十三日　小石川植物園で山口県人会に御まねき頂く。
五月十五日　謡で三井寺習ふ。
五月十七日　正子水戸へ遠足。
五月二十日　ラハマンと玉川へドライブ。ボートで一日遊ぶ。午後六時から紅葉館で御祖母様喜の字の御祝。御まねき頂く。
五月二十一日　西原伯母上、そとば小町の御開き。御よび頂く。
五月二十二日　綾子寒川にしを干狩。
六月三日　幸田先生音楽会。華族会館にて。正子は四番目に出る。
六月十三日　華族会館にて謡会。
三井寺　　シテ兄上
七騎落　紘上　シテ東久世御奥様
かきつばた　シテ姉上　　ワキ春子
しょうじょう　シテ織田信恒　　ワキ小六
竹生島　　シテ母上

はん女　　シテ中御門御奥様
六月十七日　加藤御祖父上御三年。
七月九日　夜帝国ホテルへ「思ひ出」を見にゆく。
七月十日　十一時頃から一寸外出。五反田の方にゆく。
　午後留守に渋谷母上、寿ちゃん入らっしゃる。
七月二十二日　大磯に行く。
八月五日　ダディーの御誕生日。原田姉上から大張子、
　でんぐ〳〵だいこ頂く。
九月二十八日　勢津子姫御婚儀。
十月三日　広沢真吾様御婚礼。紅葉館に御まねき頂く。
十月五日　東京会館で真吾様御披露のお茶。
十月十日　本多様の御さそひで、村山貯水池へ栗拾ひに
　ゆく。
十月二十八日　五時帝国ホテルで加藤清之様御婚礼。
十一月一日　姉ヶ崎へ正、綾遠足。
十二月十三日　広沢叔父上〇時五十五分御かくれ遊す。
十二月二十八日　冬休みで大磯に行く。福井、貞、喜代
　御とも。
十二月三十日　フェリー（グレイハウンド）が急死した
　知らせ東京から来る。

■**昭和四年**

一月一日　火、晴、大磯にてよき年をむかへる。
一月三日　吉川、原田様方と海岸、砂山で遊ぶ。午後ラ
　ハマン熱海のかへりよる。
一月四日　今日から研究所始まる。東京へ入らっしゃる。
一月五日　国府津に伺ふ。御福引、おみかんまき等あり。
　おやつ、てっか巻、小豆の煮たの、おまんぢゅう等頂
　く。
一月七日　帰京。
二月二日　窪田叔父上昨夜御かくれ遊す。
二月三日　久島さん来て下さる。
二月十二日　東京会館で博道さん御披露。
二月十八日　久々で雨降る。五十日目位。
二月十九日　小野先生に初めて御診察ねがふ。
二月二十二日　久島さん帯をして下さる。御祝儀、酒肴
　料。御八湯皿松かけじの御のし御三方にのせ、まめを
　おく。紅木綿、白さらし六尺づつ紋の御こぶた。紅と
　重おく。
三月八日　清水博春さんの処で御男子御誕生。
三月十六日　高島屋からばしょうの帯買って下さる。
三月二十一日　久地の梅林に行く。梅真盛り。つくしつ
　んでかへる。
四月三日　正、綾、佐竹先生に御絵御稽古願ふ。リンゴ、
　オレンジかく。
四月十二日　雅叙園で御兄上送別会。十九人集る。

四月二十一日　グランドピアノが来る。
四月二十三日　午後八時半の汽車で兄上御出発。
五月三十日　綾子自転車に乗れる様になる。
六月十二日　御兄上様御無事ロンドンに御着。電報頂く。
六月十九日　伊藤叔父上の御誘ひで、山王下のひょう亭にゆく。家の自動車で静かに帰へる。
六月二十五日　渋谷の栄次《エイジ》ながの御いとます　る。
六月二十七日　正子にチャールス・ダーウヰンさらってやる。夜伊藤皆様と御となりへおよばれする。
六月二十八日　朝起きると少し変なので、久島、小野さんに来て頂く。午後又小野先生来診。午後六時四十五分男の子生れる。
六月二十九日　伊藤光子様、木戸母上、福井さん　本多様（西洋菓子　御くるみ）　幸子様（御寿し）きいや（ごかぼ　水飴　パウンドケーキ）赤ちゃんお乳飲み出す。
七月一日　吉川様から御初着（御紋付）、御酒肴料頂く。
七月二日　乳もみ来る（ゆらさん）。
七月三日　おへそがすべる。
七月四日　御七夜。目方八百三十匁。昭允と命名。木戸、吉川御両家へ御寿し差し上げる。加藤様より玉子。原田様、御洋服、御切手。
七月七日（日曜日）　十時から染井にて孝正公御十三回忌。
七月八日　いく、京吉川様、喜代、菊水おばあさん、京木戸様、内海様、森様から御祝頂く。土方御二方御出被下る。初めて御湯に入る。
七月九日　ダディー本多様に御悔みに御出になる。伊藤、浅沼、大野、鈴木、伊藤貞（まわた）、森みさ子。児玉御後室（ネル、切手）御祝頂く。昭允目方九百三十〆。
七月十七日　山尾、伊出桜子、永富（洋服）、井上（白ネル）、広沢（マント、スエター）、時乗・児玉御両家（洋服）、小田様方から御祝頂く。三週目、目方、一貫二十四匁。
七月十八日　枕直し。長谷川看護婦夕方返す。久島　単帯、長谷川　明石、西濃　銘仙。
七月二十一日　昭、初外出。御となりへ御礼につれて行く。朝四時半伊藤叔父上と皆上野へはすを見にいらして、揚げ出しで御朝食。
七月二十八日　御宮詣り、余り暑いのでのばす。
八月三日　小野先生へお産お礼に白羽二重を上げる。
八月四日　昭允はじめて渋谷へ伺ふ。風車と御目録頂く。
八月十日　小早川叔母上午後一時御かくれ遊す。
八月十一日　昭允一貫四百六十匁。春子十貫八百匁。
八月十六日　葉山で姉上病気になられ、看護婦を出す。

八月二十七日　氷川神社に御宮詣り。御初穂料差し上げる。
九月十一日　学校始まる。昭ちゃんよく笑ふようになる。
九月十三日　綾子学校から総代で、乃木神社御墓へ詣うでる。
九月二十三日　犬（フィッペット）カナダから来る。かあいゝ犬。名はレディ・ビヤトレス。ラハマン達春名丸で英国へ帰る。朝から皆様自動車で横浜にゆかれる。
十月五日　姉上葉山から寝台自動車で帰られる。午後四時御着。
十月十五日　今日から秋休み。二人とも全甲。
十月三十日　万国工業大会園遊会、新宿御園にてある。
十一月三日　井上侯御かくれ遊す。
十一月二十日　綾子ピアノやめる。
十一月二十八日　姉上御床上げ。
十二月七日　姉上又お悪く、稲田、塩田両先生御来診。

コラム　芭蕉の帯

春子の服装に関する昭允氏の記憶では、大磯の別荘のとき以外、いつも和服で過ごしていたという。「高島屋からばしょうの帯買って下さる。」（昭和四年三月一六日条）と日記にあるように、しゃれ帯である芭蕉の帯を誂え、夏でも着物で身を整えていたことがわかる。

芭蕉には実芭蕉（バナナ）、花芭蕉、芭蕉布の原料となる糸芭蕉の三種があり、一反の布を織るには三年育てた糸芭蕉の原木およそ二〇〇本を要し、均一の極細の糸とするのが熟練の技である。思想家で日本民藝運動を進めた柳宗悦は、『芭蕉布物語』を著し、その前書で「今時こんな美しい布はめつたにないです。」と明言し、そして「あらゆる虚偽な狡猾な軽薄な品物が周囲に集まつてゐるにも拘らず、この芭蕉布ばかりは、今も正直な着実な又極めて本筋な仕事を見せてくれます。」と地方的産物の美と殖産のための介入がそれを悪くさせる実情を非難する冷静な眼差しで著述する。

芭蕉布は戦後、産地は縮小し生産量も激減したが、大宜味村喜如嘉集落では地域の女性により伝承技法が守られ、昭和四九年、文化庁の重要無形文化財の指定を受ける。芭蕉布の帯は、締めるほどに柔らかく馴染んでくるという。春子が手にした帯も夏の着物に合わせて愛用され、おそらく大事に娘（または嫁）にその文化的価値も含めて受け継がれたのではないだろうか。

【参考文献】平良美恵子「喜如嘉の芭蕉布」（『繊維学会誌』第六〇巻第一二号、二〇〇四年一二月）。柳宗悦著・

松井健解題『芭蕉布物語　新版』（榕樹書林、二〇一六年。初版は私版本、一九四三年）。（塚田）

■昭和五年

一月一日（水）

一月八日　昭ちゃん、おもちゃを持つようになった。

一月十日　華族会館。徳川様から御まねきで行。ウィさん送別会。

一月十五日　姉上に久々で御目にかゝる。少しおやせになる。夜かみを洗ふ。くし巻を見て昭允泣出す。

一月十九日　犬の子をつれ、成城学園の土方様を四人で御尋ねする。昭、お茶を見てほしがるようになる。

一月二十二日　徳川武定様御夫妻、ゲッツ二人、ウイゼル、幸ちゃん、Ａ１のお料理で差し上げる。**Mrs.** ゲッツのピアノがとてもいゝ。

一月二十三日　春らしいよい日。五時半工業クラブで広沢、玉置御披露。

一月二十七日　本多様支那へ御立ち。

一月二十九日　兄上夕六時半御上陸。御乳の為、おとなりでおむかへする。ウイゼル夜立つ。お送り出来なかった。

二月三日　原田様のやあやが、佐倉で午後一時二十分死ぬ。

二月四日　高松宮御婚儀。稲田先生が来られるので、おとなりへ行く。

二月二十日　姉上帝大へ御入院。

三月五日　昭允始めて重湯をのむ。喜んで食べる。茶匙山一のお米、薄いのおさかづき一杯のむ。

三月七日　白いかあいゝ歯下一寸出る。

三月十五日　牛乳五グラム、水五グラムやる。

三月十九日　牛乳五〇、水五〇、両方で百グラムにする。

三月二十五日　新しいモーリスとかへる。

三月二十六日　復興祭で賑。**Mrs.** ガーディナーなくなる。

三月三十日　瓜生さん、幸ちゃん、澄ちゃんと和泉玉川へドライブする。

四月七日　航研で胃けいれん。吉本先生に早速行って頂く。苦まれる。

四月十一日　伊藤すま子様御かくれ遊す。

四月十二日　昭ちゃん、バンザイ、イヤ〳〵等する。風調部一同から果物かご御見舞に頂く。

五月三日　昭允の初節句。渋谷、平河、北沢、長崎料理で御まねきする。

五月四日　木戸、京木戸、児玉、とう〳〵亭で御まねきする。

五月五日　又々胃けいれん。
五月七日　昭ちゃんの御節句で、浅沼、福井、きよ、つぎ、山口よぶ。昭ちゃんにネープル御汁一杯やる。
五月十五日　姉上御退院。
六月十四日　青年会館で午後二時からピアノの会。正子「月のセレナード」ひく。
六月十六日　昭、つたひ歩きする様になる。
六月二十八日　昭、目方二貫二百五十〆。初誕生で、御となり御夕食に御まねきする。自動車、うま、赤ぐつ頂く。渋谷から銀のおさじ頂く。御次から自動車、馬車、船もらふ。正子午後幸田先生の御茶におよばれ。ロランヂ、シロタ、コハンスキー夫妻、ペッオールド其他世界の大学者等集られる。
七月六日　神田コート開。昭カステラはじめて食べる。
七月二十日　神田コートに行。夜は川開で、花火が美しい。
七月二十五日　昭、四、五足ヒョロ／＼歩く様になる。
七月二十七日　大磯迄ドライブしてかへりは金沢方面を通ってかへる。
九月七日　昭、よくおぢぎする様になる。ピアノに合せて色々な手つきをしてかあいゝ。
九月十七日　加藤御祖母上様午前三時過御逝去になる。
九月二十日　午後一時青山にて告別式。四時海禅寺にて御まい骨式。
九月二十一日　早稲田コートへテニスの早慶戦見にゆく。
九月二十四日　けふは神田のコート色々な方がいらして、三十人になる。
九月二十六日　昭、口内炎で八度三分。一日きげんが悪い。
十月一日　栄の母午前一時なくなる。
十月五日　神田でテニス・トーナメント。正子一等　敬ちゃま二等　美智ちゃま、澄ちゃん三等。
お昼　エーワン・ランチ　おやつ　サンドウヰッチ　御寿し　御菓子　夜は渋谷の御家でダンス等する。
十月十七日　昭允くつを初めてはく。
十月二十六日　大森コートで武一氏歓迎試合。志村、山岸ダブルスで勝つ。佐藤、河内も勝つ。
十一月七日　ラヂエーターたきはじめる。
十一月九日　神田へ山岸成一さん、板野さん新らしく来て下さり、賑やかになる。
十一月十八日　昭允、パゝ、パイ／＼、ブー／＼位云へる様になる。
十一月二十二日　女子キリスト青年会館で、正子ピアノひく。スピニング・ソング　ゴンドラノウタ
十一月二十三日　神田コートへ。山岸、山田、板野、志村、安田氏来られる。

十一月二十五日　犬と子供の友情（トーキオキモノ）かふ。

十二月七日　午前九時半の汽車で西尾、土方、原田皆々様と国府津へおみかん取りに御まねき頂く。

十二月十五日　姉上御全快。医者、中御門、伊藤さん等ひょう亭でおよびになる。

十二月二十四日　西尾様御誘ひで、帝国ホテルへ行く。十二時迄ダンス等して、楽しく遊ぶ。同勢二十九人。

コラム　一流テニス選手と「メープルヒル・ローンテニスクラブ」

神田駿河台にあった吉川家は、関東大震災で全焼し、その跡地を二面のテニスコートとし、コート開きについて春子の日記に記載がある（昭和五年七月六日条）。以降、「メープルヒル・ローンテニスクラブ」と名付けられたテニスコートに、春子と子どもたちも頻繁に出かけた（口絵7頁）。そしてここに、当時、全日本選手権やデビスカップ等で活躍した日本のトップクラスの選手たちが訪れた。日記には、山岸成一（一九三〇年全日本選手権・複優勝）、山岸二郎（一九三四〜三六、三八年全日本選手権・単優勝、一九三三〜三六、三八同・複優勝）、佐藤俵太郎（一九三〇年全日本選手権・単優勝）など、錚々たる選手の名がある。彼等は、一九三三年に世界ランキング第三位となりながら、若くして自ら命を絶った佐藤次郎のライバルでもあった。

吉川家のコートに選手たちが訪れたきっかけは、原田熊雄が同郷（岡山）の原田武一（一九二三、二九年全日本選手権単優勝、二九年同・複優勝、二四年パリ五輪・単ベスト８）の弟原田直二に、子どもたちにテニスを教えるように頼んだことにある。慶応義塾大学庭球部のキャプテンだった直二がメンバー二、三人を引き連れて来たという。この後、原田の長女美智子は、一九三六年の全日本選手権女子複で佐々倉久美と組んで優勝するなど、輝かしい戦績を残し、「メープルヒル・ローンテニスクラブ」が生んだ名選手となったのである。（塚田）

【参考文献】華族史料研究会編『華族令嬢たちの大正・昭和』（吉川弘文館、二〇一一年）。

■昭和六年

一月六日（火）　夕方から渋谷へ伺ふ。新年会で皆様でレビュー等して、面白かった。

一月八日　栄の母百ヶ日。午後成ちゃん、直ちゃん、敬、幸入らっしゃる。麻雀する。
一月九日　土方梅子様入らっしゃる。丸の内会館にて、
直ちゃん送別会。
一月十三日　大隈様に豊子さんの御安産御祝に伺ふ。
一月十七日　午後渋谷に御手つだひに伺ひ、サンドウヰッチ、福引等作る。五時から慶の選手の方々集られる。レビュー、福引、ダンス等して、十二時御わかれして御いとまする。
一月十九日　マニラ行の山岸、志村氏、東京駅に御見送りする。
一月二十七日　ガーディナーさん御婚礼。加藤清村様と伊達様御婚礼。
一月三十日　武藤貞御いとまする。
二月二日　朝小六様と喜和の御墓詣りする。貞の代りに、もとが来る。午後三時一寸過渋谷の御火事で、マゝと幸ちゃん家へにげて入らっしゃる。夜は穏田加藤様へ御宿りになる。原田御二方様、目黒、本多、泰通、泰俊、西尾悦子様、月男様、東、大塚、毛利様御使、御見舞下さる。
二月三日　伊藤叔父上、つぎ、小林、安井、毛利政子様方、御見舞に御出被下る。午後三時頃神田の御立のき先へ御伺ひする。
二月十三日　修辞会。仕事を真面目に、をする。夜大雪。土ちゃん送ってさし上げる。
二月十五日　文房堂から太平洋画会に絵とゞけさせる。駒場でラグビー仕合（庭球部）。慶応かつ。
二月十九日　綾子太平洋画会に入選の知らせ来る。ラハマンから、正、綾にクリーム色、昭に水色ベビー服、私に手袋送って来る。
二月二十五日　昭、チーチパッパまで歌ふ様になる。
三月三日　清水博春さん、一日におなくなりになったよし。
三月七日　博春さん御葬式。御子《（ママ）》様がお可愛いそう。
三月八日　クラマクラブとの試会。広橋、高辻、八条、佐藤さんなど。メープルヒル勝つ。
三月九日穏田に麻雀しに伺ふ。
一、御わん　三つ葉　かも　一、紅白おさしみ　一、ふきのお煮物　一、えびコキール　一、鮭天火バタ焼マヨネーズ　おぢゃが　トマト　チシャ
三月十二日　山岸、志村氏十日にマニラから帰られ、ギター、カード、煙草等頂く。本多様で慶子ちゃん御生れになる。
四月十六日　吉本先生御披露。東京会館にて。
四月十七日　四時頃成ちゃんひょっこり入らっしゃる。十時迄麻雀する。
四月十八日　大森に早慶戦見にゆく。

四月十九日　けふも早慶戦朝から見に行く。慶の勝。
四月二十九日二郎さん送別会。小雨でも大磯まで皆で行く。一日遊び、夕食東京会館にて。
五月七日　西村二郎氏御見送りにゆく。
五月八日　信ちゃん御七回忌。井手さん赤十字に御祝持ってゆく。
五月十七日　小六様秋谷の斯波先生の御別荘に御まねき頂く。
六月九日　伊藤叔父上午後二時四十分薨去。
七月十三日午後四時半深沢、小林御両家来られ、御見合ひ。伊世忠御寿し、もちがし、御つまみがし等。
八月九日　時乗様小倉に立たれるので、御見送りする。
八月三十日　リンドバーク、駒場航研に来る。
九月三日　昭、毎日乃木神社に御詣りする。よく歩く。
九月七日　鳥居坂山尾御新邸に御親類皆々様御集り、御夕食頂く。
九月十一日正〇。
九月二十七日　天文台方面に栗拾ひにゆく。成、久子、幸、家四人。夜月がいゝ。
十月二十三日　恭子さま御披露。東京会館にて。
十一月九日　井上千代子様御かくれ遊す。午後三時四十五分。
十一月十二日　深沢、安井御婚礼。東京会館にて。
十一月十九日　昭、森川へ写真取りにゆく。泣いて困る。
十一月二十三日　早大コートでムーディーのテニスある。

■昭和七年

一月六日　神田へテニスをしにゆく。寒の入りにしては暖かく、テニスをして居ると汗が出る。
一月十日　朝成ちゃんにベランダ、庭等で写真を取って頂く。後テニスにゆく。夜は麻雀。
一月十四日　原田御母上御十三回忌。御夕食原田様にて。
一月十九日　綾子〇
一月二十二日　昭、日の丸とお手々つないでをよく歌ふ様になる。
二月一日　羽田から常雄さん飛行機で御立ち。
三月二日　貞祖母にはじめて三味線ならふ（人形）。
三月十八日　女中たち朝からよぶ。喜代、次、貞、武藤貞、りき、子供二人、おひなまつり。
三月二十二日　正子十時学校へおよび出し。総代ときまる。明治座へ小六様と二人でゆく。二すじ道、なさぬ仲。
三月二十五日　池田直子さま朝御かくれ遊す。
三月二十八日　正子中期修了。総代として出る。
四月九日　渋谷母上の御誘ひで、動物園に御花見にゆく。西洋軒でお昼まで頂く。

四月十日　八時半家を出て、鎌倉へドライブする。近藤様の御別荘へ皆御招き頂く。御花が見頃で、実に美し。テニスに、つみ草に、海岸に、一日を心ゆく許り楽しく遊ばせて頂く。
四月十三日　二葉亭にてお昼。かもちゃんに御誘はれして、マヽ、姉上等と桃、桜、なたね等咲つゞく畑を、とう〳〵稲田づゝみまでドライブする。綾子御祝に、たま子、千代子、静子、久米さんから御人形頂く。
四月十六日　大森コート早慶戦にゆく。山岸、志村氏出場。慶勝。
四月三十日　雑司ケ谷御別荘につみ草、筍掘等に伺ふ。
五月八日　午後小林さんにおよばれ。御新しい御家で、とても御よろしい。
五月二十三日　御稽古都鳥。
六月二日　正、綾、いかほへ遠足。
七月十六日　吉本御二人、成、土ちゃんと麻雀する。夜十一時胃けいれん。注射二度して頂く。
七月十七日　昨夜いたみつゞけ、注射二回する。
七月十八日　昨夜もいたむ。注射二回、浣腸する。
七月二十五日　研究所に御出まし。
八月十五日　朝から自動車で箱根へゆく。ホテルで母上、幸、かも、原田皆々様に御目にかゝり、一日たのしく遊ぶ。
八月三十日　澄ちゃんゴルフで目をけがして、井上さんへ入院なさる。
八月三十一日　秋谷の先までドライブして、面白い魚を見てかへる。かへり本多様におよりして、ニューグランドで夕食。
九月六日　村上、西村氏からお土産に極楽鳥頂く。
九月二十四日　子供達メープルヒルの御友達およびする。たま子、武内御二人、山久、井上千代、井上園子、久米、二葉料理。
十月一日　午後油つぼへドライブする。
十月九日　大磯へおいもほり。昭、始めて汽車に乗る。
十月十日　岸の柳ならふ。
十月十三日　航研の所長になられる。
十月二十六日　原田、山尾、原田、藤村御両家御披露。たまおさんの御嬢様二人。
十一月六日　昭つれて玉川園の県人会にゆく。
十一月十三日　深沢様新築御祝。がくと支那焼花瓶差上る。
十一月二十日　加藤様からダンス(ママ)おまねき。
十一月三十日　御茶の水五十週年祝賀会、窪町新校舎にて。
十二月十九日　西原町伯母上御かんれき御祝。新橋の喜かくへ御よばれ。

十二月二十六日　小林様へクリスマスで御よばれ。テーブルクロス、毛糸織物。深沢様へ盃。綾子十時上野発にて、五色温泉にスキーにゆく。

■昭和八年

一月一日　綾子午前五時上野着。九時より学校の御式。Kネクタイ、正、綾チョコレート、昭、子供の国、つみ木
一月十四日　加藤様ダンスにおよばれ。
一月十五日　午前十時山岸様御別荘へ伺ひ、一日面白く遊ばせて頂く。昭允、吉川様の子供新年会におよばれ、手品、福引。おもちゃ頂いてかへる。
一月十八日　午後二時から緑ヶ丘。長唄会におよばれ頂く。
一月二十二日　朝雪。昭、大喜び。スキーで子供達遊ぶ。五時半から晩翠軒でメープルヒルの食事。二十六人集る。七時から家でダンス、十一時迄。犬のげいとう等する。
オレンヂエード　サンドウヰッチ　モナカ　オセン
ピーナツ　西洋かし　紅茶
二月一日　山岸皆様御出になる。成ちゃん御入営。
二月二日　航空研究所の所長になられる。風調部から御祝に支那料理におよばれ。
二月十一日　加藤様にてダンス。
二月十九日　午前十時半新橋に集り、横浜へゆく。支那町にて支那料理を食べ、三溪園にて遊び、元町で御茶をのみ、買物等して六時頃帰る。土方御二方、吉本御二方、月男さん、俊子様。正、綾は佐藤氏送別試合に行き、夜西園寺公一さんと十二時迄麻雀。
二月二十一日　毛利様で梅御殿様御二十年御まつり。
二月二十七日　国ちゃん御結納。三人から御かつを差上る。
三月五日　西園寺公一さん昨晩おとまり。
三月十八日　綾子赤倉へスキーに立つ。幸、国、白州みよ、敬ちゃま。
三月十九日　神田へゆく。山田啓ちゃん、士、成、武代、久、五郎、かもちゃん。
三時　芝のアーネスチン御茶におよばれ。悦叔母様御誕生日。
四月四日　午後十時五十五分土方皆々様御立ち。駅まで御見送にゆく。
四月六日　久敬様御一行、朝吹四郎さん今日神戸出帆白山丸でフランスへ御立ち。
四月十一日　午後一時芝浦へサーカス見にゆく。
四月十二日　六時松濤へおまねき頂く。松平皆様、伊達様方いらっしゃる。

四月十六日　早慶戦（テニス）見にゆく。
四月十八日　今年はじめてストーブたくのやめる。昭と庭で遊ぶ。げん、もと、貞、芝浦サーカス見物に出す。
四月二十三日　朝九時自動車で家中稲毛にゆく。十時半頃着く。子供も大人も大喜。かもちゃん夜家に遊びに入らっしゃる。
五月一日　福井さん、弟の四郎を初めて家につれて来る。
五月八日　重国様御婚礼。
五月九日　正、綾、鹿取、鹿島見学。
五月十日　愛宕もと様告別式。武藤貞、婚礼するので御いとまごひに来る。
五月二十一日　綾子早大コートで佐藤俵さんとミックスド・ダブルスする。一寸の処で敗け、おしいことをした。
五月二十六日　夜加藤様で、井口さんのピアノ、鈴木信子さんの御歌など。正子と二人で伺ふ。
五月三十一日　大工二階なんど取りかゝる。
六月九日　重国様新夫婦はじめて御まねぎする。南浦園支那料理。渋谷から御果物　重國様から御菓子料　目黒　マスカット、昭におもちゃ
六月十九日　正子改姓のことで、女子学習院にゆく。
六月二十日　新築のセイロカ見物におよはれする。後院長さんのお茶におよばれ。留守に正子九度熱を出す。
六月二十一日、二十二日、二十三日　九度二分まで昇る。
六月二十四日　原田様　果物かご、寿子様　よせ植と御菓子、幸子様　メロン、鴨、扇、浦里、木戸様　アイスクリーム、御菓子、川村すえ子様　あぢさい鉢植、武藤　さわらだな、田永喜代　びわ、さくらんぼ、おせん
六月二十八日　納戸出来上る。
七月十一日　内海、伊藤、高木、佐竹、忠太郎、二郎様それ〳〵御見舞に御出下さる。
七月十二日　朝十時染井にて父上御十七回忌。三時半―四時半お客様。
七月十九日　御友達五人御見舞に御出下さる。
七月二十日　永山、稲垣、酉子様御見舞に御出下さる。柳沢とよこ様、松平とみ子様から御見舞頂く。
七月二十八日　幸ちゃん御結納。正子少し枕を上げること御許が出る。
八月二日　七月二十日より綾子大磯へ行って居たのが、今日かへる。
八月十三日　正子初の外出。後藤と三昭までゆく。
九月三日　午前九時半の汽車で大磯へ皆で行く。
九月七日　山久、武久、多満、みち、ちゑ、由喜、笑様がた、東京から来磯。午前海岸、午後坂田山にゆく。
九月九日　栄、げん、福井、江の島見物に出してやる。

九月十六日　早慶戦の為皆帰京。
九月二十日　時乗様小倉から御かへり。
九月三十日　秋ばれのよき日。箱根、たまだれ、宮の下等に遊ふ。次の人々はあしの湖までゆく。
十月一日　酉、柳沢、松平、宮下、美代遊びに来られる。
十月十一日　ニューエルと研究所の方々に御夕食さし上げる。
十月十五日　大磯足立様御別荘にはじめて入る。
十月二十五日　田永午後十一時二十分なくなる。
十月二十八日　染井で正次郎様五十年祭。午後田永の告別式にゆく。五時半帝国ホテルで幸ちゃん御披露。正子だけ伺へぬ。
十一月九日　井上千代子様御三年。婦人クラブから犬と子供写しに来る。
十一月十日　昭允御祝の着物で森川に写しに行く。
十一月十五日　昭と氷川神社に詣る。
十一月十九日　ホテルにて前島、福井御両家御披露。
十一月二十日《ママ》　セイロカへ泰子様のお祝に伺ふ。幸生と御名命。
十二月二十三日　皇太子御誕生。
十二月二十五日　小林御夫婦東京から来られる。

コラム　愛犬とともに過ごした日々

昭和九年一月号の『婦人倶楽部』に「評判の名犬を持つ愛犬家の御家庭訪問」として、二頭のホイペット（ウィペット）と昭允氏の姉、正子と綾子が紹介された（取材は昭和八年一一月九日条）。和田家に初めて犬が来たのは昭和四年九月のこと。当時まだ洋犬を飼う家庭は珍しかった。ホイペットはイギリス原産、小型のグレーハウンドにテリアの血を導入して作出されたという。無駄のない骨格と筋肉、長い首に小さな頭、背中から腰、後ろ足にかけての流線型のライン、短くつややかな毛、バランスが取れた美しさが特徴で、体高四五〜五五センチメートル。

和田家の二頭は、牡はカナダ等のレースで優勝した名犬、チャンピオン・アスコット・ローリツキング・ランディーの名前を持つ。もう一頭の牝は、レディー・ビアトリス（口絵6頁右上）。昭允氏は幼いころ、「ビーチ」と呼んでいたそうだが、新たにスコッチの子犬が来た直後、ビーチはこの世を去った（昭和一二年二月一一日条）。

洋犬が日本に渡来したのは、一八四〇年代でオランダ人医師による。次いで明治初年、横浜居留地の英国人がポインター種一頭をもたらし、さらに十余頭を取り寄せ、そのうち一頭を日本人が譲り受けたという。

【参考文献】『婦人倶楽部』（第一五巻第一号、一九三四年一月）。『動物学雑誌』（第二〇号通号二三七号、一九〇八年七月）。（塚田）

■昭和九年

一月一日　大磯の御正月は久しぶり。七時起床。母上様、原田皆様御年始に御出下さる。午後海岸にたこ揚にゆく。

一月二日　湯ヶ原に木戸皆々様御出になるので御年始に伺ひ、午後中西旅館の裏から若葉山に行き、おやつ買物等して、御風呂に入、百人一首一、二回して、六時過御いとまして大磯にかへる。

一月三日　山岸皆々様、もゝ子様も来られ、色々な遊びして、夜十時三十分で帰られる。

一月四日　正子御友達、酉、宮下、柳沢、河上、花子、戸沢、原田様方御遊びにいらして下さる。

一月五日　武藤ちか来る。つるかつおせんもらふ。夜おしゝが来たので、昭、少し泣く。

一月七日　吉川、原田、松方様がたと東京へ帰る。

一月二十一日　重武様二十年の御祭り。二葉亭御料理。

二月一日　吉川綾子様御男子御誕生。

二月十七日　ダイヤとサファイヤの細長い指輪買って頂く。

三月一日　大学記念日。正子をつれホテルへお昼食べにゆく。午後博春さんの御三年。

三月三日　山岸二郎さん送別会。原田様で夕五時から写真など取る。

三月六日　学校のかへり、綾子お友達御つれする。岩城、稲垣、荘田様。

三月七日　正子五時から御友達およびする。

戸沢　犬おもちゃ、佐賀　ヂャーマン、宮下　ネリ香水、松平　人形の首、花子　日本人形、酉　レターペーパー　上河、柳沢　人形

三月九日　つるのやおぞう水。渋谷におよばれ。うど、いんげん、平目御煮物　胡瓜　なまのり　きす　苺

御菓子

三月十日　東劇。重国様御誘ひする。三家庭、藤十郎の恋など、面白かった。

三月十八日　朝、二郎さん御別れに来られる。午後大森へ二郎さんの送別仕合見にゆく。

三月二十日　九時三十分大磯へゆく。暖く、梅は盛り過。

三月二十九日　綾子、栄御ともして帰京。卒業式。後期

一年になる。母上様御来磯。雪のため御目にかゝれぬ。
お肉とおちらし頂く。
四月一日　浅沼神戸転任。御別れに来る。
四月三日　母上、松方御夫妻、家皆々、雨の箱根にゆく。狭霧立ちこめた山々、畑にはなたね、桃など咲つゞき、春らしきながめ。ふじ屋ホテルで一日楽しく遊ぶ。本多様からたぬきせんべい御送り下さる。
四月四日　井上さんの御別荘近くへつみ草にゆき、野原でおでん等暖めて、母上、勝彦さん、達ちゃん等と頂き、一しほおいしかった。海岸で鮪二十八本取れる。一本二十五円。
四月五日　役場の桜美し。彼岸桜満開。
四月八日　帰京。
四月十一日　原田直二さん御披露。
四月十二日　母上様御年祝。午後六時渋谷に御まねき頂く。
四月二十日　加藤叔父上御出発。
四月二十三日　女子学習院に御礼にゆく。正子退学願ふ。
四月二十四日　正子西川一草亭入門。こでまり、カーネーション。
四月二十五日　成ちゃん、佐藤俵さん極東行送別仕合。
四月二十六日　六十二番地に引越した記念日。足かけ九年になる。
四月二十七日御夕食に武雄さん入らっしゃる。一、つまみ　かつお　うに　いか　栗　こぶ　みそ　一、御汁　きす　えび　三葉　一、ローストビーフ　マッシド・ポテト　一、ハム、ポテト・サラダ　チシャ　一、鮪、のりかけ　ほうれん草　一、くらげ、胡瓜酢の物　みかん　水ようかん　くづ桜　洋菓子
四月二十九日　母上御六十一の御年祝。孫達もおよばれ、写真うつす。昭、発熱して伺へぬ。古谷さん午後二時五十分大連で御逝去。
五月一日　昭、けふから英語初める。
五月六日　雑司ケ谷御別荘へ御まねき頂く。お昼　伊勢忠おちらし折づめ、サンドウヰッチ　鳥　ハム　野菜、おにぎり　うで玉子　さやゐんどう　くづもち　コロンバン・ビスケット　おせん　松葉だんご
五月十四日　母上御誘ひして、菊名のぼたんと花月園にゆく。帰りにかみなりがなり、ひょうまで降った。昭と喜代、栄。四時華族会館で加藤鋭吾さん御披露。
五月十五日　寿ちゃん、けい子ちゃん、昭、はな、えいと、大宮へ桜、草つみにゆく。
御夕食、正、綾は山岸様へおよばれ。
五月十八日　正子稲田博士に見て頂く。すっかりよくなって居た。武雄さんいらっしゃって夕食差上る。
五月二十日　毛利様園遊会。晴。青葉美し。

五月二十八日　皇太后学校へ行啓。綾子御前で英語をする。
五月三十日　綾子日光へ遠足。午前五時半。夕六時半着。
六月四日　西尾忠良様午後二時半御逝去。
六月五日　東郷元帥国葬。午後二時古谷正一様告別式。
夕西尾様に御悔みに伺ふ。
六月十日　グリーンと試合（テニス）。松平様方のクラブ。夕食東京会館にて。二十五人集る。
六月十八日　母上様、原田姉上と堀切に花しょうぶ見にゆく。浅草に御詣りし、金田にてお昼頂く。昭、軍刀頂き大喜。三時半から大森コートに綾子の試合ひ見にゆく。
七月九日　武雄さん夕食に来られる。
七月二十日　大磯にゆく。
八月二日　井上末子様とう〳〵御かくれ遊す。
八月六日　海岸ではからずも久しぶりに山本先生、綾部、大谷さんに御目にかゝる。先生に銀ボーと海水最中差し上る。
九月四日　二郎さん早速御土産持って御出下さる。エーガーのスエター三枚、昭に汽車のおもちゃ頂く。銀座へごいっしょに行く。
九月五日　二郎さん、久子（ママ）さん御夕食に御まねき。ウインブルドン活動見せて下る。
十月十五日　綾子御成績。女学校四年になる。
十月十九日　原田御子様方、田さん、相馬さん、澄ちゃんと、奥多摩にゆく。
十月二十二日　東京会館で山岸成ちゃんと阿部もゝ子様御披露。
十一月三日　御茶の水最後の園遊会に行く。
十一月十六日　森美佐子様十二時五十五分御かくれ遊す。
十一月十七日　午後二時から□声会。正子出。夜山岸様御誘ひで東宝。
十二月十八日　正、綾御夕食山岸様へおよばれ。
十二月二十三日　五時から小林様へおよばれ。御主人にポンカン、深沢様マスカット。
十二月二十四日　大磯へ栄、貞つれてゆく。駅の桜が美し。

■昭和十年

一月一日　晴。暖。自動車で高麗神社に詣で、後新原田御別邸に伺ふ。
一月五日　二郎さんと箱根ふじ屋ホテルにドライブ。十時半から四時半まで。
夜吉川様で御食事頂く。一、牛なべ　茶わんむし　御汁二色はんぺん　おさしみ　こふ巻　二色玉子　一、ギヤボン　ミカン　リンゴ　一、もちがし　西洋菓子

あられ　御干菓子
一月九日　昭允一人寝るように約束する。
一月十八日　加藤様ダンス・パーティーに御よばれ。ポンカン差上る。
一月二十日　小林様へデンドロ拝見に御よばれ。
伊勢海老半分　ビエナソーセージ　パセリ　ポテトこしたの　アスパラ一山　トマト　胡瓜　ローストビーフ沢山　コリフラワー白ソースあへ　チョコレートおつまみ　ポンカン　苺　印度リンゴ　紅茶
二月六日　吉川様へ御昼およばれ
一、つるのや餅入りうづらぞうすい　一、おさしみ　鯛　はしら　芽ぢそ　一、平貝、胡瓜酢の物　一、御椀　白魚　なまじい　つまみな
二月十八日　けふから越後獅子。
三月一日　大学記念日で御休み。木戸母上浜作に御誘ひする。
三月二日　昭允おなか痛く、加藤先生夜一時迄居て下さる。
三月四日　昭允おなか痛みつゞけ、栗山先生にも御来診願ふ。
三月七日　前島叔父上御葬式。
三月八日　昭允久しぶりで牛乳でトースト煮て少々やる。
三月十一日　昭、また三時頃おなかいたむ。
三月十二日　綾子修じ会に出るので、正子とゆく。正子の級最後の会。
三月十四日　山岸、西村送別会。五時半から家にて。山岸御二人、西村、山田、浜五、酒井、村上、高橋、安田、松平直子、原田皆様、経様、松方御二人、澄ちゃん、家の人。二十二人。牛なべ。
四月五日　木戸母上、京にて御発病。御案じ申上げる。
四月六日　英内科へ西原町伯母上お見舞申上げ、後動物園、平河町御花見してかへる。昭、久しぶりで乃木神社迄つれ出す。昭まだおなかよくならぬ（先月二日から）。
四月八日　昭、英和へ入園。九時から栄つれ、三人でゆく。
四月九日　昭、大喜びで幼稚園にゆく。手工持ってかへる。
四月十三日　昨日ダディー京へ母上御むかへにゆかれ、吉本先生、姉上、田辺さんなどつきそって御かへり遊す。
四月二十三日　毎日御となりで過す。
四月二十四日　昭、上野動物園へ遠足。
五月二日　和子ちゃん、笑子ちゃん、赤痢で二人とも入院。
五月四日　桜会館落成式。広田、柳さんと行く。小立さ

ん御庭、ライラック美し。
五月十五日　松平様御茶の会。四時から正子と伺ふ。
五月十六日　綾子北伊豆見学。午後七時東京着。昭允母の会で井之頭公園にゆく。
六月三日　西尾忠良様御待夜で伺ふ。
六月四日　忠良様御一周忌。
六月六日　鳥野先生に来て頂く。酉子さんも御出になる。
六月十日　午後渋谷でお茶の御稽古。バラ新の主人来て、花園作ってもらふ。
六月二十六日　木戸母上御全快祝。支那料理でおよばれ。
七月六日　一、玉子豆腐三　たでの葉汁　一、うなぎ取りまはし　一、枝豆塩ゆで　一、里いも　いんげん細打ち煮物　一、鳥あらゐ　わさび　ちその葉一枚　一、三州ぢゅんさい　一、玉子　かす漬小皿　一、メロン　ビワ
七月七日　歌舞伎へ行く。己か罪、ボッチャン、二すじ道。
八月五日　マゝ御誘ひして、厚木へすだてあみにゆく。
八月八日　柳原様御見送りに、秩父丸にゆく。
八月二十五日　マゝのお誘ひで箱根にゆく。武雄さんも逗子より来られる。
八月二十七日　逗子より皆様御出になる。四時御かへり。武雄さんも帰られる。
九月八日　深沢様御七夜。御祝もって伺ふ。夜明治座。八重子出演。
九月九日　二郎さん外国から帰られ、美しい花瓶、スエッター其他色々頂。
九月十日　福井兄さんとても悪いので、四郎を四谷病院へやる。張ちやましよう紅熱。
九月二十二日　寿ちゃん猩紅熱で赤十字へ御入院。
九月三十日　新田□□子様御逝去。
十月六日　晴天なので、天文台の方へ栗拾ひにドライブする。
十月十九日　大磯へドライブ。おいもほり。坂田へもよる。
十月二十六日　寿ちゃん赤十字御退院。
十月二十八日　しげ子、けい子ちゃま猩紅熱で御入院。
十月二十九日　忠ちゃま猩紅熱で御入院。
十一月七日　北海道から五本ライラック来る。
十一月九日　カナダ公使館バザーに行く。ラチエターとう〳〵たいて見る。
十一月十日　明治座。花井お梅。
十一月十二日　酉のお家およばれ。菊が実に美し。
十一月十三日　学習院五十年記念。
十一月十八日　綾子様御料理御まねき。
一、スープ　一、ローストチキン（かもばんしぎ）

ポテト　一、サラダ　胡瓜、トマト、アスパラ、きみ
一、はしら御飯　一、お菓子　果物　セロリなま
十一月二十五日　綾子修学学校。東京—二見館。
十一月二十六日　伊勢—橿原—和歌浦（望海楼）
十一月二十七日　神戸—明石—京都（吉岡家）吉川父上
　二十年祭。
十一月二十八日　奈良—桃山—宇治。
十一月二十九日　京市内見学。
十一月三十日　天橋立。
十二月一日　京都—大津—東京駅着　午後九時。
十二月十日　猶一郎様東京御立ち、外国へ入らっしゃる。
十二月十二日　白山丸で神戸御出帆。

■昭和十一年
一月一日　晴々としたよき新春を、海辺でむかへる。
一月二日　二郎さん御尋ね下さる。
一月四日　島崎先生、西子様東京から来られる。
一月七日　正子三田蜂須賀様でクラス会。
一月十三日　原田御母上御十三回忌。東京会館で御夕食。
一月十五日　電気洗濯機買ふ。
一月二十一日　正子ホテルで御花の会。一草亭の鶴の御
かけ字頂く（福引）。
一月二十四日　寒さきびしく、風邪流行。
一月二十九日　午前九時初等科入学試験。晴。
二月五日　四十五年ぶりの大雪で、一尺五寸つもる。学
校御休みとなる。
二月十日　二階長椅子寺尾取りつけに来る。
二月十五日　もと、かたづくので御いとまする。
二月二十六日　朝から雪ふりつゞく。午前五時岡田首相、
高橋、渡辺、斉藤御ころされになる。台所大戸棚出来
て来る。
二月二十七日　戒厳令しかる。
二月二十八日　いよ〳〵事件がはげしくなりそうなので、
綾子早びけ。夜は着のみ着のまゝで寝る。前の通りに
二百五十人位兵が並び、交通はとだえる。
二月二十九日　学校は休み。永田町、平河町辺は皆立ち
のき、一日中ラヂオをきく。三時過やっと落つき、門
前をタンクが沢山通る。見物する。
三月二十日　英和九時半から卒業式。式後昭、耳が痛く、
鮫島先生に来て頂く。夜八度九分。
三月二十一日　午前十時初等科御よび出し。雨はげし。
昭、左耳に穴を開けて頂く。いたみ取れる。夜九度五
分。
三月二十三日　菊池病院へ午後九時入院。小倉看護婦、
栄と宿る。最高九度四分。右切開。
三月二十五日　左切開、二回目。

三月二十七日　久々で御風呂に新坂へかへる。
四月八日　宮本先生御葬式。初等科午前九時三十分目白にて始業式。きん藤で内祝見る。
四月九日　初等科七時四十五分初め。病院から昭の代りにゆく。寒い。
四月十二日　三週間目でやっと退院する。
四月十四日　久々で庭に出す。桜満開。実に美しい。四時頃ダディ運転で上野まで、正、綾もつれて御花見につれてって下さる。
四月十五日　正子、島田に結って、初めて写真とる。
四月十八日　幸田、安藤、萩原先生と築地海軍経理学校海軍軍楽隊派遣所に行。海軍の方々と正子ピアノ合せる（フンメルをひく）。
四月二十日　昭、初めて初等科につれて行き、体、唱拝見して早退。三越にてクラス会。柳、広田様幹事。十二人集る。
四月二十五日　菊池病院へつれて行き、今日でやっと終り、全快。ほっとする。
四月二十六日　雨上がりの晴天。皆で田無農園にドライブし、一日面白く遊ぶ。
四月二十七日　昭、床屋でクリ〳〵ボーズにする。貞御いとまする。
五月一日　柳原福子様東京御立ち、ニューヨークに御出になる。
五月十日　綾子軍艦比□《ヒエー》見学。二時□声会。
五月十一日　八時十四分発にて、マヽ、寿子様、しげ子さま、きよと箱根につゝじを見に行く。八重桜も美し。ふじ屋ホテルにて御昼頂く。
五月二十日　昭、姉ヶ崎へ遠足。初めてゞ大喜。午前七時半上野発。福井、栄もつれて行。
五月二十七日　第三十一回海軍記念日。初等科で堤正之氏の御話。
六月三日　酉子さん御初め十人御友達およびして、送別会開く。勇幸天ぷら。
六月五日　姉上、由喜子さん、正子四人目黒へおよばれ。香をきく。
六月七日　河上さんのバラ園拝見に目黒兄姉上とゆく。
六月十三日　正、酉子さんの御誘ひで、広岡様方と箱根ふじ五湖めぐりドライブする。東京午前八時発。夜十二時帰宅。
六月十九日　酉子さん米国へ御立ち。正子、広岡先生と御見送りにゆく。
六月二十三日　正子クロイツアーの講習会に行く。朝日新聞社にて。
七月七日　武雄さん満州に御立ち。東京駅迄御見送りにゆく。

七月十五日　秩父丸で本多様御帰朝。昭まで御迎にゆき、大喜び。
七月二十一日　大磯にゆく。
七月二十八日　湯河原へ西原町様御尋ねし、まなづるへつりぼりに行く。
七月二十九日　三時横浜出帆で、鴨ちゃん御立ち。正、綾、原田兄上と御見送に行く。金ちゃんの飛行機に福井さん乗せて頂く。大磯の浜から東京に飛ぶ。
八月十二日　自動車二台でふじ屋へゆく。
八月十九日　箱根十国峠までドライブする。
八月二十日　およしさま五十年忌。お詣りの為一日帰京する。十時染井。お昼三越にてすませ、当舎運転で又大磯へ帰る。
八月二十二日　原田兄上と御殿場の西園寺様に伺ふ。八郎様の御新邸でおいしい豚汁頂く。帰り箱山越してかへる。
八月二十四日　山中湖に行く。ニューグランド・ロッジにてお昼。
八月二十五日　まゝのお誘ひでふじ屋ホテルに行く。涼しく気もちがいゝ。
八月三十日　箱根ハフヤでお昼。モーターボートで湖水を渡り、ふじやでお茶。
九月七日　初等科はじまる。
九月八日　イームス御夫婦、寿ちゃん、二葉御料理で御夕食。
九月十七日　御祖母上様御七回忌。海禅にて御法要。
十月二日　ニューグランドにイームスからおよばれ。
十月四日　田無へドライブ。栗を沢山拾ひ面白かった。
十月七日　児玉千鶴子さん偕交社で御披露。
十月九日　こう子さん送別会。宝屋へ御まねき頂く。
十月十一日　皆で午後三鷹村へ栗拾ひにドライブする。
十一月一日　初等科運動会。昭、五等のメタル頂く。
十一月四日　山口の代りに櫛田来る。児玉御後室御逝去。
十一月六日　昭、奥多摩遠足。福井とついて行く。
十一月十八日　午前一時勝彦様御重体の由。同三時十五分御逝去。余り突然で、何とも御悔みの申上げようもない。
十一月二十日　青山で御葬式。寒い。夜雪になる。
十一月二十一日　夜リンク。中村氏、海軍の方御まねきする。
十一月二十九日　昨夜どろぼう八畳から入る。金色コンパクト等持ってゆく。午後大磯へゆく。

■**昭和十二年**

一月一日　大磯の御正月はのんびりして楽しい。敬ちゃま、興ちゃま方とピンポンして遊ぶ。

一月三日　武雄さん御年始に来られ、夜東京へ御かへりになる。
一月六日　春の様な暖さ。原田様に梅見に伺ひ、裏山でふきのとうつむ。
一月七日　大磯から自動車にて、当舎の運転で御大師詣でして、二時帰京。
一月十一日　昭、自転車買って頂き、大喜び。
一月十三日　昭、御習字御弟子入りする。春天先生にて。
一月十六日　勝彦様御三十日祭。
一月二十五日　スコッチの子犬ダデーが買っていらして、昭大喜び。
一月三十一日　山久と大浦直子さんフィリッピンへ御立ち。花束もって御見送に行く。
二月十一日　ビーチ死ぬ。綾子泣く。
二月二十二日　渋谷にて女の御子様御誕生（和子様）。
二月二十六日　補習科家庭会。
三月八日　綾子最後の英語会。小公子をする。
三月十五日　澄ちゃん大学入学試験。武雄さん夕食に来られる。
三月十六日　綾子最後茶話会。
三月十八日　国ちゃん秩父宮の御ともで外国へ御立ち。三時御出帆。横浜迄御見送にゆく。
三月二十五日　二郎さん御別れに来られる。自動車で横浜迄行き、御見送する。
三月二十六日　伊藤叔母上御十年。。表町にてお昼。渋谷母上様から藤のお召頂く。
三月二十九日　女子学習院卒業式。
三月三十一日　吉場先生の御家へ御礼に伺ふ。
四月一日　大磯へ立つ。桃、桜満開。うぐいすがあちこちで鳴。午后目まひがして寝る。
四月五日　自動車で池田農園から古池まで行。つみ草して、朝日村を通って帰る。芳子様方もごいっしょ。
四月七日　マヽの御誘ひにて、上野動物園、化学《（ママ）》博物館などに御ともして、お昼西洋軒《（ママ）》で頂く。
四月八日　昭、やっと二年生になる。
四月十日　原さん（高輪）御花の会。
四月十五日　米沢貞久しぶりに子供つれて来る。きいやも来る。
四月二十日　マヽの御誘ひで箱根へゆく。小涌谷桜、つゝじ美し。
四月二十一日　徳野久、二十年ぶりで尋ねてくれる。昭、校外運動。護国寺。
四月二十四日　上野西洋軒で級会。二十年御祝。
四月三十日　大谷、徳大寺御結婚御披露。東京会館にて午後六時。
五月一日　岩田、児玉御結婚御披露。帝国ホテル午後五時半。
五月四日　孝信様十三回忌。午前十一時。御花、開新堂ゼリー御供する。
五月五日　板倉様御婚礼。銀製ナイフ、フォーク半ダース。御祝に上る。
五月七日　マヽの御ともして、うすかべの藤見。お昼浅草金田で頂く。
五月十一日　野村、板倉御両家御披露。上野西洋軒にて。
五月十二日　昭、遠足。所沢飛行場、山口、村山貯水池。福井御とも。
五月十三日　幸田先生に、けい子ちゃま御願ひに出る。
五月十六日　空豆、苺つみに、大磯の別荘に御まねき頂く。
五月二十五日　高畠御母上告別式。
五月三十日　音楽会。正子出る。
六月十八日　羽田からATに乗って十五分飛ぶ。大変静かだった。
七月二十七日　海水浴で昭、初めて浮上る様になって、大喜び。
七月三十一日　午後三時カルマン立つ。横浜まで御見送りに行く。
八月三日　武雄さんお昼に一寸およりになり、夕方御かへりになる。
八月十二日　箱根十国峠に行く。
八月二十一日　一メートル半およげる様になる。
八月二十三日　マヽの御誘ひにて河口湖に行く（八時二十三分大磯発）。富士ビューホテルでお昼頂き、吉川様御別荘に御よりして、ニューグランドにてお茶。帝大ラグビー合宿に田さん御尋ねして、夕立に会ふ。帰りは雨上りで草木青々として、富士の姿ことに美しく涼し。
八月二十九日　昭、一間位およける様になる。帰るのがおしい。
九月一日　何となく秋らしくなって来た。夜武雄さん入っしゃる（ママ）。
九月九日　午後三時氷川丸にて中村貫之様、朝吹四郎ちゃん御立ち。横浜迄御見送りにゆく。
十月二十二日　木戸御兄上様文部大臣になられる。
十月二十七日　神嘗祭。小林様へお昼およばれ。二葉亭。
十一月四日　昭、香取、鹿島遠足。
十一月十日　二郎さん（山岸）から、英国土産の美しい赤い大皿頂く。
十一月十一日　瓜生大将薨去。
十二月三十一日　朝、富塚さんヨットで大磯に来られる。

■昭和十三年　虎

一月一日（土）　午前六時十八分大磯発にて、福井つれ昭允目白学習院御式へゆく。
一月四日　吉川、原田、本多様方と富士屋ホテルに遊ぶ。
一月八日　中村八重子、久次たえ子様二葉亭で御招きする。
一月十七日　深沢さまで男子御誕生。
一月十九日　武雄さんからの御誘ひで、東宝に行く。私、綾子、静子さん。
一月二十五日　山久さん御披露。
二月五日　宮本、宮崎、古賀、岡本、飯島、村上氏御夕食上る。小雪になる。
二月十一日　静子さん御婚礼。軍人会館にて御式と御食事。
二月十二日　澄ちゃんと武雄さん、夕食後御酒もって来られる。
二月二十二日　午後二時喜代の嫁、二人の子供おいてなくなる。ほんとにかあいそう。
三月十二日　一雄さん卒業の御祝に、皆およばれ。
三月二十七日　賀陽の宮へ、昭、九時半伺ふ。夜八時自動車で御送り下さる。
三月三十日　賀陽宮紀尾井町へ御まねきする。
四月二日　かなめの桜から古池までドライブする（大磯春休）。
四月三十日　マヽ御誘ひにて、箱根仙石原にてわらび狩。富士屋ホテルにてお昼。
五月一日　小林様の御殿場御別荘にゆく。
五月九日　木更津へ航研機見にいらっしゃる。
六月十二日　幸田先生にて正子卒業証書頂く。
六月十七日　御祖父様御十三回忌。海禅寺にて。
八月七日　高麗原田御別荘にて、都留重人様、大田様に初めて御目にかゝる。お茶、パウンド、ゼリー、あんころ餅頂く。
八月二十四日　ニューグランドに六時半、原田兄上とダディー、正子等とゆく。都留父上、重人さん、大田氏御出になる。
九月一日　午後一時頃から大嵐。停電。夕食に重人様始めて御招したのに、あひにくの日なり。
九月二日　都留家より錦水に御まねき頂く。
九月三日　高輪都留家に伺ふ。三人にて。正子だけ重人様の御ともして母上の御墓へまいり、下北沢の御新邸拝見にゆく。
九月四日　歌舞伎座へ重人様御誘ひ下さる。
九月六日　午前御結納。夕食支那料理にて。都留父上、重人様、木戸様御三方、原田兄上、大田夫妻。
九月九日　午後四時出帆の氷川丸で重人様再び米国へ御立ち。

十月十三日　兵隊三人、今日から宿る。
十月二十一日　兵隊さん午前五時半出発。雨降。

■昭和十四年

一月十八日　阿部、木戸御両家御婚礼。午後三時東京会館にて。雪。
一月二十日　阿部信男、由喜子様から御冨久佐とゞく。
一月二十一日　夜小林様へかるたおよばれ。サンドウヰッチ、コヽア、毛抜寿し、みかん、和菓子、福羽苺。
一月二十七日　伝研へ猩紅熱予防注射にゆく。
二月一日　御仲人柳原御夫妻に願ふ。
二月三日　猩紅熱注射第二回。
二月九日　右注射第三回。
二月十五日　八畳戸棚張りかへ。
三月十九日　ガーディナー御茶およばれ。三時半。サンドウヰッチ、キャンディー、アイスクリーム、バースデーケーキ、紅茶、牛乳。
三月二十四日　千子様御十三年ぶり御上京。
四月一日　吉川母上、本多皆々様御出になる。花水まで散歩にゆく。山々にかすみがかゝり、春らしい。
四月九日　午後二時から武雄さんの御誘ひで活動に行き、帰途菊寿司にて夕食。
四月十日　都留母上御命日。多摩へ御詣り。午後二時都留様に御集り。夕食迄頂き、楽しく遊ぶ。
四月十四日　正子かつら合せ。お貞へゆく。深沢ひろ子様御母上御なくなりになる。
四月二十日　原田美智子さまおもよう拝見にゆく。
四月二十八日　ライラック美しいので、真野先生にかいて頂く。
五月十八日　バラ丁度見頃。
五月二十二日　松平様バラのお茶。二時から六時まで。
五月二十六日　美智子様御婚礼。二時お式。
六月七日　亀部、児玉御両家御婚儀。
六月十日　木戸父二十三回忌御法要。二時に染井。四時御家。六時華族会館。
六月十七日　夕晩翠軒にて兄弟御まねきする。御仲人柳原御夫妻も御まねきする。
六月十八日　正子つれて御いとまごひに行く。山尾、小早川、大崎、広沢、小林、本多、時乗、加藤、児玉、吉川母上、吉川重、原田、幸田、薬王寺、木戸。午後重人さんも御つれして、森川へ皆で写しにゆく。
六月二十二日　都留様より紅葉館へ御まねき頂く。
六月二十三日　お昼御友達北京亭。夜寿子、すえ子様御招する。
六月二十五日　荷物送り。
六月二十六日　木戸様御招きする。

六月二十九日　午前湯に入る。正午御貞来る。二時半家を出る。三時半御式。五時半から来客。
御弁当　御赤飯二十人前（二円）ちまきや鳥の子（二十人前　一円）
松と菊を活け、かけじ、のしを飾り、こうせん、冷酒。
六月三十日　池田、児玉、結城様へ昨日の御礼に行く。
七月一日　吉川、都留、原田様へ御礼にゆく。
七月五日　新夫婦森川にて写す。夕六時より東京会館にて御里開。木戸御三方、大田御二人、柳原御二人、原田兄上、吉川兄上、重國様御二方、都留皆々様。
七月六日　勝田御夫妻龍田丸にて米国へ御立ち。
七月二十三日　正子大分へ出発。
八月五日　ダディーに、ママからおうな、原田様から御下駄、御祝に頂く。重人、正子御二人来られる。
八月六日　高麗にて都留両人の送別会して下さる。
八月七日　昭允、麻疹にかゝる。最高九度二分。咳が出る。
八月十七日　昭、起す。
八月十九日　都留新夫婦、三時出帆米国に立つ。東京駅御見送り。
木戸兄上、阿部、高木、前島、伊達、福原、重国、平賀様方横浜御見送り。
木戸皆々様、児玉、中村しづ子、柳原、信雄、大野、渡辺、小林、元光、綾子様方、原田御一家、本多御一家、平佐、太田、下山、真鍋、原田基一様方。
広岡様よりランがとゞく。
八月二十五日　大磯からダディー、昭、一足先に帰られる。十時頃武雄さん来られる。午後の汽車でごいっしょに帰る。
八月二十九日　綾子発熱。七度台。麻疹らしい。
九月三日　井出桜子様御なくなりになる。
十月八日　朝から御殿場小林御別邸に、栗拾ひ、茸狩に伺ふ。楽しい〳〵一日だった。
一、ごった汁　一、栗御飯　一、枝豆　一、しょうじん揚　一、里芋味そ煮　おはぎ、ビスケット、ちまきや御かし　いちゞく
十一月十日　福井悌吉氏御婚礼。
十一月十二日　広沢鋼四郎様御婚礼。
十二月十八日　勝彦様御三年。

■昭和十八年

一月十七日　寒稽古最後の日。御さかづきを頂く。
二月十八日　小田良治氏御かくれ遊す。
三月二十二日　永田町首相官邸へ一時半からおよばれ。お茶の御手まへと二葉寿し。夫人許り。首相も一寸出て来られる。御庭で写真うつす。

四月四日　昭允、午後三時入寮。風はげし。
四月十日　昭、寮から始めて帰り、親の方が大喜び。
四月十八日　ライラックの白美し。
四月二十八日　正子北沢で麻疹となる。
五月二十二日　庭廻りのコンクリートのへい作り始める。
九月十四日　大磯別荘かたづけにゆく。
十一月七日　島津、本多御両家御婚礼。ホテルにて。大東亜省御招で七時から歌舞伎。
十一月十一日　勝田、大平御両家御婚礼。御仲人。
十二月一日　彦ちゃん、朝八時六部隊御入営。

■昭和二十二年

八月　チブス注射。
十月三日　御茶の水にて金歯入れる。
十月七日　三愛にて。
十月九日　大磯へ伺ふ。
十月十一日　長与様御よばれ。原田兄上しのぶ会。にぎり寿しその他。里見御夫妻、のぶ子様
十一月二十三日広田よし子様御婚礼。上野。
十二月三十一日　吉川御母上様大磯にて御逝去。悲しくて〳〵、余り泣いてダディーに［後欠］

二十二年は目まひの年

四月七日　少々
四月十二日　目まひ　もどす
四月十九日　虫
五月七日　少々
五月九日　多量　めまひ　頭痛
五月十日　いつもより多し　元気回復
六月五日　目まひ
六月二十日　〃　もどす
六月二十六日　夕食後目まひ　もどさず
七月二日
七月二十九日
八月二十五日
十月六日
十月十五日
十月十六日
十一月三日

■昭和二十三年

一月二日　大磯にて御火葬。高麗の裏山梅があちこちに咲く。
一月四日　大磯にて告別式。
一月九日　谷中にて御埋葬。

一月二十日　松平幸子様御逝去。
一月二十五日　ラグノーにてクラス会。
一月二十六日
一月二十九日　チャペル。
一月三十一日　谷中に御詣りする。
二月十日　御ひな様フィットニーに渡す。
二月十四日　都留御父上、上北沢にて突然御かくれ遊す。御上京中。
二月十六日　豊田氏婚礼。
二月二十三日　名古屋にて都留御父上御葬儀。
二月二十八日　ヂャガイモ三貫植える。
三月六日　昭、発シンチブス注射する。
三月十五日　次や午後五時浴風園でなくなる。
三月三十日　千葉のきいや、昭つれて尋ねる。
四月五日　桜咲出し、蘆野様およばれ。木内様、正子等のピアノ。
四月十一日　都留澄子様モナミにて御婚礼。
四月十四日　市ヶ谷にて御兄上様に御面会。
四月十八日　新宿御苑。八重桜美し。御招頂く。マグレルとゆく。
四月十九日　左の下歯にアマルガムつめる。
四月二十一日　葉山へ本男様の御祝に伺ふ。
五月十一日　柳さん七年ぶりで御上京。お昼広田さんと御二人に差上る。
五月十六日　クラス会ラグノーにて。
五月二十二日　広沢叔母上様大津にて午前六時御逝去。
六月四日　ダディー夕方蜜蜂御さゝれになる。
六月五日　蜂の為めおはれになって、半日ぼやっとして入らっしゃる。
六月十七日　チブス注射。春、昭、一回だけする。ダディーは工大にて。
七月一日　オブライアン。
七月二十一日　本多猶一郎様午前九時御逝去。
八月十日　昭允、葉山服部様御別荘へ御宿り。三井様と油つぼへドライブ。
八月十三日　エリザベス・サンダース・ホームのガーデン・パーティーにゆく。自動車にて。各国の大公使沢山ゆかれ、一日楽しくすて子見学する。
八月六日　夜三時どろぼうが入る。
八月七日　笑子さん御命日。逗子に伺ふ。
十一月八日　オブライエン御茶。李王両殿下いらせられる。
十一月九日　赤坂離宮、美術クラブ等に外人案内してゆく。
十一月十二日　御兄上終身刑とおきまりになる。御命に別じょうなくて安心する。

十一月十四日　昭と一雄つれて逗子に伺ふ。
十二月二日
十二月九日　大神宮にて渡辺健二郎様御婚儀。
十二月十六日　オブライエン、五時半より御まねき頂く。高松、李王両殿下御出になる。二百人位。
十二月二十三日　マグレイル　人形　春駒　おきなふくさ、ノーマン　お皿　清水焼　人形ふくさ、オブライエン　かけぶくさ　ふくろナプキン・リング、フィットニー　お能おせんす　鶴ふくさ、右クリスマス・プレゼントに差上る。
十二月二十九日　小田様に伺ふ。

■**昭和二十四年**
一月四日　逗子に御年始に伺ふ。
一月六日　母上様肺炎で、小六様逗子に行かれる。
一月七日　小立要様（柳福様御姉上）御逝去。
一月二十九日　田永氏、喜いや七十七才の御祝持って来る。
二月五日　一雄ちゃん入試。暖かく、はやぼけが咲出す。
二月九日　一雄ちゃん入学発表。昭、学習院高等科最後の試験。
二月十日　初雪降る。
二月十二日　都留父上様御一年。
二月二十日　胸悪く寝る。
二月二十一日　武雄さんとう〳〵なくなられる。
二月二十四日　御葬式。
三月六日　肥後母上様御逝去。
三月十四日　昭、東大体格験検。綾子手術。
三月十五日　東大入学試験。八時二十分集合。
三月二十日　目まひ、頭痛、はき気。
三月二十六日　昭、学習院卒業式。福井四郎婚礼。目まひ欠席。御上だけ出席。
三月二十八日　入試発表。
四月三日　昭、スキーに立つ。九日迄行く。
四月十八日　一雄初等科入学式。
四月二十七日　信濃町。
四月二十八日　目まひ。はく。
五月五日　栄来てもらふ。
五月九日　オブライエン御菓子、稽古。
五月十一日　綾子入院。
五月十七日　午前二時ダディー胃けいれんでとても苦しまれる。赤井、浦本先生、看護婦二人。
六月六日　御病後初めて工大に御出勤。
六月十三日　目まひ、はき気。川添さんに注射に行く。
七月二十七日　信濃町
八月二十九日　時乗治子様御逝去。

十月七日　児玉常雄様告別式。
十月九日　越、実吉御婚礼。御仲人申上る。
十月三十一日　千葉へゆく。

■昭和二十五年

一月二十四日　ひさお目見えに来る。
四月十二日　芝増上寺服部さんへつみ草に行。八重桜美し。
五月五日　正子、川添病院入院。
六月二十九日　ノーマン送別の食事によぶ。ひどい目まひ、はき気、頭痛。
七月二日　やっと気分よくなる。
七月二十日　二十一日　二十九日目まひ、はく。
八月九日　十二日　十九日　目まひ、はき。川添注射。
十月四日　五日　六日　七日　目まひ等。
十一月十三日　千葉へ寿おともで行く。
十二月二日　クリスマス・カード出す。マグレル、ホルムス、オブライエン、ノーマン、ディース、浜、ガーディナー

■昭和二十六年

一月七日　小林様御招きする。
一月八日　目まひ、もどす。
五月二十七日　自動車で大磯迄行き、四時から銀山荘で幸ちゃん御婚礼。大磯御別荘へ一晩宿る。
五月二十八日　二十九日　頭痛、寝る。
六月十五日　十六日　はき気、目まひ。
十月十八日　重人さんの御誘ひで熱海へ五人でゆく。夕食後町へ行く。晴々とした海を一望のもとに、御食事も誠に結構。ダディーは名古屋に御出張。佐藤事務官ごいっしょ。
十一月十五日　加藤叔父上、吉川御二方、寿子様御招する。

■昭和二十七年

二月十二日　東大福田外科にて手術。
二月二十一日　二度目の手術。
三月二十八日　昭、東大卒業。
四月十六日　午前六時半、浜喜代子様御急逝。
六月十日　朝五時頃から少しお悪いので、皆病院に集る。
六月十一日　午前〇時二十分とう〳〵御かくれ遊す。
六月十四日　晴　桐ヶ谷に行く。
六月十五日　午後一時から大学葬。
六月十七日　初七日。お寺さん一人。
六月二十五日　二十六日　目まひ、もどす。赤井先生来診。

六月二十八日　松下、水野、西沢夕食におよびする。
七月十二日　しのぶ会。
七月十五日　お寺さん。
七月十六日　十八日　二十一日　二十五日　二十八日
川添注射。
七月二十九日　四十九日法要。三時より。
十月十八日　正子インドへ立つ。午後六時羽田発。
十一月一日　三十五年甲乙合併クラス会。十文字学校にて。
十一月十八日　重喜様御婚礼。
十二月十三日　根岸笹の雪へ、吉川様よりおよばれ。

コラム　和田小六の死を悼む木戸幸一

夫小六は昭和二七年六月一一日深夜に亡くなった（同日条）。「とても仲の良い兄弟」といわれた兄の木戸幸一は、当時、巣鴨刑務所の獄中にあった。幸一は小六の病状を、同年二月一六日付の妻鶴子からの手紙で知り、その後、五月一六日に面会に来た二男孝彦から容態が思わしくないと聞き、小六の死を覚悟した。そして六月一一日朝、刑務所の鈴木次長から訃報を聞く。刑務所側の計らいで、この日、幸一は極秘裏に新坂町の和田邸で、小六の亡骸と対面することができた。

小六との永の別れに、幸一は「六十年ノ生涯ノ殆ド全部ヲ同ジ此赤坂ノ土地デ共ニ暮シタ丈ニ思イ出モ多ク殊ニ淋シサヲ感」じつつ、その日の午後に巣鴨に戻った。そして幸一は、前日に意識が戻った小六が、「サンドウィッチ　うなぎ飯等ヲ食ベタイト云ヒ出シタガ其ノ折り　うなぎ飯ヲトッテ巣鴨ノ兄貴ノ所へ差入レロ等トモ云ツタソウダ」と最後まで獄中の兄を気遣う弟の様子を日記に書き留めた。

【参考文献】「木戸幸一日記」一九五二年二月一九日条ほか（国立国会図書館憲政資料室蔵「木戸家文書」R21）。

（塚田）

■昭和二十八年　巳

一月一日　喪中。重人、正子両人デリーを立ってラクノーに行く筈。
一月八日　初等科始まる。矢だけ出席。昨夜の雪で銀世界。信濃町に十一時に行く。渋谷吉川様、本多様に伺ふ。
一月九日　服部一郎様夕食に御招きする。
トマト・スープ　鯛ベーコン、レモン包み焼　ビーフステーキ　フランク二本　れん草　ポテト　人参、苺ゼリー　パイナップル　バナヽ、　黒白パン　ピーナッ

ツ　ビール
一月十一日　昭允と青松寺へ御詣りにゆく。
一月十三日　重人様、正子午後五時ＢＯＡＣにて羽田着。
印度からの御土産色々頂く。
一月十五日　成人の日。寿、妹登美ちゃんの婚礼で田舎にゆく。
一月十六日　南原繁先生御詣り下さる。
一月十七日　逗子母上様肺炎に十二日からなられた由、御葉書頂く。驚き、早速御見舞にゆく。
一月十九日　新歌叔母様御尋ね下さる。
一月二十三日　南雲様夕食差上げる。一、常夜鍋　一、数の子　一、ぶりさしみ　一、しゃけべっこう漬、一、支那料理（豆もやし、人参、葱、生姜等）　みかん　リンゴ　ピーナツ　するめ
一月二十七日　吉川綾子様御出下さる。鴨頂く。小雪、雨。
一月二十八日　木挽町三木本、和光に行く。寿、二週間ぶり田舎から帰る。
一月三十一日　加藤叔父母上様に手料理差上げる。豆腐、鯛、鴨、だんご、ほうれんそ、レモン蒸　三人前
二月二日　豊子様にお昼差上げる。五目うどん　おさつあんかけ　おなます　リンゴ、おやつ　あべ川
二月四日　寺田様。小クラス会。百五十円。お寿し　白味そ　豆腐　三ツ葉　みかん　ぜんざい　おせん　シュークリーム
二月五日　昭、大学の方々とスキーに立つ（池の平）。
二月十日　兄上巣鴨から御出になり、昭、彦ちゃんと染井にお詣りする。お昼加藤様で頂く。一、お汁　焼かま　三ツ葉　一、かつ丼（かつ、玉葱、玉子、青豆）一、白いんげん　白菜　タクワン　さくらもち　うぐいす　みかん
二月十一日　丸善下に開店した帝銀に行く。
二月十二日　春の様に暖か。寿御見合させる。
二月十四日　十三日玄関のといがなくなっていた。小林御二人、安井様御尋被下る。佐藤事務局長、いづみや御菓子と御花下さる。加藤先生家の御相談で御出被下り、西行まんぢう被下る。夕食　一、白味そ　はんぺん　三葉汁　一、こぶおし　一、うぐいす豆　とうふわん　レモンむし　ビフテキ　じゃがいも　人参
二月十五日　晴暖　都留父上五年で、御客様。とし子様から菊廼家筑紫半なま頂く。
二月十八日　晴　柳さん御誘ひで演舞場。かなや小梅麦ふく　鶴八鶴次郎
二月十九日　晴　十一時信濃町。西大久保加藤様に伺ふ。午後六時半牛込で吉川兄上御死去の由。
二月二十日　寿ちゃんと牛込の病院へお別れに行。幡ヶ

谷火葬場にも行。
二月二十一日　雪　青山吉川様に伺ふ。
二月二十二日（日曜）吉川兄上御葬式。午後二時―三時。
二月二十七日　矢ちゃんと草取りする。
二月二十八日（土）兄上十日祭。十時。カステラ御供。オリンピック・シナモン・ビスケットと、みかん、紅茶。
三月三日　原田姉上、寿ちゃん。正子がおよびする。印度行の折御餞別の御礼として。けい子ちゃまは御婚礼遊すので、お別れとしてお昼。白味そ　はんぺん　三ツ葉　なまじさしみ　うぐいす豆　豆腐あんかけ　鳥
　ブロッコリー　玉ねぎカレー煮
三月五日　髪洗ふ。急に脳貧血。もどす。一回だけでよくなる。胃がすいて変なので、三月六日もねて過す。
三月九日　川添さんで又ホルモン注射。
三月十一日　一矢よんで、八畳で御寿しとあんかけこもくうどん、ミカン。
三月十二日　慶子ちゃま御婚礼。宮内省にて。
三月十三日　瓜生様、御嬢様と御尋ね被下る。
三月十四日　寿ちゃん御出になる。お目出度う頂く。窪山医科の渡辺先生に見て頂く。
三月十七日　雪　みぞれふり、寒い。
三月十八日　御ひがんの入り。冷々する。川添さんに注射に行く。本多様に御礼に伺ふ。
三月二十日　風　寿ちゃんと谷中に御詣りする。
三月二十一日　風　姉上御尋ね被下る。バラ頂く。御中日。
三月二十二日（日）河島御後室御出になる。熊本のしい茸頂く。
三月二十三日　青松寺へ御詣りする。かへり医者（渡辺）に行く。正子の方クラス会。家にて。一雄昨日、今日発疹はげし。
三月二十四日　新橋竹川にて国ちゃん送別会。午前川添さんにゆく。少し頭痛。
三月二十六日　おなか悪く、一日ねる。
三月二十七日　宏田様一寸来られる。
三月二十八日　家のことで坂本、相馬様来られる。芝やいた後で、草が取りいゝ。
三月三十日　国ちゃん御見送りに、渋谷へ伺ふ。皇太子様戴冠式へ御出発。大蔵、太田両家結婚披露。日本クラブにて五時半から。
四月二日　寿ちゃん入っしゃ《（ママ）》る。御花も三分咲で美しい。
四月四日　信濃町。御苑のこぶしが実に美しい。御土産にこけし人形頂く。
四月六日（月）原田姉上、寿ちゃんと三人で隅田川へ御花見に行き、こととひにより、かへりやぶ。平河町、

青山墓地の御花見して帰る。けふが丁度見頃。
四月八日（水）初等科始まる。矢は麻疹の後で、まだ休ませる。寿ちゃんと帝銀、和田安、三越と歩きまはる。
四月九日　白のライラック咲初める。川添さんに行。午後から原田姉上と土地さがしに行く。
四月十八日（土）アーネスチン、稲子、英子、綾子様方御まねきする。サンドウキッチ　ゐびせん　洋菓子サガボル　稲子様よりマーガレット、みかん。綾子様よりさがぼうる。寿子様より苺頂く。
四月二十日　川添。ブドー糖、ホルモン、ビタミン。西村孝作御夫妻御尋ね被下る。
四月二十一日　兄上、姉上、彦ちゃんと染井、多摩に行く。御墓地を御きめ頂く。犬がまよい込んで来る。
四月二十二日　新宿御苑の八重桜を見に行く（十時）。後けい子ちゃまの御新家庭に伺ふ。
四月二十三日　栄、寿、宝塚へ出してやる。えんじネクタイあむ。薄ら寒い日。
四月二十五日　竹田先生の処へ広田様と伺ふ。御返しふろしき、雲井のつる菓子。
四月二十六日　矢御誕生日。けんび鏡上げる。紫ライラック咲出す。小松様に花持って伺ふ。三井様赤十字御入院。昭、御花持って御見舞に夕方行く。
四月二十七日　小田様、小室さまに、紫ライラック持って伺ふ。
四月二十九日　天長節　一、矢、目白で九時五十分御式。豊子様遊びに入らっしゃる。風はげし。
五月一日　メーデー　午後から高木たつを様、宍戸様にライラック、寺田様に空豆持って伺ふ。加藤様にも差上げる。
五月三日　晴　明治記念館で、常磐会園遊会。重人さんと福井、昭ちゃんつれゆく。
五月四日　作楽会。
五月六日　昭、八度。八度五分。赤井先生来診。ダイヤジンのませる。
五月七日（木）雨　寺尾様へ寺田様と伺ふ。1、御かしわ　2、ロールサンド（キウリ、ハム細　アスパラキウリ、ハム細）三本　3、コンスターチ・プディングに苺コンデンス　レモン紅茶。昭、最高七度。一日床。
五月八日　コピアでパーマネントと染めとする。障子張り代へる。
五月十日　武内米様、午後広沢御二方、ふじ子様御出になる。
五月十一日　青松寺御詣。後川添さん注射。大磯より幸子様御尋被下る。大学より昭、油つぼへ遠足。
五月十三日　雨　歌舞伎へ柳様、綾子と行く。

五月十四日　小雨時々晴　矢ちゃんながとろ遠足。スウキートピー取る。
五月十五日　九時家を出、逗子に伺ふ。正子と。午前十一時稲荷神社祭り。午後法要。母上御誕生祝にゆき、タオル差上る。御供三人よりロクシ―菓子十五。１、おわん　桜半ぺん　豆ぶ　ほうれん草　２、きうり、あじ酢の物　３、鯛浜焼　４、うまに（竹の子、人参、ごぼう、青豆、鳥だんご二ツ）５、いなり寿し三、おにぎり青豆入り二ツ　６、苺　ミルク
五月十五日　昭、税の事で佐藤氏と税務所に行く。
五月十六日（土）　柳様にてクラス会。十一時。蛤御汁天井　胡瓜もみ　御香の物色々　苺　コンデンス　栄太郎三色の水ようかん　月餅　かきもち二色　寺田寺尾　広田　和田　長宗　土田　加藤　武田
五月十九日　本多様にて釜めしの御馳走。御汁　えびしんじょ　青み　唐なす引鳥　青豆
五月二十一日　土方叔母上様御尋ね被下る。佃煮頂く。
五月二十四日　北友から大磯へドライブ。三井別邸。
五月二十六日　小林様、原様、伊藤様に伺ふ。
五月三十日　母上御悪いので、逗子に行く。
六月二日　午後十一時五十七分母上様御逝去。エリザベス女王戴冠式。
六月五日　嵐　午後一時から二時迄告別式。久しぶりに東京へ帰る。
六月八日　雨　逗子。初七日。午後三時半。ちらしかんもすり　生が　白がねぎ汁　くづ桜一　バゝロアなしかんづめ　鎌倉越、山尾様に伺ふ。
六月十日　小田、横河御三人、柳原御三人、勝沼先生御出になる。来原、浜、坂下、清浦。
六月十一日　晴　十時青松寺。二時御経。三時御茶。姉上、和子、児玉御三人、原田英、敬策、吉川姉上、吉川綾、恒、時乗御二人、本多御二人、木戸孝彦、みえ子、とも子、井上五郎、渡辺まり子、広沢、王、上村、金子、井上啓、笛田学長、山田、山本、中本、佐藤憲三、福井兄、笠井、原、鈴木。
六月十二日　柳様、広田様御出下さる。税の人来る。
六月十四日　加藤富貴子いらっしゃる。清浦。
六月十五日　寿ちゃんとへびさん、加藤様に伺。移転。
十二月八日より正月六日迄　二月五日より三月五日迄
四月六日より五月五日迄
六月十六日　叙楽園をよび、工大先生方、橋本先生、中本氏御よびする。牛鍋をする。
六月十八日　雨　大磯岩田様へ寿ちゃんと伺ふ。井上様、坂西様、加藤様にも伺。
六月二十日　午後から風流会。十五人集る。昭も出る。ビール２ダース　寿し　二十人前　江戸あられ　しを

豆　もちがし
六月二十二日　八時四十二分発新坂バス、九時十五分発新橋。逗子に伺ふ。母上三七日。二百円　ダリヤ。スープ　コーン　トマト半分の上にうに　小あぢ粉つけ、から揚レモン　ローストビーフ　チシャ　引肉ピーマンづめ　パセリ　胡瓜キス巻　ポテトサラド　パセリ　ビワ　バナヽ　サクランボ　パン二枚　御飯　バタ　からし　醤油。御形見頂く。
六月二十七日　晴　新宿御苑、明治神宮しょうぶ。加藤、寺尾、寺田、広田、柳様と、六人で行。
六月二十八日　雨　浅野様、久子様、由美子様御出になる。長宗様も御出になる。帯の事で。昨今あぢさいが美しい。
六月三十日　信濃町。一時より。
七月二日　一木様と寿ちゃんお昼差上る。コロンバン洋菓子頂く。スープ　サラド　トマト　シャケ　マヨネーズ　ハンバーグベーコン巻　ドヂョーインゲン　キャベツ　タピオカプディング
七月六日　逗子三五日。野菜スープ　芝えび、ソセジ・カナッペ　ガランデン（キウリ、セロリ、トマト）蛤具入ケチャップ　パン　ごはん　ちそふりかけ　バヽロア
七月八日　星ヶ岡御料理。
七月九日　千葉へ行く。とうまん　もゝ山　つくだ煮　ちらし寿し　おかね、背広御かたみ　紺じま。
七月十一日　昭、葉山へヨット乗りに行く。正子、小さい方々の音楽会。
七月十三日　豊子様とてつ子様新盆で向ふ。青松寺にゆく。
十四日も青松寺。
七月十五日　午前お寺さん二人（二百円、百円）午後逗子。おちょうちん上る。あじ胡瓜寿し　みつだんごようかん
七月十八日　横浜渡辺様に伺ふ。ニューグランドにて御昼食。スープ、ポークの間にハムカツ、スパゲティ、インゲン、バヽロア　元町ぶらする。　洋菓子　桑茶タク　キャンデー
七月二十日　嵐　母上四九日　七七忌。御骨。円覚寺。ちらし寿し　ハリ〳〵切干コブ　冷そうめん御汁　ちそ　生が　すゐか　二ツ割氷　ブドー酒少々入　ゼリーお香の物　おやつ　サンドウヰッチ　紅茶　おせん　御かし　御礼状頂く。
七月二十四日　渋谷へ夕御よばれ。皆で伺ふ　お寿し　サンドウヰッチ　ホットドッグ　ビール　シトロン　オレンヂヾュース　桃　おもちがし　ビスケット
七月二十五日　歌舞伎新派。幻燈、幸福さん、虞美人草

に行。柳、加藤、寺尾様と。

七月二十六日　別所、白戸氏来られる。暑さはげしくなる。

八月四日　一雄ちゃん沼津に立つ。

八月五日　有島様に伺ふ。

八月六日　浅野、三井久子、服部さまがた御夕食差上る
オールドブル　レタス　トマトかにづめ　小胡瓜　チーズ、スープ　チキンヌードル　ハンバーガー　ケーキ　グリンピース　スパゲチートマトあへ　ボールポテト　胡瓜　トマト　レタス　玉葱　サラド、タピオカプディング　バナゝ輪切り　コーヒー

八月十日　父上三十七回忌の御法要で、逗子に伺ふ。逗子まんぢゅう　くづ桜　すゐか　おせん　おやつ

八月十一日　青松寺御詣り。伊沢先生の処に伺ふ。

八月十二日　料理御稽古。星ヶ岡。幕の内（よせもの、あげぱん）　すりみ御汁

八月十三日　昨夜よりおなかこわし、一日寝。

八月十四日　けふもだるくて、ねる。

八月十五日　由美子様アメリカへ御立ち。正子と帝大病院へ行。

八月十七日　一、矢、木本外科でもう腸切る。八月二十五日退院。

八月十九日　昭、軽井沢に行く。八月二十八日帰京。

八月三十日　やすとあい、千葉からおたかさんの御父さんと来る。

九月九日　母上御百ヶ日。午前伺ひ、お昼頂く。一、おわん　そうめん（みょうが、しば一つ、かまぼこ一枚）一、にぎり（御手製）　いか　平目　まぐろ　あなご　胡瓜　玉子薄焼　酢生姜　マスコット　おやつ　一、西洋なし　もちがし　干がし　あられ

九月十一日　夕食。昭、一、矢。チャプスイ　支那酢の物　パンハサミあげ　ぶどう　御かし

九月二十三日　（お中日）御彼岸で、九時お寺さん来て頂く。御休み日で、皆御経上げる。

十月三《(ママ)》日　寿今日ながの御ひまをやる。ふじ紋つき名仙羽織　むら銘仙桜　袷長じばん　単衣長じばん　つゞみ帯　目録　ふろしき二枚

十月七日　馬橋の高橋にてクラス会。

十月九日　加藤敬叔母上様御逝去。

十月二十一日（水）木戸兄、姉上、由喜子様（とらこホーホケキョ）、彦ちゃん、みえ子様　果物頂く。御夕食御まねきする。このわた　ごまあへ　栗ふくませ　豚ロース　枝豆　ほうろくむし　つけ汁、御汁　鳥　松茸　三葉　柚、奴寿し、果物　ぶどう　二十世紀　柿、菓子　くりかのこ　とらこ　コーヒー　ビスケット

十月二十四日　スヰートピーまく。
十一月一日　クリスマス・カード　十一日迄に出こと。
十一月二日　大磯御新邸に伺ふ。馬越さん、加藤さん、林さんとごいっしょ。お汁　はも　松茸　れんそ、かき　シャンピニオン　チーズグラタン、エボダイ（ヂヤガ、玉ねぎ）つめフライ　アンチョビソース、カリフラワ　レタス　人参、支那料理　豚　豆もやし　人参　エンド　柿　おやつ　洋菓子　紅茶
十一月三日　山尾、漆間両家御披露。三井クラブにて一時半御式。
十一月五日　ウエルボンのお茶。霞会館。島津忠重御夫妻、徳川頼貞奥様、島津ひろ様、長崎御姉妹、アーネスチン。
十一月十日　寒く、初めてこたつ電気入る。
十二月六日　コンクリート打ち初める。
十二月十一日　重喜様の処で御長女御生れ
十二月十二日　けい子ちゃま御長女御生れになる。
十二月十三日　岩田様で、午後一時浜田病院で御長男御誕生になる。
十二月十四日　八重子様と円覚寺に詣りする。
十二月二十日　天気よく暖い日。棟上げ三時半。
十二月二十日　和田、都留むね上げ。　お煮しめ（人参、ゴボー、コンニャク、ハス、里芋　切りズルメ）　しを豆　するめ　御酒　御餅　天そば　御祝儀両家より佐竹、千円　三ツ橋、千円　二十人（一人三百円）
十二月二十二日　那須。横河。王徳立。
十二月二十八日　田永。
十二月二十九日　柳。柳原。豊田。
十二月三十日　福井四郎。福井悌吉　門松　輪かざり　箸　とそ散　味醂　酒、おぞう煮　小松菜　玉子　相鴨　数の子　ごい豆　黒豆　金とん　かまぼこ　伊達巻　おなます　さば寿し　生姜　鳥　ガランデン　ポテトサラド　レタス　レモン　洋菓子　もちがし　おせん　みかん　御次　あづきじるこ

■昭和二十九年

一月一日　晴　高橋皆様御出になる。昭允、森野、水島。吉川様に伺ふ。一郎様、綾子、一雄葉山御宿。
一月二日　晴　昭、早朝赤倉三井様の処へ行く。夜葉山より御帰。王夫妻、山尾庸亮夫妻、敬ちゃま、公ちゃん、大池夫人。
一月三日　晴　原田様と山尾様に伺ふ。
一月四日　雨　大谷（今井）様のお子様おなくなりになったので、綾子、一、矢つれ、又々葉山に行く。上村琢先生御年始に御出下さる。
一月五日　晴　コピヤにパーマネントと染に行く。十時

半から三時迄。　七百円。
一月七日　晴　夕風　柳様に伺ふ。　味のもと二缶。那須様に伺ふ。　入船おせん。寿子様御年始に御出被下る。もなかのかあいゝの頂く。
一月八日　晴　初等科はじまる。本多、吉川様に伺ふ。青山に赤ちゃん御祝持参。
一月九日　昭、赤倉より帰る。
一月十一日　昨夜体いたみ、八度熱。アスピリン。一日床につく。平熱となる。
一月十三日　雨　クラス会。　共済会館にて。ポタージュ　シャケ・ターター・ソース　ポテト　ハンバーグポテト　玉葱、パイ　コーヒー　みかん　もちがしおかき
一月十四日　小林様御茶におよばれ。
一月十六日　肥後様六十六番地に御引越し。
一月二十四日　大雪。
一月三十一日　窪田叔母上御逝去。
二月二日　暖　喜和のお墓に詣る。
二月三日　節分　鎌倉窪田様に御悔に伺ふ。
二月四日　新橋演舞場に新派。
二月六日　本多様に御昼伺ふ。一、ごった汁　一、いか、わけぎ酢味そ　一、レタスの上にとこぶし煮二ツ　一、甘だいとろゝこぶ蒸し
二月八日　一木様、寿ちゃんいらっしゃる。小室御後室様御出被下る。
三月六日　ハーバードより入学の返事来る。
三月十二日　クラス会。寺田様にて。大〆寿し　洋菓子みかん　和菓子　おせん
三月十四日　三階大掃除。福井さんも来てくれる。
三月二十七日　本多様御誘ひで、つぼみ会。
三月二十九日　大磯へ一人で伺ふ。桜が七分咲、美し。岩田様の敦夫ちゃんかわいゝ。
三月三十日　ＭＩＴ入れた由、返事来る。
四月六日　昭、三井様自動車で大磯に行く。木戸様、岩田様に御いとまごひに伺ふ。金歯右下に入る。白ライラック美し。
四月十日　加藤様で田村様送別の御茶。
四月十三日　西山洋服店にて昭のたのむ。
四月十六日　浜喜代様御三年。三井、山田、松方御夕食。
四月十七日　専売公社にパイプのことで行く。
四月二十一日　目黒へ土持参。
四月二十二日　松濤へ昭と伺ふ。
四月二十四日　広岡様に御茶御よばれ。
五月二日　柳原様御出被下。パウンド頂。一雄様夜御出になる。
五月四日　本だけ引越し。

五月五日　十四子様御茶に御まねき。
五月七日　昭と色々御買物に行く。
五月八日　御夕食真田様。
五月九日　常磐会バザー御かへり、姉上御出被下。柳、広田様御出被下。木戸様より麻ハンケチ三枚、御かし。柳、広田様よりこけし。千家様より御餞別御目録。柳、広田様より果物盛御皿　むつみ会より前菜入れ
新築祝。服部様より果物盛御皿　むつみ会より前菜入れ
五月十三日　岩田様御餞別千円頂。大明建設餞別ワイシャツ。
五月十八日　都留、肥後家送別会。余楽園支那料理。重国様御二人御まねき。御餞別にネクタイ止頂。
五月十五日　和田先生しのぶ会と昭の送別会して下さる。十七、八人集る。
五月十九日　小林様に御別れに伺ふ。御昼御うなにて送別会して下さる。
五月二十日　佐々木先生、奥様御出になる。御餞別に絹ハンカチーフ三枚頂く。
五月二十一日　渋谷で昭の送別会して下さる。二十人御集りになる。
大〆　御肉ぢり〴〵　ホットドッグ　サンドッイチ
フルーツ・サラド（苺、リンゴ、夏みかん、バナヽ）
胡瓜　トマト　かに　マヨネーズ　御もちがし　苺パイ　ビール　サイダー　オレンジ・ジュース　日本酒
五月二十二日　虎の門協済会館にて、昭の送別会。北友の方々、小島、山田、松平様からネクタイ止頂く。
五月二十三日　北友大磯ドライブ。小林御夫妻御出被下る。
五月二十四日　庭、マチバシー等うつす。ニコラスさんお茶。
五月二十五日　服部様より晩翠軒に御まねき。ネクタイ止、カフス・ボタン頂。塩原様からスリッパ入れとスリッパ頂く。昼フィッシャー御よばれ。
五月二十六日　八重子様から三百円。浅野様からネクタイ（田屋）。勝田、宍戸様からハンケチ五枚。末広へMITの方御よびする。
五月二十八日　敬ちゃまから蝶ネクタイ。興ちゃまからネクタイ止。三井、松方、立花様からキー・チェーン。
五月三十一日　高須婦長ビスケ、もちがし。真田様ネクタイ二本。
六月一日　高橋様パイ。吉岡様ネクタイ止。
六月一日　昭いよ〳〵出発。羽田に本多様方とごいっしょに行く。午后九時半のがおくれて、
六月二日　午前一時に飛立つ。家へかへり寝たのが午前二時。
午前九時半で大磯に行。母上御一周忌。

御見送りの方々　東大理学部化学教室　広田栄治　吉
田和夫、航研　福井悌　福井四郎　富沢、豊田　広岡
糸賀、北友　三井　立花　塩原　松方　浅野　服部
栗山　山田　児島　松平、
本多叔母上　忠ちゃま　張ちゃま　けい子ちゃま、
家の方　吉川様　昭ちゃま　原田叔母上　敬ちゃま
ビール　日本酒、乙な寿し、カナッペ　チーズ　胡瓜、
パイ　バナヽ、夏みかん、苺サラド　くづ桜、はじけ
豆、おわん　すゞき　みつば、西洋皿　小鯛バタヂー
ケチャップ　ポテトサラド、寿し　おいなり三　玉子
二　のり巻小三ツ
テーブルに盛　サラミカナッペ　ペーストカナッペ
玉子半一ツ　マン中二、アゲ酢レモン盛　ビワ　モチ
ガシ
六月三日　昭に手紙出す。森野先生へ、ヂュース六本、
バナヽ持って伺ふ。　515
六月四日　三井様バンクーヘン。850 原田様御目出度
20
六月六日　原田姉上と源氏歌舞伎へ見にゆく。
六月七日　昭から初便り来る。サンフランシスコへ着い
た由。
六月十一日　御三周忌。午後一時半御経。二時よりお茶。
六月十六日　引越し。

七月八日　午後一時から新築祝に、柳、広田、加藤、寺
田、寺尾、天野、清水様。
洋菓子頂く。おこわ　サンドウキッチ　ブドに揚最中
お好みあられ　アイスティー
あぢさい、ダリヤ美し。
三周忌御供。参千円　西村孝作　季見子　お線香　木
戸忠太郎
八月二十一日　森野先生御夫妻、米国に横浜から御出発
九月十六日　都留御両人バンコックに御立。
十月十八日　加藤叔父上、吉川御二方、原田姉上、寿ち
やんお昼差上る。
十月二十三日　柳御主人御入院。
十月三十日　渡辺寿子様御十三回忌。六十二番地家ヂョ
ンソンにきまる。
十月三十一日　昭允午前十一時羽田着。夜肥後様、おつ
な主人および下され御馳走になる。

和田昭允略歴

昭和　四年（一九二九）　和田小六・春子の長男として生まれる（六月二八日）
一〇年（一九三五）　東洋英和幼稚園入園
一一年（一九三六）　学習院初等科入学
一七年（一九四二）　学習院中等科入学
二一年（一九四六）　飛び級で学習院高等科入学
二四年（一九四九）　東京大学理学部化学科入学
二七年（一九五二）　東京大学理学部化学科助手
二九年（一九五四）　ハーバード大学博士研究員
三一年（一九五六）　お茶の水女子大学理学部化学科講師
三三年（一九五八）　内藤幸子（旧延岡藩内藤政道次女）と結婚（三月一六日）
三四年（一九五九）　長男　昭久誕生（一月八日）
三五年（一九六〇）　お茶の水女子大学理学部化学科助教授　日本生物物理学会発足
三六年（一九六一）　進歩賞受賞（日本化学会）
　次男　昭英誕生（八月二九日）
三七年（一九六二）　東京大学理学部物理学科講師
三八年（一九六三）　東京大学理学部物理学科助教授
四六年（一九七一）　東京大学理学部物理学科教授

松永賞受賞（松永記念科学振興財団）

五八年（一九八三） 島津賞受賞（島津科学技術振興財団）

六一年（一九八六） 長岡技術科学大学教授併任（〜六三年三月）

六三年（一九八八） 東京大学評議員

平成 元年（一九八九） 東京大学理学部長

新世代研究所副理事長（〜一五年）

二年（一九九〇） 東京大学退官、名誉教授

相模中央化学研究所 理事（〜一三年）

三年（一九九一） 日本学術会議会員（〜一三年）

かずさＤＮＡ研究所理事（〜二四年）

五年（一九九三） ネスレ科学振興会理事長（〜一六年）

ヘネシー・ルイヴィトン賞受賞

七年（一九九五） 紫綬褒章受章

九年（一九九七） 東京倶楽部理事（〜二一年）

一〇年（一九九八） 伊藤科学振興会評議員（〜二三年）

理化学研究所ゲノム科学総合研究センター所長（〜一六年）

一四年（二〇〇二） 勲二等瑞宝章受章

一五年（二〇〇三） 未踏科学技術協会理事、「生命を測る研究会」会長（〜二四年）

一六年（二〇〇四） 順正学園理事・相談役

理化学研究所ゲノム科学総合研究センター特別顧問（〜二〇年）

東京理科大学特別顧問（〜二五年）
はまぎんこども宇宙科学館館長（〜二三年）

一七年（二〇〇五）　お茶の水女子大学学外理事（〜二一年）

一八年（二〇〇六）　日本禁煙科学会顧問
横浜市立横浜サイエンスフロンティア高等学校常任スーパーアドバイザー（〜三一年）

二〇年（二〇〇八）　理化学研究所研究顧問（〜二八年）

二一年（二〇〇九）　高松宮妃癌研究基金評議員選定委員会委員
二〇〇九年ネイチャーメンター賞審査委員長

二三年（二〇一一）　The OSC Award 受賞（理研オスミックサイエンスセンター）

二四年（二〇一二）　ロッテ財団評議員

二八年（二〇一六）　国際生物学オリンピック二〇二〇組織委員会委員

木戸家・和田家　関係系図

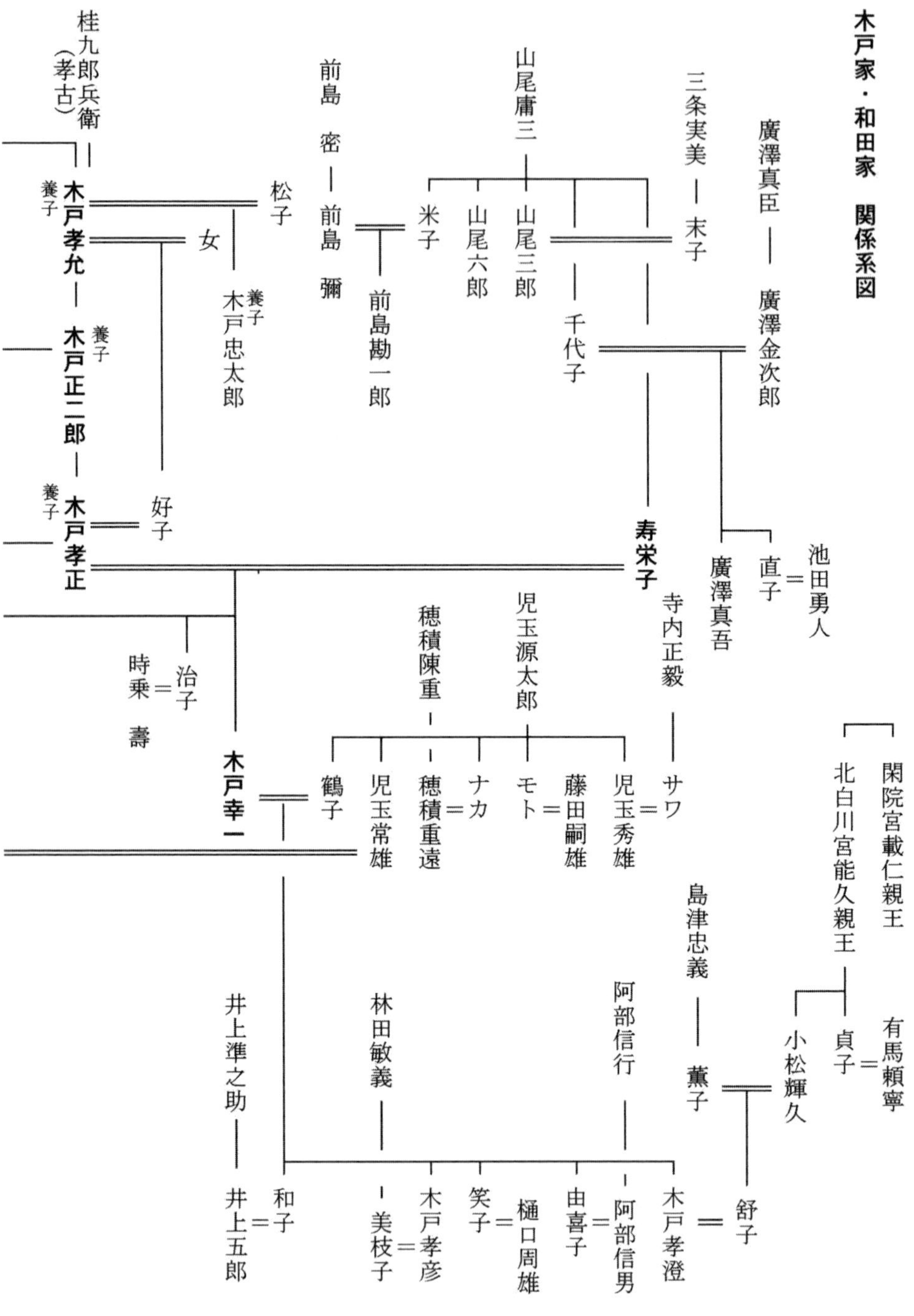
廣澤真臣
廣澤金次郎
直子
池田勇人
廣澤真吾
三条実美
末子
山尾庸三
山尾三郎
山尾六郎
米子
千代子
寿栄子
前島　密
前島　彌
前島勘一郎
桂九郎兵衛（孝古）
松子
女
養子
木戸忠太郎
養子
木戸孝允
養子
木戸正二郎
養子
木戸孝正
好子
治子
時乗
壽
寺内正毅
サワ
児玉秀雄
児玉源太郎
藤田嗣雄
モト
ナカ
穂積陳重
穂積重遠
児玉常雄
鶴子
木戸幸一
閑院宮載仁親王
北白川宮能久親王
有馬頼寧
貞子
小松輝久
島津忠義
薫子
舒子
木戸孝澄
阿部信行
阿部信男
由喜子
樋口周雄
笑子
木戸孝彦
美枝子
林田敏義
和子
井上準之助
井上五郎

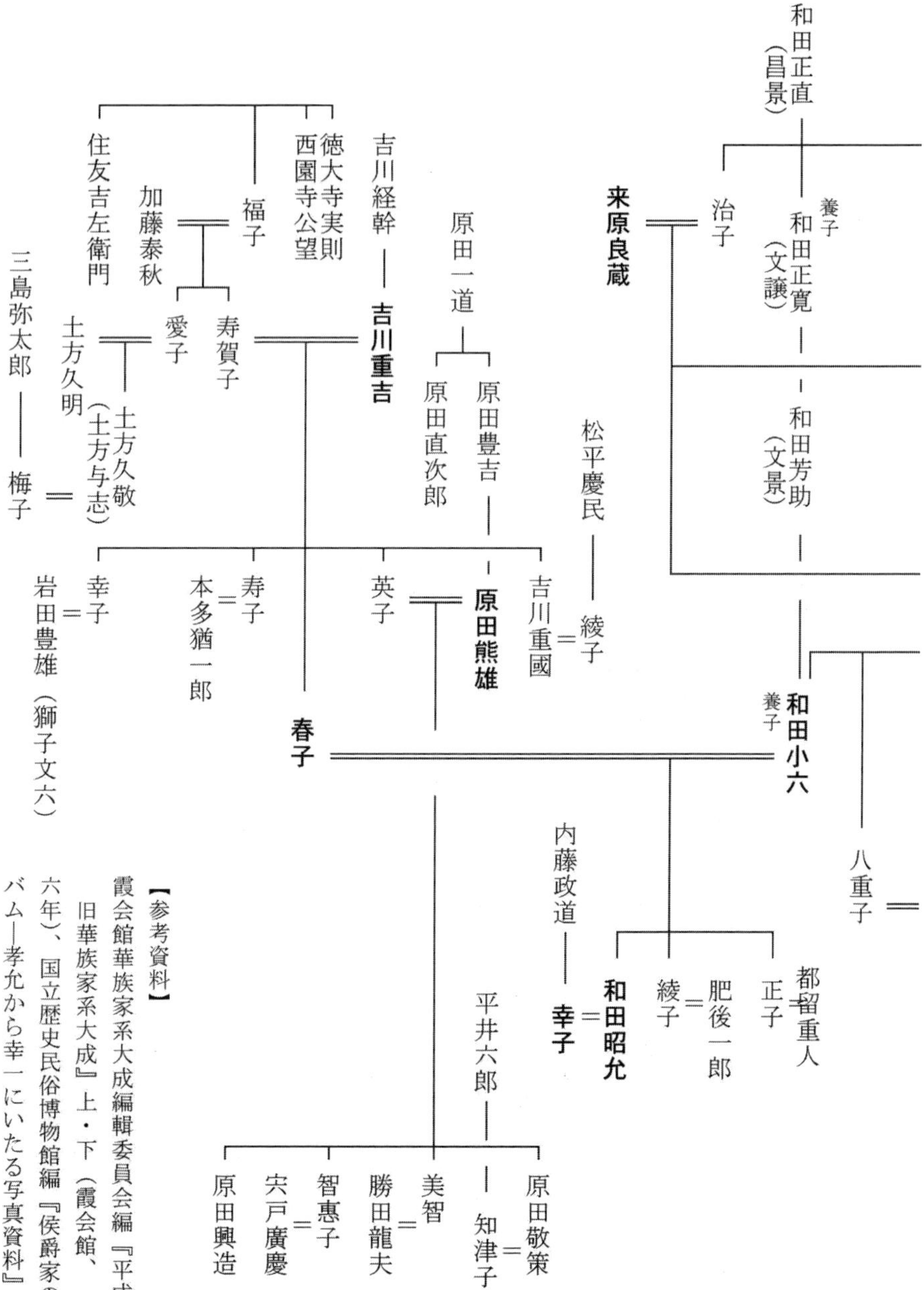

【参考資料】

霞会館華族家系大成編輯委員会編『平成新修旧華族家系大成』上・下（霞会館、一九九六年）、国立歴史民俗博物館編『侯爵家のアルバム—孝允から幸一にいたる写真資料』（財団法人歴史民俗博物館振興会、二〇一一年）。

後　記

尚友ブックレット第36号は、尚友倶楽部会員である和田昭允氏の談話を中心に、和田氏に繋がる木戸家・山尾家・吉川家・原田家等の系譜、和田春子日記について掲載した。

和田昭允氏には、数回に亘るインタビューに応じ内容を刊行することを快諾して頂いた。またアルバム、日記、記事など様々な資料をご提供頂いたほか、横浜サイエンスフロンティア高等学校見学の機会を提供して下さった。見学にあたり、同校の方々には長時間にわたり丁寧に対応して下さった。

東京大学名誉教授伊藤隆氏は、尚友ブックレットにふさわしい資料になると評価を賜り、一族の系譜から和田氏本人の業績に至るまでの幅広いインタビューを行って頂いた。日本大学文理学部教授古川隆久氏は、木戸幸一の終戦前後の様子について別にインタビューを行っていたものをご提供頂いた。

この刊行にあたり、古川氏とともにインタビューを行った日本大学文理学部人文科学研究所研究員塚田安芸子氏は、編集、解説、系譜作成、日記コラムなど幅広く作業頂いた。また従来より尚友叢書『田健治郎日記』『河井弥八日記』などでご協力を頂いている飯川幸子氏は、伊藤隆氏の広範にわたるインタビューの編集と年譜作成の作業をされた。両氏は本書が資料集として完成に至る労をとられた。

また、一橋大学大学院社会学研究科博士後期課程西山直志氏には東京都公文書館において撮影を行って頂いた。霞会館、国立歴史民俗博物館、東京都公文書館には写真掲載でご協力を得た。

以上多くの方々の多大なご尽力、ご協力を得て完成に至ったことに深謝申し上げるとともに、本書が日本近代史研究等に貢献できることを願っている。

尚友倶楽部からは、上田和子、松浦真（画像）、宍戸旦が編集に参加した。

尚友倶楽部史料調査室　藤澤恵美子

編者
一般社団法人尚友倶楽部《しょうゆうくらぶ》
旧貴族院の会派「研究会」所属議員により1928年に設立された公益事業団体。学術研究助成、日本近現代史関係資料の調査・研究に取り組んでいる。その成果は、『品川弥二郎関係文書』『山県有朋関係文書』『三島弥太郎関係文書』『阪谷芳郎東京市長日記』『田健治郎日記』などの資料集として叢書46冊、ブックレット35冊が出版されている。

伊藤　隆（いとう たかし）
東京大学名誉教授。1932年東京都生まれ。東京大学文学部国史科卒。東京大学文学部教授、埼玉大学大学院教授、政策研究大学院大学教授を経て東京大学名誉教授。近代史史料やオーラルヒストリーを編纂・刊行。主な著書に『昭和初期政治史研究』（東京大学出版会）、『岸信介の回想』（共著、文藝春秋）、『日本の近代16日本の内と外』（中央公論新社、後に中公文庫）、『昭和史をさぐる』（吉川弘文館）、『現代史を語る―内政史研究会談話速記録』シリーズ（監修、現代史料出版）、『歴史と私―史料と歩んだ歴史家の回想』（中公新書）などがある。

塚田安芸子（つかだ あきこ）
日本大学文理学部人文科学研究所研究員。1958年東京都に生まれる。2020年3月日本大学大学院文学研究科日本史専攻博士後期課程修了。博士（文学）。30年にわたる自治体勤務の後、日本近現代史の研究に携わる。研究実績に、「木戸幸一の思想形成過程について―青年期の日記から―」（『史叢』第91号、2014年9月）、「木戸幸一の思想と行動」（令和元年度日本大学学位取得論文）がある。

木戸侯爵家《きどこうしゃくけ》の系譜《けいふ》と伝統《でんとう》
―和田昭允談話―
〔尚友ブックレット*36*〕

2020年 9月30日　発行
編　集
尚友倶楽部史料調査室《しょうゆうくらぶしりょうちょうさしつ》・伊藤《いとう》　隆《たかし》・塚田安芸子《つかだあきこ》
発　行
(株)芙蓉書房出版
（代表 平澤公裕）
〒113-0033東京都文京区本郷3-3-13
TEL 03-3813-4466　FAX 03-3813-4615
http://www.fuyoshobo.co.jp

ISBN978-4-8295-0798-8